Thomas Kregeloh
Stefan Schönleber

CICS

**Aus dem Programm
Management und EDV**

Zielorientiertes Informationsmanagement
Ein Leitfaden zum Einsatz und Nutzen
des Produktionsfaktors Information
von H. Fickenscher, P. Hanke, K.-H. Kollmann

VM/CMS - Virtuelle Maschinen
herausgegeben von A. Kolacki

OfficeVision auf dem AS/400
Eine praxisorientierte Einführung
von D. Sieberichs

SQL
Eine praxisorientierte Einführung
von J. Marsch und J. Fritze

Btx und DFÜ auf dem PC
Ein praxisorientierter Leitfaden zum Thema Datenfern-
verarbeitung, Telekommunikation und Bildschirmtext
von A. Darimont

CICS
Eine praxisorientierte Einführung
von T. Kregeloh und S. Schönleber

Modernes Projektmanagement
Eine Anleitung zur effektiven Unterstützung der Planung,
Durchführung und Steuerung von Projekten
von E. Wischnewski

Software-Engineering für Programmierer
von H. Knoth

Vieweg

Thomas Kregeloh
Stefan Schönleber

CICS

Eine praxisorientierte Einführung

Die Deutsche Bibliothek - CIP-Einheitsaufnahme

Kregeloh, Thomas:
CICS : eine praxisorientierte Einführung / Thomas Kregeloh ;
Stefan Schönleber. - Braunschweig ; Wiesbaden : Vieweg, 1993
  ISBN 978-3-528-05272-0   ISBN 978-3-322-87801-4 (eBook)
  DOI 10.1007/978-3-322-87801-4
NE: Schönleber, Stefan:

Das in diesem Buch enthaltene Programm-Material ist mit keiner Verpflichtung oder Garantie irgendeiner Art verbunden. Die Autoren und der Verlag übernehmen infolgedessen keine Verantwortung und werden keine daraus folgende oder sonstige Haftung übernehmen, die auf irgendeine Art aus der Benutzung dieses Programm-Materials oder Teilen davon entsteht.

Alle Rechte vorbehalten
© Friedr. Vieweg & Sohn Verlagsgesellschaft mbH, Braunschweig/Wiesbaden, 1993
Softcover reprint of the hardcover 1st edition 1993

Der Verlag Vieweg ist ein Unternehmen der Verlagsgruppe Bertelsmann International.

Das Werk einschließlich aller seiner Teile ist urheberrechtlich geschützt. Jede Verwertung außerhalb der engen Grenzen des Urheberrechtsgesetzes ist ohne Zustimmung des Verlags unzulässig und strafbar. Das gilt insbesondere für Vervielfältigungen, Übersetzungen, Mikroverfilmungen und die Einspeicherung und Verarbeitung in elektronischen Systemen.

Umschlagsgestaltung: Schrimpf & Partner, Wiesbaden

Gedruckt auf säurefreiem Papier

ISBN 978-3-528-05272-0

Inhaltsverzeichnis

1 Einleitung 7

2 Stapel- und Dialogverarbeitung 13
   2.1 Stapelverarbeitung 15
   2.2 Dialogverarbeitung 16
   2.2.1 Grundsätzliches 16
   2.2.2 Unterschiedliche Arten des Dialoges 20
   2.2.3 Aufgaben des TP-Monitors 23
   2.2.4 Anforderungen an ein Dialog-Anwendungsprogramm 24

3 Die CICS-Welt 27
   3.1 Die CICS-Bereiche 28
   3.2 CICS-Komponenten 29
   3.2.1 Steuerprogramme 29
   3.2.2 Tabellen 32
   3.2.3 Kontrollbereiche 33
   3.2.4 Anwendungsprogramme 34
   3.3 Das Zusammenspiel 35
   3.4 Die Arbeit einteilen: LUW 45
   3.5 Das Aufrufen einer Transaktion 47
   3.6 CICS-Anwendungen programmieren 49
   3.6.1 Allgemeine Voraussetzungen 49
   3.6.2 Ein Programm erstellen 50
   3.6.3 Eine BMS-Map erstellen 51
   3.6.4 Aktivieren der neuesten Version 51
   3.6.5 Die spezielle Vorgehensweise auf Ihrem System 52

4 Die CICS-Funktionen 53
   4.1 Allgemeines 53
   4.2 Der Aufruf eines CICS-Befehls 53
   4.2.1 Das Codieren eines CICS-Aufrufes 54
   4.2.2 Die Übersetzung des codierten Statements 57
   4.2.3 Der Execute-Interface-Block 59
   4.3 Überblick über die CICS-Befehle 60
   4.4 Einzeldarstellung der CICS-Befehle 63
   4.4.1 Lesen und Schreiben des Bildschirms 63

4.4.2 Programmsteuerung	75
4.4.3 Zugriff auf Datenbestände (VSAM)	89
4.4.4 Zwischenspeichern von Daten	110
4.4.5 Zeitsteuerung	123
4.4.6 System-Informationen	132
4.4.7 Speichersteuerung	135
4.4.8 Sonstige Befehle	138
4.5 Fehler — und wie man sie behandelt	145
4.5.1 Handle Condition	146
4.5.2 Ignore Condition	146
4.5.3 Abfrage des Response-Codes	147
5 Ein erstes Dialog-Verfahren	**149**
5.1 Die Aufgabenstellung	149
5.2 Wir erarbeiten eine Lösung	150
5.3 Die Voraussetzungen	158
5.4 Die programmtechnische Umsetzung	160
5.5 Beurteilung des Erreichten	165
6 Maskengestaltung mit BMS	**167**
6.1 Der 3270-Datenstrom	167
6.2 BMS erleichtert die Arbeit	170
6.3 Erstellen und Benutzen einer BMS-Map	172
6.3.1 Codieren des Mapsets	172
6.3.2 Die Benutzung der Map im Programm	178
6.4 BMS schreibt	179
6.5 BMS liest	187
6.6 Stilfragen	189
7 Dateizugriffe	**195**
7.1 Dateierfordernisse im Dialogbetrieb	195
7.2 Dateizugriffe unter Standardmethoden	197
7.2.1 VSAM und CICS	198
7.2.2 DL/I und CICS	202
7.2.4 DB2 und CICS	203
7.2.3 Das Arbeiten mit Transient Data	204
8 Ein umfangreiches Dialog-Verfahren planen	**207**
8.1 Das Dialog-Verfahren wird überarbeitet	207

8.2 Ein Königreich für ein Konzept	213
8.3 Teile und herrsche	214
8.4 Planen der Systemerfordernisse	225

9 Fehlersuche 227
   9.1 Dem Täter auf der Spur 228
   9.2 Mit CEDF auf der Jagd 231
   9.3 Selbstgeschaffene Diagnosemöglichkeiten ... 237
   9.4 Immer wieder beliebte Fehler 238

10 Glossar 241

11 Programmlisten 247
   11.1 PL/I-Programme 247
   Kapitel 4, Anwendungsbeispiel LOAD 247
   Kapitel 4, Anwendungsbeispiel Fehlerbehandlung mit
   HANDLE / IGNORE CONDITION 248
   Kapitel 4, Anwendungsbeispiel Fehlerbehandlung mit
   Parameter RESP 250
   Kapitel 5, Programm 1 für Verfahren WAUS 252
   Kapitel 5, Programm 2 für Verfahren WAUS 256
   Kapitel 7, Programm für Listenbild 263
   11.2 VS COBOL II-Programme 270
   Kapitel 4, Anwendungsbeispiel LOAD 270
   Kapitel 4, Anwendungsbeispiel Fehlerbehandlung mit
   HANDLE / IGNORE CONDITION 271
   Kapitel 4, Anwendungsbeispiel Fehlerbehandlung mit
   Parameter RESP 273
   Kapitel 5, Programm 1 für Verfahren WAUS 275
   Kapitel 5, Programm 2 für Verfahren WAUS 279
   Kapitel 7, Programm für Listenbild 287
   11.3 BMS-Mapsets 294
   Kapitel 4, Mapset MAPT1 294
   Kapitel 4, Mapset MAPT2 295
   Kapitel 5, Mapset WMAP 297
   Kapitel 7, Mapset LIST 300

Anhang 303
  A1 Tabellen 303
  A2 Verzeichnis der Abkürzungen 311
  A3 Literatur-Hinweise 315

Register 317

1 Einleitung

Eine Firma, zur Bewältigung ihrer Arbeit mit einem großen Rechenzentrum ausgestattet, strebt seit vielen Jahren die »aktenlose« Abwicklung der Geschäftsvorfälle an. Ein Mittel hierzu ist der Einsatz sogenannter Teleprocessing- oder TP-Verfahren: Anstatt in Bergen von Papier zu wühlen, erledigen die Angestellten einen großen Teil ihrer Aufgaben ausschließlich am Bildschirm.

> Wie wir auf die Idee kamen, dieses Buch zu schreiben

Die Programmierer des Unternehmens, damit betraut, die Verfahren zu erstellen und zu betreiben, benutzen hierfür einen sogenannten TP-Monitor. Darunter versteht man einen Zusatz zum Betriebssystem, über den die mehr als eintausend angeschlossenen Bildschirme angesteuert werden können. Programmierer und TP-Monitor leben jahrelang in trauter Eintracht, bis technische Gründe dazu zwingen, auf den TP-Monitor CICS der Firma IBM umzusteigen.

Für die Programmierer-Crew heißt es, erneut zu lernen. Zu diesem Zwecke wird ein Dozent »angeheuert«, der das Thema CICS beherrscht und sein Wissen gut und verständlich zu vermitteln weiß. Er trifft auf Leute, die ihrerseits zwar den Umgang mit CICS erst erlernen müssen, jedoch schon über viel Erfahrung bei Entwurf und Realisierung von TP-Verfahren verfügen. Auf diesem Wege kamen die beiden Autoren des vorliegenden Buches zusammen.

Nach alter Programmierer-Erfahrung treten Probleme mit einer Software insbesondere dann auf, wenn man ganz allein vor einer Aufgabe sitzt, der Termin der Fertigstellung sowieso schon verstrichen und keine helfende Menschenseele erreichbar ist. Spätestens dann wirft man einen Blick in die Literatur des Herstellers IBM. Doch in vielen Fällen hilft auch das nicht wesentlich weiter. Entweder hapert es am Verständnis des englischen Textes. Oder zum interessierenden Punkt sind alle Möglichkeiten ausführlich behandelt, doch die Übersicht darüber, was wichtig ist und was nicht, geht verloren.

Ein »alter Hase« läßt sich von solchen Situationen nicht schrecken. Erfahren im Interpretieren der Original-Literatur, weiß er oder sie trotz aller Schwierigkeiten, was IBM denn eigentlich meint. Schließlich fördert jahrelanges Training die Fähigkeit, zwischen den Zeilen zu lesen. Oder es gibt gute Bekannte und Kollegen, die genau das Problem bereits gelöst haben, über dem man brütet. Letztendlich kann man immer noch einen alternativen Weg wählen: Wer sicher im Sattel sitzt, weiß sich zu helfen.

| Besondere Schwierigkeiten der Anfänger |

Doch Anfänger können sich mitunter nicht so souverän verhalten. Einerseits fehlt das Wissen um Alternativen, andererseits nagt — ob berechtigt oder nicht — der Zweifel an den eigenen Fähigkeiten.

Der vorliegende Band soll diejenigen unterstützen, die nach Absolvieren eines Lehrganges beginnen, selbständig Anwendungsprogramme unter CICS zu entwickeln. Ob es sich um Berufsanfänger handelt oder um Personen, die sich nach jahrelanger Praxis in Stapelanwendungen mit TP-Verfahren unter CICS beschäftigen wollen und / oder müssen, ist hierbei nicht von Belang. Besonders möchten wir denen behilflich sein, die über Erfahrungen auf Rechnern mit anderen Betriebssystemen verfügen und nun einen Einstieg in die neuzeitliche IBM-Welt brauchen. Auch dem Hochschulabsolventen, dem jetzt der Wind der Praxis in einem Wirtschaftsunternehmen um die Nase weht, sollte dieses Buch helfen.

| Sie lernen nicht das Programmieren von Anfang an! |

Wir wollen auch ganz klar sagen, was Sie von diesem Buch *nicht* erwarten dürfen: Es lehrt Sie nicht das Programmieren als solches (obwohl wir uns den einen oder anderen Tip nicht verkneifen). Auch ist dieses Buch nicht als Ersatz, sondern vielmehr als Ergänzung eines CICS-Seminars zu verstehen.

Hier noch einige Gedanken über die spezielle Bedeutung von TP-Verfahren: Wie groß ist eigentlich der Bedarf an Ausbildung für TP-Programmierer? Und was ist an TP-Anwendungen Besonderes, daß viele in der Arbeit daran die Krönung ihrer Programmiererlaufbahn sehen? Warum gewinnen TP-Anwendungen immer noch stetig an Gewicht gegenüber Verfahren in Stapelverarbeitung?

⇨ Mit zunehmender Verbreitung der EDV-Verfahren in Bereiche, die früher eine Datenverarbeitung mit Karteikarte und Bleistift betrieben, ist der Bedarf an EDV-Leistung in den Fachabteilungen ständig gewachsen.

⇨ Die Ansprüche der Anwender in den Fachabteilungen sind im Laufe der Zeit stark gestiegen. Man gibt sich im allgemeinen nicht mehr damit zufrieden, Informationen nach längerer Bearbeitungszeit vom System zu erhalten, sondern möchte sofortige Auskunft. Apropos *Anwender* und *Benutzer:* Leute, die es genau nehmen, verstehen unter Benutzern nur die tatsächlich mit dem Rechner arbeitenden Personen. War das früher ausschließlich dem Operator vorbehalten, so gilt das heutzutage für alle, die ihre Arbeit an einem Terminal erledigen. Im Gegensatz hierzu löst der Anwender seine Problemstellungen nur mittelbar mit dem Rechner, ohne jedoch selbst das Gerät anzufassen. So ist jeder Benutzer ein Anwender, aber nicht jeder Anwender Benutzer. Desweiteren wachsen die Anforderungen an die Gestaltung und Konzeption von Bildschirmanwendungen

⇨ Wer auf Papier eine Vielzahl von Informationen mit relativ aktuellem Stand stets verfügbar halten möchte, bedruckt im Laufe der Zeit damit Tonnen an Papier. Die auf diesem Papier stehenden Informationen werden häufig nicht einmal zu 10 Prozent tatsächlich genutzt. Doch die meisten EDV-Organisatoren kennen das: »Diese Auswertung müssen wir unbedingt haben!« Halten Sie im Zweifelsfall solche Listen einfach ein paar Mal zurück. Für das, was nach einem Monat immer noch nicht vermißt wird, sollten Sie Alternativen überlegen. Ziehen Sie uns aber nicht zur Verantwortung, wenn Sie aufgrund dieser Aktion Schwierigkeiten mit Ihren Vorgesetzten bekommen! Papier ist ein in vieler Hinsicht kostbares Material — sparen Sie nach Möglichkeit.

⇨ Wenn einige Informationen nur sporadisch benötigt werden, so ist das für Bildschirmverfahren kein Problem. Abgesehen von den Kosten für die Erstellung des Programmes spielt es keine Rolle, ob ein weiteres Auskunftsbild mit den speziellen Daten zur Verfügung gestellt und dann vielleicht nur alle Monate je einmal aufgerufen wird.

⇨ Insbesondere bei schnellebigen Informationen können Sie die Listen gar nicht so oft drucken, wie sich die Daten verändern. Bei sinnvoll gestalteten Bildschirmanwendungen verfügen Sie stets über aktuelle Werte.

⇨ Das Drucken, Transportieren und Verteilen von Listen erfordern Zeit und Arbeitskraft. Dieser Aufwand entfällt bei TP-Anwendungen.

⇨ Im Verhältnis zur Leistung sinken die Hardwarekosten. Jedem Mitarbeiter bei Bedarf ein Terminal auf den Schreibtisch zu stellen, ist heutzutage kein untragbarer Luxus mehr.

⇨ Wenn auch in geringerem Maße, als eingefleischte Computer-Benutzer es vermuten, ist die Berührungsangst gegenüber der Computertastatur zurückgegangen. Mittlerweile akzeptieren die meisten Menschen, wenn ein Terminal auf dem Schreibtisch steht.

⇨ Unter gewissen Voraussetzungen ermöglichen TP-Anwendungen dem Benutzer eine größere Selbständigkeit als Stapelverarbeitungen. Fehlerhafte Eingaben und Abfragen kann der Benutzer meist ohne Hilfe anderer Personen bereinigen. Abfragen können spontan gestartet werden, ohne erst die Programmierabteilung oder das Operating einzuschalten.

⇨ Eine gut programmierte TP-Anwendung erfordert neben der Logik zur Bewältigung der eigentlichen Aufgabe (beispielsweise Kundendaten darzustellen) weitere Überlegungen, um die Ressourcen sparsam zu nutzen und dennoch schnelle Antwortzeiten zu erzielen. Deshalb ist der ideale TP-Programmierer einigermaßen sattelfest und in der Lage, die Vorgänge der flexiblen Speichersteuerung oder der Verwaltung der Communication Areas geistig nachzuvollziehen. Es ist aber nicht zwingend notwendig, ein Genie zu sein, um gute TP-Anwendungen zu schreiben.

Neben den bereits genannten gibt es sicherlich noch weitaus mehr Argumente, die für TP-Anwendungen sprechen. Und — das sei zugegeben — es besteht auch eine ganze Reihe von Gründen, die in bestimmten Fällen für Stapelverarbeitungsverfahren sprechen.

Der Umstand, daß Sie sich mit CICS beschäftigen, läßt den Schluß zu, daß in Ihrem Unternehmen die Entscheidung für Bildschirmanwendungen gefallen ist. Wir müssen uns also über das Für und Wider keine allzu großen Gedanken mehr machen.

Zur Unterstützung der Bildschirmanwendungen setzt man bei Ihnen auf das *Customer Information and Control System* CICS. CICS ist der TP-Monitor der Firma IBM und wird seit 1968 vertrieben. Die Aufgaben eines TP-Monitors zeigen wir Ihnen im nächsten Kapitel. Wie Sie als Anwendungsprogrammierer den TP-Monitor nutzen, erfahren Sie in den folgenden Abschnitten des Buches.

| Für wen dieses Buch gedacht ist | Bei der Arbeit an diesem Buch haben wir uns von Ihnen, dem Leser, ein bestimmtes Bild gemacht. Wir stellen uns vor, Sie seien als Anwendungsprogrammierer tätig und müßten zwar nicht mehr das Programmieren als solches, aber das Programmieren von TP-Verfahren unter CICS erlernen. |

Wir schreiben vorrangig für Praktiker, die dieses Buch nicht im Rahmen einer Trockenübung durcharbeiten wollen, sondern ihrerseits auch Zugang zu einem Rechnersystem mit installiertem CICS haben, um die Befehle direkt auszuprobieren.

Getreu dem Motto unseres Buches, etwas für die Anfänger in der Anwendungsprogrammierung unter CICS zu bieten, werden Sie hier auch keine Hinweise auf Tätigkeiten finden, wie sie ein CICS-Systembetreuer oder Systemprogrammierer auszuführen hat. Wir erwarten, daß Leute mit derartigen Aufgaben die Lektüre des vorliegenden Buches nicht mehr nötig haben.

| VS COBOL II PL/I | Wir behandeln die Programmiersprachen VS-COBOL II und PL/I. Auf Besonderheiten des älteren COBOL gehen wir nicht ein. Der von CICS ebenfalls unterstützte Assembler taucht höchstens am Rande auf, da er unseres Erachtens bei der |

Entwicklung von Anwendungen heutzutage keine wesentliche Rolle mehr spielt. Und auf die Programmiersprache C gehen wir nicht ein, weil sie in ihrem Charakter doch sehr von COBOL und PL/I abweicht. Wir hätten sie nur schlecht in dieses Buch integrieren können. Damit sich keine der Sprach-Anwendergruppen benachteiligt fühlt, steht einmal das PL/I- vor dem COBOL-Beispiel, ein anderes Mal ist die Reihenfolge umgekehrt. Wir haben die beiden Varianten aber nicht ausgezählt.

Die von uns erwähnten Anwendungen beschränken sich auf solche Systeme, bei denen als Terminals Bildschirme dienen, die den 3270-Datenstrom unterstützen. Mit CICS lassen sich durchaus auch andere Peripheriegeräte ansteuern. Da wären zum Beispiel die Finanz- und Kassensysteme zu nennen.

> Wir beschränken uns auf Bildschirmanwendungen

CICS ist ein leistungsfähiges System, das allerdings auch umfangreiche Ressourcen erfordert und deshalb vorzugsweise auf großen EDV-Anlagen betrieben wird. Doch sind mittlerweile CICS-Versionen verfügbar, die auf PS/2-Systemen (also leistungsfähigen Personal-Computern) laufen. Hierdurch wird es Programmierern möglich, ihre Anwendungen auf Personal-Computern zu entwickeln.

Seit einiger Zeit wird Benutzerfreundlichkeit nicht nur für die Endbenutzer von Software (also beispielsweise die Sachbearbeiter am Bildschirm) als wichtig erachtet, sondern auch für die Programmierer. Seitdem wird mitunter der Erkenntnis Rechnung getragen, daß nicht jeder gute Programmierer auch gleichermaßen des Englischen kundig ist. Wir kennen gestandene EDV-Spezialisten mit Schwierigkeiten beim Lesen der Originalliteratur. Umso größer müssen die sprachlichen Probleme für Anfänger sein, denen noch keine Floskeln geläufig sind.

Ganz so weit, wie es beispielsweise auf dem Sektor der Personal-Computer mit vollständigen Eindeutschungen getrieben wird, wollen wir in diesem Buch allerdings nicht gehen. Zum einen gibt es — im Gegensatz zum Bereich der PCs — nur wenige Amateure, die mit CICS Programme erstellen. Von professionellen Programmierern sollte man jedoch erwarten können, daß sie über einen englischen Mindestwortschatz verfügen. Anderseits wäre Ihnen kein Gefallen damit getan, wenn wir in diesem Buch alles eindeutschen, Sie sich jedoch bei den meisten Unterlagen trotzdem mit Englisch auseinandersetzen müßten.

> Gewisse Mindestkenntnisse des Englischen sind unerläßlich

Ziel dieses Buches ist es weniger, das Handbuch für Anwendungsprogrammierer zu ersetzen. Vielmehr möchten wir Ihnen die grundsätzliche Handhabung des CICS nahebringen, so daß Sie anschließend in der Lage sind, Einzelfragen auch anhand der IBM-Literatur zu klären. Dieses Buch behandelt bewußt nicht alle verfügbaren CICS-Befehle, sondern beschränkt sich auf die Befehle, mit denen die grundsätzlichen Aufgaben durchzuführen sind.

Ausschließlich Command-Level!	Wichtig ist in diesem Zusammenhang noch, daß wir in diesem Buch CICS ausschließlich im *Command-Level* benutzen. Den *Macro-Level*, der ab Version 3.3 gar nicht mehr unterstützt wird, behandeln wir überhaupt nicht.
Nobody is perfect — wir natürlich auch nicht	Eine Bemerkung zum Schluß dieses Vorwortes: selbstverständlich haben wir uns bemüht, so akkurat und fehlerfrei wie möglich zu arbeiten. Für den Fall, daß uns dennoch an der einen oder anderen Stelle Fehler unterlaufen sein sollten, bitten wir vorsichtshalber schon einmal um Verständnis und, wenn möglich, einen entsprechenden Hinweis.

Sollte es zu unterschiedlichen Aussagen zwischen unserem Text und der IBM-Originalliteratur kommen, so ist letztere im Zweifelsfalle verbindlich. Die Abweichungen können dadurch zustandegekommen sein:

⇨ Wir haben uns schlicht getäuscht.
⇨ Vielleicht verwenden Sie eine andere CICS-Version als diejenige, auf die sich unser Buch bezieht. Wir behandeln hier die CICS-Version 3.3. Viele grundlegende Eigenschaften ändern sich über die Versionen hinweg nicht, dennoch kann es bei einzelnen Befehlen und Optionen zu Abweichungen kommen.

Wir wünschen uns, daß Ihnen dieses Buch von großem Nutzen ist und es Sie bei der täglichen Arbeit unterstützt.

2 Stapel- und Dialogverarbeitung

Dialogverarbeitung am Bildschirm erfordert eine andere Programmierweise als Stapelverarbeitung. Es reicht nicht, einfach die Ausgabe vom Drucker auf einen Bildschirm zu legen und statt der Eingabedatei die Tastatur abzufragen. Auf diese Weise wäre es zwar möglich, ein Programm als Bildschirmanwendung zu betreiben. Die allgemein übliche Vorstellung verbindet mit einem TP-Verfahren jedoch zusätzliche Eigenschaften:

⇨ Es kann an vielen Bildschirmen gleichzeitig mit demselben Programm gearbeitet werden.
⇨ Von vielen Bildschirmen aus kann auf dieselben Daten zugegriffen werden.
⇨ Alle Benutzer erhalten in gleicher, akzeptabler Zeit eine Antwort auf den Bildschirm.
⇨ Sparsamer Umgang mit Hauptspeicher und Rechenzeit sowie Optimierung der Ein- und Ausgabevorgänge ermöglichen es, daß an vielen hundert Terminals das gleiche Programm betrieben wird, ohne daß für jeden Benutzer gleich ein eigener Rechner zur Verfügung stehen müßte.

Die Art und Weise, in der eine Rechenanlage Aufträge bearbeitet, wird als Betriebsart bezeichnet. Uns interessiert hier im wesentlichen die Unterscheidung nach
⇨ *Stapelverarbeitung* und
⇨ *Dialogverarbeitung*.

Betriebsarten

Grundsätzlich gehen wir davon aus, daß auf den Rechnern, mit denen Sie arbeiten, gleichzeitig mehrere Programme laufen können (*Multiprogramming*). Multiprogramming nutzt die Tatsache, daß ein Arbeitsprogramm jedesmal unterbrochen wird, wenn Funktionen (*Services*) des Betriebssystems benutzt werden, beispielsweise für Ein- oder Ausgabe. Ab diesem Moment wird das vergleichsweise langsame Geschehen von der Kanal- und der Gerätesteuerung überwacht. Die Zentraleinheit wäre solange unbeschäftigt, würde sie nicht während der Unterbrechung ein weiteres Programm bearbeiten. Erfolgt bei dem zweiten Programm ebenfalls eine Unterbrechung, und die Ein- oder Ausgabe des ersten ist immer noch nicht erledigt, so nimmt sich die Zentraleinheit ein weiteres Programm vor. Die recht komplizierte Steuerung der Programmabarbeitung unterliegt dem Betriebssystem. Die Reihenfolge der

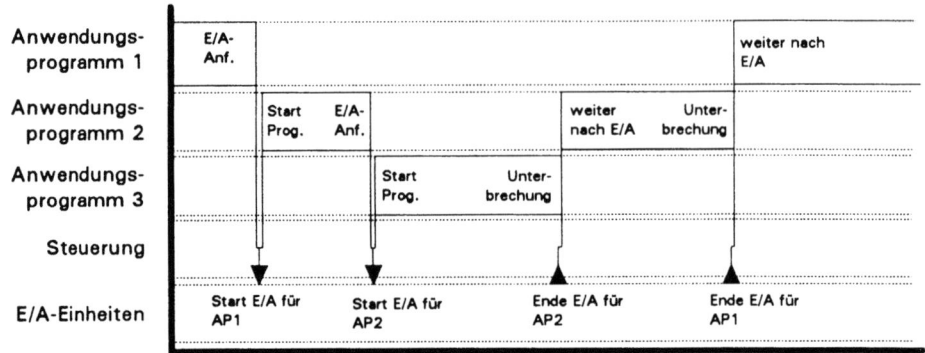

Abb. 2.1   Der Ablauf beim Multiprogramming.

Programme folgt unterschiedlichen Kriterien, beispielsweise der bisherigen Unterbrechungszeit oder einer vordefinierten Priorität. Tatsächlich führt die Zentraleinheit also auch beim Multiprogramming immer nur ein Programm zur Zeit aus, während die Kanäle und Gerätesteuerungen sich gleichzeitig um die Belange anderer Programme kümmern. Wieviele Vorgänge auf diese Weise gleichzeitig an einer EDV-Anlage bearbeitet werden können, hängt hauptsächlich ab von der Ausstattung mit peripheren Geräten, der Größe des Arbeitsspeichers, in den alle Arbeitsprogramme geladen werden, und der Anzahl der Prozessoren der Maschine. Gegenüber dem Betrieb mit nur einem Programm wird die Zentraleinheit zeitlich erheblich besser ausgelastet.

Der zur Verfügung stehende Adreßraum des Rechners ist in sogenannte *Regions* unterteilt. Darunter versteht man Adreßbereiche, die jeweils für die Verarbeitung eines Programmes zur Verfügung stehen. Unter dem Betriebssystem DOS/VSE lautet die entsprechende Bezeichnung *Partition*.

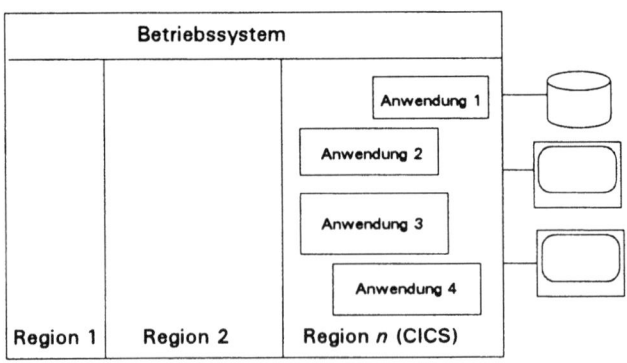

Abb. 2.2   Die Einteilung des Rechners in Regions.

2.1 Stapelverarbeitung

Schauen wir uns zunächst einmal die Betriebsart an, die in diesem Buch eigentlich weniger interessiert: die Stapel- oder auch Batchverarbeitung.

In einem Batch-System läuft ein Programm innerhalb eines Jobs in einer Region beziehungsweise einem Adreßraum ab. Batch-Programme verarbeiten in der Regel eine Vielzahl von Daten und laufen dementsprechend — im Vergleich zu einer Bildschirmabfrage — lange. Sie greifen in vorher (z.B. durch die Sortierordnung der Eingabedatei) festgelegter Reihenfolge auf spezifische Datenbestände zu. Unterschiedliche Jobs verändern diese Dateien gewöhnlich nicht gleichzeitig, so daß auch im Falle eines technischen Fehlers die Datenintegrität durch Funktionen des Betriebssystems sichergestellt werden kann.

Die von Batch-Programmen zu verarbeitenden Daten und die Reihenfolge der Verarbeitung liegen grundsätzlich spätestens zu dem Zeitpunkt fest, da das Programm mit der Verarbeitung beginnt. Von diesem Augenblick an hat der Benutzer nicht mehr die Möglichkeit, den Ablauf zu beeinflussen, sieht man einmal davon ab, daß er den Job vorzeitig abbrechen (canceln) kann.

Bis etwa 1975 war die Stapelverarbeitung die vorherrschende Art der Datenverarbeitung, und noch immer wird sie in erheblichem Umfang in zentralen Rechenzentren eingesetzt. Ihre Bedeutung liegt vorwiegend im Verarbeiten großer Datenmengen oder beim Erstellen umfangreicher Druckausgaben, beispielsweise für den Postversand.

> Die Bedeutung der Stapelverarbeitung

Wegen des zeitlichen Abstandes zwischen dem Einweisen der Daten und der anschließenden Verarbeitung können bei einer Bestandsführung die Bestände immer nur zum Zeitpunkt der Verarbeitung aktuell sein. Zwischen den Verarbeitungszeitpunkten jedoch sind sie lückenhaft, da sich nicht sagen läßt, wie sich der Bestand seit dem letzten Verarbeitungszeitpunkt verändert hat. Je kürzer der zeitliche Abstand zwischen den Verarbeitungen, desto aktueller sind die Auskünfte des Systems über den Bestand.

Wird beispielsweise wegen des Volumens der Daten ein sequentieller Speicher, wie Magnetband, eingesetzt, so ist nur Stapelverarbeitung möglich. Stapelverfahren sind zu akzeptieren, wenn absolute Aktualität der Daten nicht erforderlich ist oder der Preis hierfür in keinem vertretbaren Verhältnis zum Nutzen steht.

Auf vielen Rechenanlagen sind gleichzeitig Dialog- und Stapelverarbeitung möglich.

2.2 Dialogverarbeitung

2.2.1 Grundsätzliches

In einem Dialogsystem werden Daten zum Zeitpunkt ihrer Eingabe verarbeitet. Diese Aussage berücksichtigt allerdings nicht die oft angewandte Praxis, Bestände nicht sofort zu verändern, sondern eine Bestandsänderung in einer täglichen Stapelverarbeitung anhand von gesammelten Auftragssätzen durchzuführen, dennoch: Die Auftragssätze werden zum Zeitpunkt der Eingabe gebildet. Deshalb muß — bei einer großen Anzahl von Benutzern — eine Vielzahl von Programmen konkurrierend auf Datenbestände zugreifen können. Die gemeinsame Nutzung der Ressourcen überwacht ein spezielles Programm, ein Zusatz zum Betriebssystem: Der TP-Monitor.

Transaktionen	Über Terminals ist eine große Zahl von Benutzern direkt mit dem Rechner verbunden und gibt mehr oder weniger gleichzeitig in schneller Folge Teilaufträge an das System. Die Teilaufträge heißen Transaktionen. Die Benutzer erwarten eine zügige Bearbeitung der Transaktionen. Als akzeptabel werden Antwortzeiten im Größenordnungsbereich von weniger als einer bis allerhöchstens drei Sekunden empfunden. Bei Anschlüssen über weite Entfernungen, sogenannte Remote-Anschlüsse, müssen teilweise längere Antwortzeiten akzeptiert werden.
Antwortzeit	

Die Verarbeitung der Teilaufträge erfolgt — von gewissen Ausnahmen abgesehen — in der Reihenfolge der Eingabe. Wegen der relativ langsamen manuellen Vorgänge beim Dialogbetrieb erscheint es jedem Benutzer, als arbeite das System ausschließlich für ihn.

Es ist nicht von vornherein festgelegt, was im Auftrag verarbeitet wird. Der Benutzer kann unmittelbar auf Ereignisse reagieren: Auf äußere Ereignisse (z.B. wenn ein Kunde eine Auskunft möchte) oder auf systeminterne (z.B. eine Auskunft auf dem Bildschirm).

Allgemein unterscheidet man zwischen Teilnehmer- und Teilhaberbetrieb.

Teilnehmer-betrieb	Im *Teilnehmerbetrieb* kann jeder Teilnehmer, unabhängig von den anderen Teilnehmern, Aufträge an die Rechenanlage senden. Diese Situation findet sich oft an Arbeitsplätzen von Programmierern und Systembetreuern. Das entsprechende IBM-Produkt heißt TSO (*Time Sharing Option*: ermöglicht Timesharing).

Dialogverarbeitung

Teilhaberbetrieb gestattet allen Teilhabern, dasselbe Programm zur selben Zeit zu benutzen. Die TP-Verfahren, mit denen wir uns in diesem Buch beschäftigen, fallen alle in den Bereich des Teilhaberbetriebes. Hierbei ist dem Benutzer vorgeschrieben, welche Funktionen er ausführen darf. Beispiele für Teilhabersysteme sind Abfrage- oder auch Direktbuchungssysteme.

Teilhaberbetrieb

Im Gegensatz zur Stapelverarbeitung fallen im Dialogbetrieb Datenerfassung und Aktualisieren der Dateien oder Datenbanken zeitlich zusammen. Hierdurch ergibt sich zu jedem Zeitpunkt eine hohe Datenaktualität.

Vorteile der Dialog-verarbeitung

Dieser Vorteil tritt besonders dann zutage, wenn viele Benutzer bei ihrer Arbeit auf dieselben Daten angewiesen sind. So werden Entscheidungsfehler aufgrund fehlerhafter oder lückenhafter Informationen vermieden. Man denke hierbei an Beispiele wie ein Buchungsverfahren für Flugreisen. Eine zuverlässige Platzreservierung kann nur dann erfolgen, wenn ganz sicher davon ausgegangen werden darf, daß alle vergebenen Sitzplätze im System auch tatsächlich entsprechend gekennzeichnet sind. Schließlich will der am Schalter wartende Kunde sofort eine Bestätigung, daß er den Sitz hinten links im Nichtraucherbereich erhält, und nicht solange warten, bis der Rechenzentrumsleiter die nächste Stapelverarbeitung angesetzt hat.

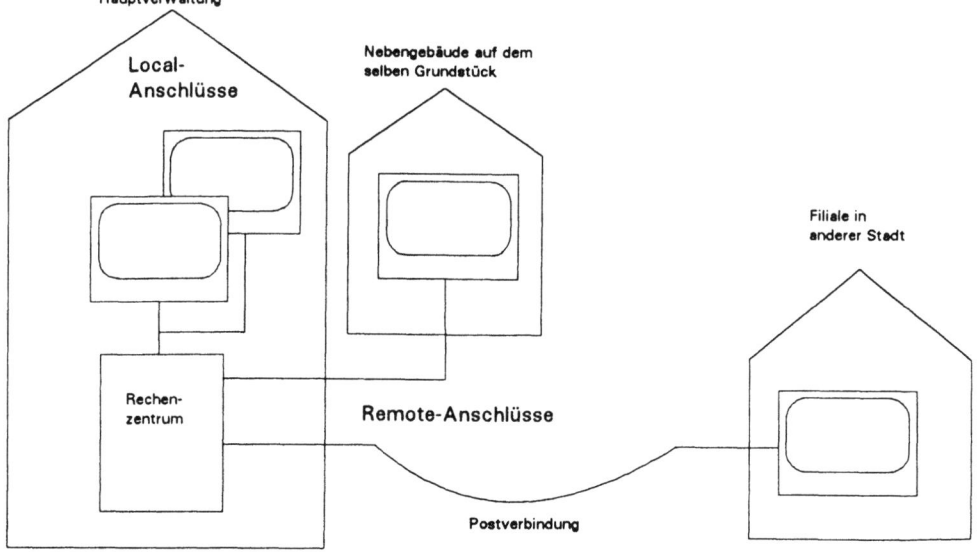

Abb. 2.3   Das Leitungsnetz eines Rechenzentrums mit Local- und Remote-Anschlüssen.

Voraussetzung für die Dialogverarbeitung ist der Einsatz dezentraler Terminals, über Leitungen mit dem zentralen Rechner verbunden. Ferner ist der bereits erwähnte TP-Monitor erforderlich, der das gleichzeitige Arbeiten vieler Benutzer und Programme steuert und überwacht.

Art des Anschlusses: local oder remote?	Die Entfernung zwischen Computer und Terminal ist für das betriebene Anwendungsprogramm kaum von Bedeutung. Innerhalb einer bestimmten Distanz (mehrere hundert Meter) funktioniert ein *Local*-Anschluß. Alle größeren Entfernungen werden mit sogenannten *Remote*-Leitungen überbrückt.

Local-Anschlüsse sind über lokale Steuereinheiten, also direkte, schnelle Verbindungen zwischen Rechner und Terminal realisiert. Demgegenüber erfolgen Remote-Anschlüsse über spezielle Fernleitungen, bei Übertragungen zwischen mehreren Grundstücken müssen Leitungen der Post benutzt werden. Die Fernleitungen sind über besondere Steuereinheiten mit den Kanälen verbunden. Fernbetrieb erfordert zusätzliche technische Einrichtungen wie etwa Verstärker. Zur Gewährleistung einer exakten Datenübermittlung sind besondere Umsetzverfahren für die übermittelten Daten zu befolgen. Die Leitungen werden dadurch optimal ausgelastet, daß mehrere Fernanschlüsse gemeinsam eine Leitung benutzen.

Längere Bildaufbauzeit bei Remote-Anschlüssen	Je nach Leistungsfähigkeit des Remote-Anschlusses ist der für den Benutzer augenfälligste Unterschied zwischen Local- und Remote-Anschlüssen: Aufgrund der meist langsameren Übertragungsgeschwindigkeit der Remote-Leitungen erfolgt der Bildaufbau bei einem derart angeschlossenen Terminal in mehreren Stufen. Derselbe Vorgang geht an einem Local-Anschluß wesentlich zügiger vonstatten. Diesem Umstand sollte der Programmierer dadurch Rechnung tragen, daß er die für den Aufbau eines Bildes notwendige Datenmenge so gering wie möglich hält. Wir gehen darauf in Kapitel 6 näher ein.

Der Begriff Session	Im folgenden werden Sie häufiger auf die Begriffe *Session*, *Task* und *Transaktion* stoßen. Unter einer Session ist zu verstehen, daß der Benutzer eines Teilhabersystems sich anmeldet (ein LOGON durchführt, was von System zu System unterschiedlich realisiert sein kann) und dem System seine Aufgaben erteilt. Die Session endet mit der Abmeldung vom System.

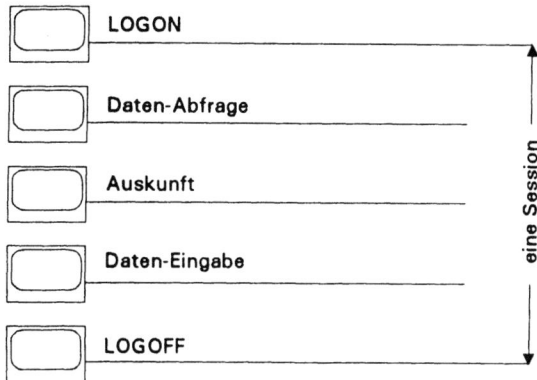

Abb. 2.4   Der zeitliche Ablauf einer Session.

Unter einer *Transaktion* ist die Spanne zwischen Beginn und Ende einer Verarbeitung zu verstehen, die zu einer Einheit zusammengefaßt ist. Eine solche Arbeitseinheit kann beispielsweise bestehen aus: Einlesen des Bildschirms, Dateizugriff, Ausgeben des Bildschirms. Im allgemeinen CICS-Sprachgebrauch wird unter Transaktion und Task dasselbe verstanden. Diese logische Einheit wird über den Transaktionscode aus maximal vier Zeichen identifiziert.

| Die Begriffe Transaktion und Task |

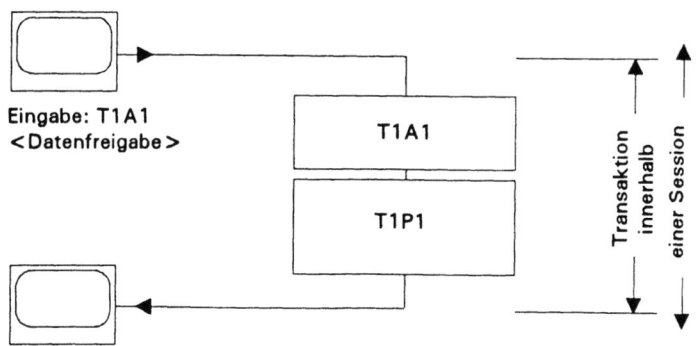

Abb. 2.5   Der Ablauf von Transaktionen.

2.2.2 Unterschiedliche Arten des Dialoges

Bildschirmanwendungen lassen sich ablauftechnisch auf vier unterschiedliche Arten realisieren:

⇨ »Echte« Transaktionsprogramme,
⇨ Dialogprogramme,
⇨ Pseudodialogprogramme,
⇨ Terminalunabhängige Transaktionen.

Zu den Charakteristika eines *»echten« Transaktionsprogrammes* zählen:

⇨ Bei Programmende erfolgt die Rückkehr zum TP-Monitor. Das Programm wartet nie auf eine Eingabe vom Terminal, sondern wird durch eine solche gestartet. Die ersten vier Bytes der Eingabe müssen den Transaktionscode enthalten.
⇨ Das dem Transaktionscode zugeordnete Programm wird aufgerufen. Zusammen mit dem Transaktionscode können Daten an das Programm übergeben werden.
⇨ Das Programm antwortet mit unformatierten oder formatierten Ausgabedaten.
⇨ Es handelt sich um eine kurzlaufende Task.

Verfahren dieser Art sind dadurch gekennzeichnet, daß der Benutzer vor jeder Transaktion den maximal vierstelligen Transaktionscode eingeben muß. Der heutzutage geforderte und erwartete Komfort für den Benutzer läßt sich auf diese Weise kaum realisieren.

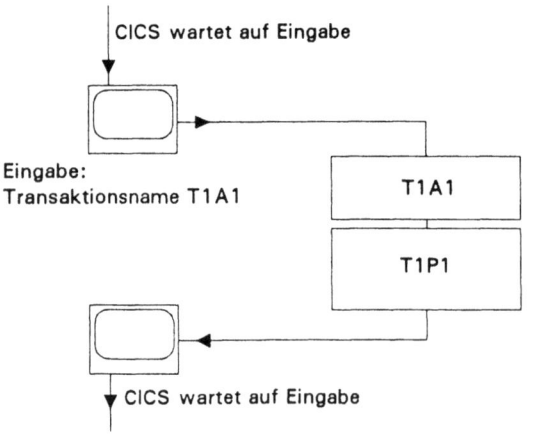

Abb. 2.6   Der Ablauf einer »echten« Transaktion.

Arten des Dialoges

Dialogprogramme belegen die erforderlichen Ressourcen genauso lange, wie der Benutzer am Terminal zum Nachdenken und Neueingeben seiner Anforderungen benötigt. In diesem Fall handelt es sich um langlaufende Transaktionen, da eine Rückkehr zum Monitor erst nach Ende der Transaktion erfolgt.

Die Eigenschaften von Dialogprogrammen sind:

⇨ Stapelähnliche Verarbeitung,
⇨ das Auftreten einer Anweisung zur Kommunikation mit dem Terminal, die zuerst eine Nachricht sendet, dann auf die Eingabe wartet und diese dann verarbeitet.

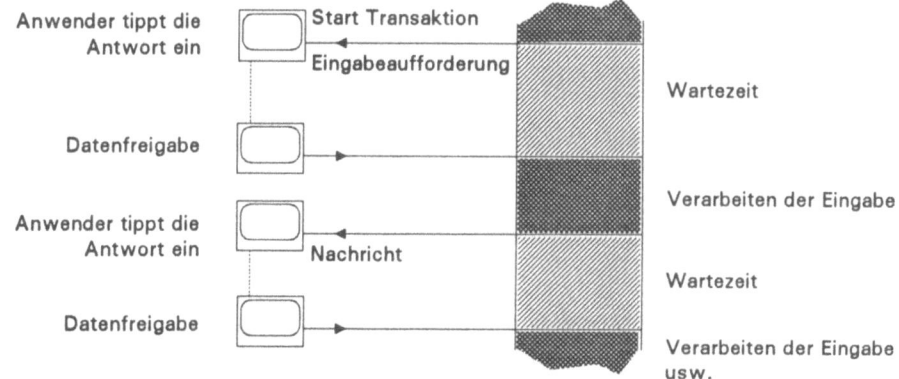

Abb. 2.7   Der Ablauf von Dialogprogrammen.

Etwas anders sieht der Ablauf beim *Pseudodialog* aus. Dessen Kennzeichen sind:

| Pseudodialog |

⇨ Er verfügt über einen gradlinigen Programmverlauf mit Verzweigungen.
⇨ In einem speziellen Speicherbereich wird festgehalten, welcher Dialogschritt gerade ausgeführt wurde. Der Speicherbereich bleibt während der Dauer der Session bestehen (Session-Gedächtnis).
⇨ Bei Dialogschrittende (Taskende) wird eine Folgetransaktion festgelegt.
⇨ Ein Durchlauf durch das Programm muß niemals auf eine Eingabe vom Terminal warten, sondern wird durch eine solche gestartet.
⇨ Es handelt sich um eine kurzlaufende Task (bei Programmende wird die Kontrolle an den TP-Monitor zurückgegeben).

Der Ablauf eines Pseudodialogprogramms umfaßt als ersten Schritt:

⇨ Am Terminal das Eingeben einer Nachricht. Hierdurch wird eine CICS-Transaktion gestartet.
⇨ Im Programm die Antwort mit der Festlegung für den nächsten Schritt.

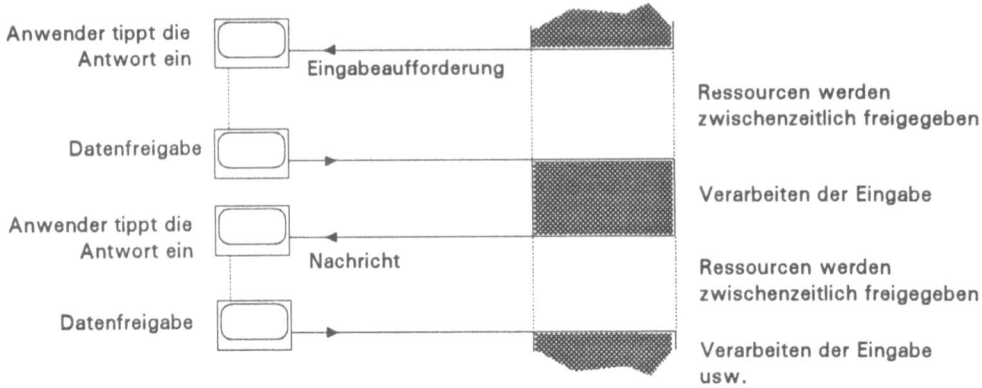

Abb. 2.8   Der Pseudodialog.

Die nächsten Schritte werden wiederholt bis zum Dialogende durchgeführt:

⇨ Am Terminal erfolgen die weiteren Eingaben.
⇨ Das Programm bestätigt die Eingabe, gibt die Daten aus und ruft die nächste Eingabe ab.

Das Dialogende wird entweder gewollt vom Benutzer herbeigeführt (beispielsweise durch das Drücken der dafür vorgesehenen Funktionstaste) oder erfolgt aufgrund spezieller Bedingungen, die einen Abbruch des Programms erfordern.

Die Vorteile des Pseudodialoges	Der Pseudodialog stellt zur Zeit die in Bezug auf Ressourcen-Belastung sparsamste Form der Dialogverarbeitung dar. Gleichzeitig ermöglicht er ein Höchstmaß an Bedienungskomfort für den Benutzer. Aus diesem Grunde sollten Sie in jedem Fall auf diese Variante zurückgreifen, wenn Sie ein Dialogsystem erstellen. Auch unsere Anwendungsbeispiele nutzen diese Technik.
Terminal-unabhängig	Eine Besonderheit unter den Formen der Dialogverarbeitung stellen die *terminalunabhängigen Transaktionen* (auch *asynchrone Tasks* genannt) dar. Sie zeichnen sich aus durch:

⇨ Eine einem Stapelprogramm ähnliche Verarbeitung.
⇨ Der Programmstart erfolgt über den TP-Monitor oder ein unter dem TP-Monitor laufendes Anwendungsprogramm.
⇨ Das Programm arbeitet ohne Terminal-Eingabe beziehungsweise Dialog.
⇨ Es handelt sich um eine langlaufende Task.

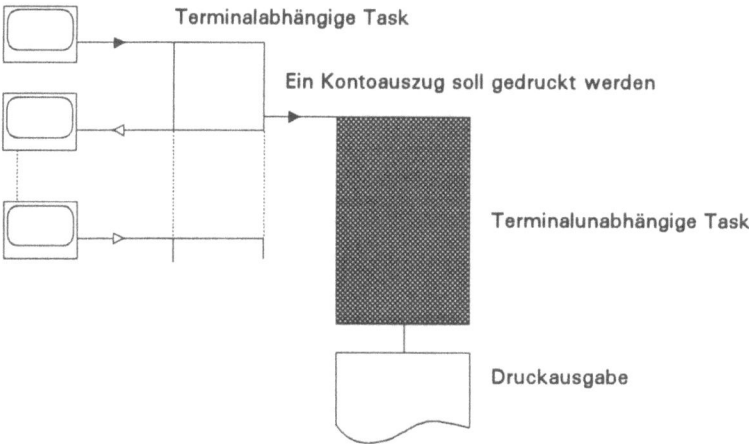

Abb. 2.9 Der Ablauf einer terminalunabhängigen Transaktion.

Einsatzgebiete für solche terminalunabhängigen Transaktionen sind vielfältig. Als Anwendungsbeispiel sei das Drucken eines Kontoauszuges erwähnt (keine Hardcopy des Bildschirms, sondern eine gesonderte Aufbereitung), das auf Drücken einer Funktionstaste in einem TP-Verfahren erfolgt.

2.2.3 Aufgaben des TP-Monitors

Der TP-Monitor ist ein Zusatz zum Betriebssystem, belegt einen oder mehrere Adreßräume (Regions) und startet bei Bedarf die einzelnen Anwenderprogramme. Er führt für die Programme alle Zugriffe auf Dateien und Terminals sowie Betriebssystem-Services durch und sorgt dabei für Datenintegrität und Datenschutz im technischen Sinne.

Der Monitor steuert die Kommunikation mit den angeschlossenen Bildschirmen, stellt die Verbindungen zu Datenbanksystemen her und verwaltet die benötigten Betriebsmittel.

Die Steuerprogramme des TP-Monitors verbinden TP-Monitor und die Anwendungsprogramme miteinander. Sie überwachen und steuern das TP-System.

Eine detailliertere Beschreibung der Funktionen des TP-Monitors CICS finden Sie in Kapitel 3.

2.2.4 Anforderungen an ein Dialog-Anwendungsprogramm

An ein TP-Anwendungsprogramm werden bestimmte Anforderungen gestellt:

- ⇨ Terminalorientierung: Primäre Ein- und Ausgabegeräte sind Tastatur und Bildschirm.
- ⇨ Multitasking: Es werden quasi gleichzeitig mehrere Benutzer bedient.
- ⇨ Filesharing: Verschiedenen Anwendungen wird der gleichzeitige Zugriff auf die Datenbestände erlaubt.

Aus diesen Anforderungen ergeben sich gewisse Besonderheiten für die Programme:

- ⇨ Es dürfen keine Dateibeschreibungen und keine Ein- und Ausgabeanweisungen aus dem Sprachumfang des Compilers vorkommen.
- ⇨ Es dürfen keine Anweisungen verwendet werden, die zu einer Verzweigung in das Betriebssystem oder in eine seiner Komponenten, unter Umgehung des TP-Monitors, führen würden (z.B. bei PL/I: READ, WRITE, GET, PUT, LOCATE, FETCH. Bei VS COBOL II: READ, REWRITE, DISPLAY, SORT. Für beide Sprachen sind diese Beispiele nicht vollständig.).
- ⇨ Alle Ein- und Ausgabebereiche sowie die Arbeitsbereiche eines Programmes liegen außerhalb des eigentlichen Programms. Sie werden im erforderlichen Umfang vom TP-Monitor angefordert und verwaltet.
- ⇨ Alle Dateizugriffsanforderungen werden nicht direkt an die Zugriffsmethoden gerichtet, sondern als Monitor-Aufrufe ausgeführt.
- ⇨ Die Anwenderprogramme laufen nicht unmittelbar unter Steuerung des Betriebssystems, sondern sind Unterprogramme des TP-Monitors.

Um einen etwas bildhaften Vergleich anzubringen: Ein unter einem TP-Monitor laufendes Anwendungsprogramm begibt sich unter den Schutz des TP-Monitors und nutzt die Dienste, die dieser bietet. Gleichzeitig muß es sich verpflichten, seine Selbständigkeit aufzugeben, und es darf nicht direkt mit dem Betriebssystem kommunizieren.

Eines der Ziele bei der Programmerstellung sollte sein, daß das Programm möglichst effizient arbeitet und das Paging minimiert wird (Unter Paging versteht man das bei virtuellen Betriebssystemen übliche Aus- und Wiedereinlagern zwischenzeitlich nicht benötigter Daten aus dem realen Hauptspeicher des Rechners auf Zwischenspeicher und zurück). Einige Voraussetzungen hierzu:

- ⇨ Fehlerbehandlung und ähnliche Routinen vom Hauptprogramm trennen.
- ⇨ Bei aller Lesbarkeit das Programm möglichst effizient schreiben. So sollten stets

Spezielle Anforderungen

oder häufig benutzte Unterprogramme nahe den Aufrufstellen positioniert werden, ein mehrfach vorkommender Code ist bei geringer Länge internen Unterprogrammen oder separaten Modulen vorzuziehen.
⇨ Ein Programm sollte nicht auf eine Terminal-Eingabe warten müssen. Das heißt: Dialogprogramme (im Gegensatz zum Pseudodialog, siehe Abschnitt 2.2.2) sind verpönt!
⇨ Langes Durchsuchen von Daten (Dateien, Tabellen) ist zu vermeiden.

Voraussetzung für ein flexibles und schnelles Teilhabersystem ist, daß das Programm »reentrant« ist.

reentrant

Das bedeutet, daß eine im Arbeitsspeicher befindliche Kopie des Anwendungsprogrammes von mehreren Benutzern gleichzeitig verwendet werden kann. Der Programmbereich für die Unterbringung der Daten ist mehrfach vorhanden, damit jeder Benutzer seine individuellen Daten durch das Programm bearbeiten lassen kann.

Im statischen und somit nur einmal gespeicherten Teil des Programmes dürfen während der Verarbeitung keine Veränderungen erfolgen.

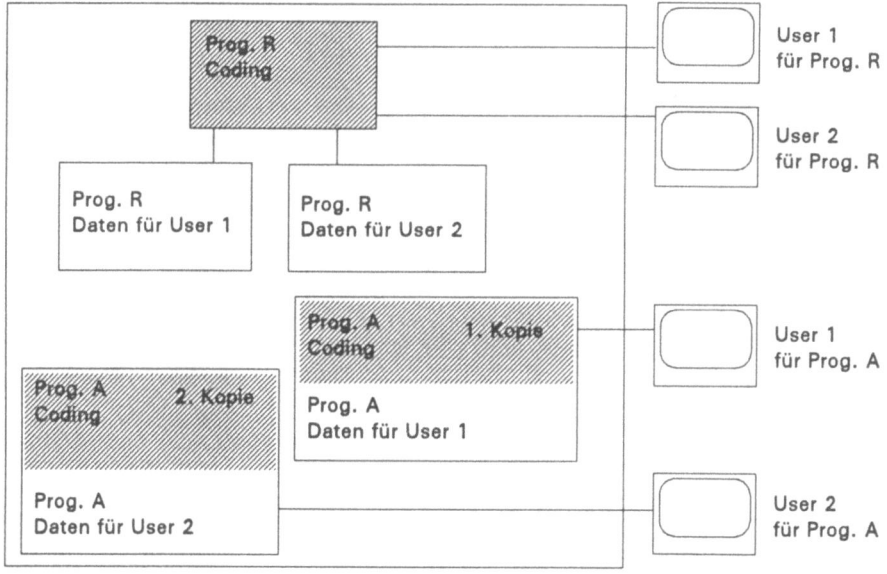

Abb. 2.10   So wird ein Programm mit der Eigenschaft »reentrant« (Programm R) während der Ausführung gespeichert. Programm A hingegen ist nicht reentrant.

3 Die CICS-Welt

Bei dem *Customer Information and Control System* CICS handelt es sich um einen TP-Monitor der Firma IBM. Zu seinen Aufgaben zählt es, für ein Dialogsystem die Nutzung der Ressourcen zu überwachen und zu steuern.

CICS steuert die Kommunikation des Systems und der Anwendungsprogramme mit den angeschlossenen Bildschirmen. Es verwaltet die benötigten Ressourcen und stellt die Verbindung zu Datenbanksystemen her. CICS wird durch Tabellen an die Benutzerumgebung angepaßt.

CICS belegt eine oder mehrere Partitions unter DOS/VSE beziehungsweise eine oder mehrere Regions unter MVS (ein Adreßraum wird unter DOS/VSE als *Partition* bezeichnet, unter MVS als *Region*). Es führt für die Anwenderprogramme alle Datei- und Terminalzugriffe durch und sorgt unter anderem dafür, daß alle Daten komplett zwischen Rechner und Terminal übertragen werden.

Über die SNA-Schnittstelle lassen sich aus CICS heraus sowohl einfache Terminals als auch andere Subsysteme bedienen. CICS ist verfügbar für die Betriebssysteme DOS/VSE und MVS (MVS/370, MVS/XA und MVS/ESA). Ferner gibt es auch CICS-Versionen, die auf entsprechend hochkarätigen Personal-Computern laufen. Auf diese gehen wir hier nicht gesondert ein. Doch besteht in den grundsätzlichen Abläufen Funktionsgleichheit zwischen dem »großen« CICS und dem für Personal-Computer.

3.1 Die CICS-Bereiche

CICS belegt im Rechner mindestens eine Region. Dieser Adreßraum wird in zwei Unterbereiche aufgeteilt:

⇨ den CICS-Nucleus sowie den
⇨ dynamischen Bereich.

Unter dem Nucleus werden die Speicherbereiche verstanden, in denen sich die CICS-Steuerprogramme und die CICS-Tabellen befinden.

Der dynamische Bereich hingegen umfaßt:

⇨ Anwenderprogramme,
⇨ Bildschirmmasken und
⇨ Datenbereiche.

Der dynamische Bereich heißt Dynamic Storage Area (DSA). Der Adreßraum oberhalb von 16 MB wird, falls vorhanden, als Extended DSA bezeichnet.

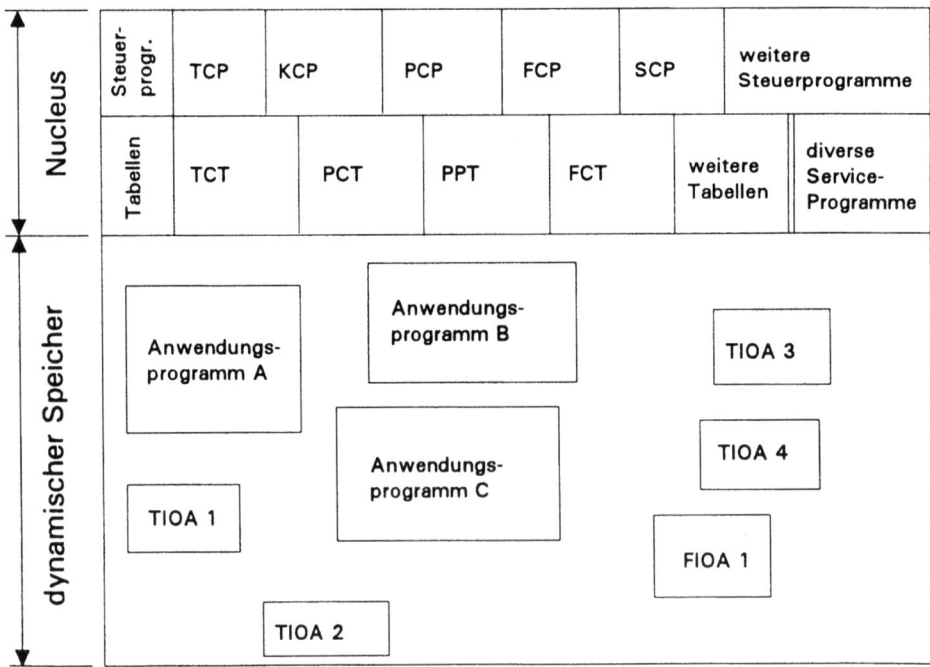

Abb. 3.1   Die Aufteilung der CICS-Region in Nucleus und dynamischen Bereich.

3.2 CICS-Komponenten

Das komplexe CICS-System besteht aus vielen Einzelkomponenten. Die Komponenten lassen sich in folgende Gruppen untergliedern.

Zu den *Steuerprogrammen* zählen alle Systemprogramme des CICS, die die Aufrufe an das Betriebssystem durchführen und die Kontrolle über die Anwenderprogramme sowie über die Ressourcen ausüben.

Steuerprogramme

CICS wird in hohem Maße über *Tabellen*-Einträge gesteuert. In ihnen formulieren die CICS-Systembetreuer (beispielsweise die DC-Spezialisten Ihres Hauses), welche Programme zu welchem Transaktionscode gehören oder welche Terminals oder welche Dateien angesprochen werden können.

Tabellen

Unter den *Kontrollbereichen* sind Speicherbereiche zu verstehen, in denen CICS Informationen über den momentanen Stand des Systems oder die nächsten Programmschritte ablegt.

Kontrollbereiche

Die *Anwendungsprogramme* führen die eigentlichen TP-Anwendungen durch. Sie müssen den speziellen Anforderungen genügen, die an CICS-Online-Programme gestellt werden. Wir haben diese Punkte bereits in Kapitel 2 kurz angerissen.

Anwendungs-programme

Wenn wir Sie mit Hilfe dieses Buches in die Lage versetzen, solche Anwendungsprogramme schreiben zu können, haben wir unser selbstgestecktes Ziel erreicht.

3.2.1 Steuerprogramme

Die CICS-Steuerprogramme bilden das Bindeglied zwischen Anwendungsprogrammen, Subsystemen und Betriebssystem. Sie überwachen und steuern den zur Verfügung stehenden Speicher und kontrollieren den gemeinsamen Zugriff auf Datenbestände und Terminals. Die Steuerprogramme verwalten das ganze CICS-System.

CICS bedient sich zur Datenkommunikation der im Betriebssystem üblichen Zugriffsmethoden (VTAM, VSAM). Gegenüber dem Betriebssystem erscheint die CICS-Region als ein einziger Benutzer.

| Datenaustausch | Wir unterscheiden nach ihrer Funktion vier Gruppen von CICS-Steuerprogrammen. Die erste Gruppe von Programmen kümmert sich um die Verwaltung der Daten:

⇨ Daten auf dem Weg vom oder zum Terminal,
⇨ der Datenaustausch zwischen Anwendungsprogrammen und Dateien,
⇨ Lesen und Schreiben von Übergangsdaten (Transient Data),
⇨ Lesen und Schreiben von Zwischenspeicher (Temporary Storage).

| Ablaufsteuerung | Die meiste Arbeit leisten die Programme, die für den laufenden Betrieb sorgen:

⇨ Die Steuerung der Tasks,
⇨ die Verwaltung des Speicherplatzes,
⇨ das Aufrufen, Zwischenspeichern und effiziente Nutzen der Anwendungsprogramme,
⇨ die Steuerung von zeitgebundenen Funktionen.

| Betriebssicherheit | Eine Gruppe von Programmen steigert die Zuverlässigkeit des Gesamtsystems:

⇨ Maßnahmen zur Systemwiederherstellung (Recovery),
⇨ Programme zum Wiederanlauf (Restart),
⇨ Kontrolle der Mechanismen zum Zurücksetzen auf bestimmte Systemzustände (Backout).

| Fehlerdiagnose | Eine weitere Gruppe von Programmen gibt Hilfestellung in Fehlersituationen:

⇨ Trace-Verwaltung,
⇨ Dump-Erstellung,
⇨ Abend-Behandlung.

Wenn Ihnen einige der Begriffe noch unverständlich vorkommen, bitte nicht verzweifeln. Informationen, die Sie zum weiteren Arbeiten noch brauchen, liefern wir im folgenden. Die einzelnen Steuerprogramme haben im CICS bestimmte Namen. Die meisten Fachleute, spracheffizient oder auch nur maulfaul, benutzen allerdings in der Regel nur deren Abkürzung. Wenn Ihnen demnächst jemand etwas vom *KCP* erzählt, wissen Sie sofort, daß es sich um Einzelheiten zum Task-Management, also zur Steuerung der Tasks handelt. Im übrigen erkennen Sie an dem Kürzel *.CP* stets ein Control Program, ein Steuerprogramm. Die wesentlichen Steuerprogramme sind:

Task Management (KCP)
Diese Steuerung verwaltet die Ausführung aller Tasks.

Storage Management (SCP)
Hiermit wird der Speicherplatz innerhalb der CICS-Region verwaltet.

Program Management (PCP)
Um das Laden, den Aufruf und das Freigeben von Anwenderprogrammen kümmert sich die Programm-Steuerung.

Terminal Management (TCP)
Die Kommunikation zwischen CICS-System, Anwenderprogramm und dem Terminal wird von der Terminal-Steuerung kontrolliert.

Time Management
Alle über die Zeit zu steuernden Funktionen wie das Starten und Anhalten von Tasks sowie Auskünfte über Zeit und Datum erledigt die Zeit-Steuerung.

File Management (FCP)
Um alle Zugriffe auf Datenbestände kümmert sich die Datei-Steuerung. Eine Ausnahme bilden Zugriffe auf Datenbanksysteme (beispielsweise ADABAS). Diese sind technisch gesehen für CICS kein Dateizugriff, sondern der Aufruf eines speziellen Unterprogrammes, das zufälligerweise auch Daten anliefert.

Transient Data Management (TDP)
Das Transient Data Management bietet eine allgemeine Warteschlangenverwaltung für CICS-interne Verarbeitung sowie eine Verarbeitungsmöglichkeit für Daten, die nicht zum CICS gehören (beispielsweise zum Erstellen von Magnetbändern).

Temporary Storage Management (TSP)
Beim kurzfristigen Zwischenspeichern von Daten im Hauptspeicher oder auf einer Platte hilft das Temporary Storage Management.

Dump Management
Mittels des Dump Managements können Speicherauszüge von CICS-Tasks oder CICS-Tabellen angefertigt werden.

Basic Mapping Support (BMS)
CICS bietet ein sehr leistungsfähiges Subsystem zum formatierten Schreiben beziehungsweise Lesen des Terminals: Basic Mapping Support.

Execute Interface Program (EIP)
Das Execute Interface Program verbindet Anwendungsprogramm und CICS-Steuerprogramm miteinander und füllt den Execute Interface Block EIB.

3.2.2 Tabellen

Die grundsätzliche Steuerung von CICS erfolgt anhand von Tabellen, die die Arbeits-Umgebung und andere Ressourcen beschreiben, zum Beispiel die angeschlossenen Terminals. Ferner wird das gesamte System über Tabellen »modelliert«. So ist in Tabellenform definiert, welche Transaktionscodes das CICS ausführen kann, also welche Funktionen das jeweilige System bieten soll. . *CT* steht generell für *Control Table*.

Hier die wichtigsten Tabellen:

Terminal Control Table (TCT)
Die Terminal Control Table enthält die Beschreibung aller Terminals beziehungsweise Terminaltypen und wird vom Terminal Management benutzt.

Program Control Table (PCT)
Das Task Management prüft anhand der Program Control Table die Gültigkeit eines gewünschten Transaktionscodes. Es entnimmt dieser Tabelle den Namen des hinter einem Transaktionscode stehenden Programms, also des Programms, das beim Aufruf einer Transaktionscodes als erstes zu aktivieren ist.

Processing Program Table (PPT)
Die Processing Program Table muß für jedes unter CICS zu betreibende Programm gewisse Details wie etwa die verwendete Programmiersprache enthalten. In der PPT führt das CICS selber Buch über die Anwendungsprogramme, zum Beispiel, ob sie sich momentan im Arbeitsspeicher befinden. Dieser Teil der PPT wird vom Program Management gepflegt und verarbeitet. Da CICS das Laden der Anwendungsprogramme selber steuert, wird zwecks schnelleren Zugriffs in der PPT festgehalten, an welcher Adresse der Platte das Programm liegt.

File Control Table (FCT)
In der File Control Table stehen — mit gewissen Ausnahmen — die Beschreibungen aller VSAM- und BDAM-Dateien, auf die das CICS zugreifen kann.

Destination Control Table (DCT)
Die Destination Control Table enthält die Beschreibungen für alle Übergangsdateien und -ziele. Sie wird vom Transient Data Management benutzt.

System Initialization Table (SIT)
Die System Initialization Table konfiguriert das CICS. Zum Beispiel enthält sie Informationen darüber, welche Programmiersprachen unterstützt werden oder ob ein externes Berechtigungsverfahren wie RACF zum Einsatz kommt.

3.2.3 Kontrollbereiche

In der CICS-Region findet sich eine Reihe von Speicherbereichen, in denen das CICS eigene Verwaltungsdaten ablegt. Mit dem Kürzel ..*A* werden *Areas* bezeichnet.

Die wichtigsten Kontrollbereiche:

Common System Area (CSA)
Die Common System Area ist der Hauptkontrollbereich des CICS. Sie enthält die Adressen der Steuerprogramme und der Tabellen.

Common Work Area (CWA)
In einem CICS-System kann eine Common Work Area angelegt werden (Parameter WRKAREA in der System Initialization Table). In ihr können allgemeingültige, nicht auf einzelne Benutzer bezogene Daten abgelegt werden.

Task Control Area (TCA)
Für jede CICS-Task wird eine Task Control Area eingerichtet. In ihr werden die Adressen der Speicherbereiche der jeweiligen Task hinterlegt.

Transaction Work Area (TWA)
Ergänzend zur TCA kann eine Transaction Work Area bestehen. Hier können auf den einzelnen Benutzer bezogene Daten abgelegt werden.

Terminal Control Table User Area (TCTUA)
Zum benutzerbezogenen Datenaustausch zwischen den Anwendungsprogrammen kann dieser Bereich der Terminal Control Table verwendet werden.

Terminal Input Output Area (TIOA)
Als Puffer für Ein- und Ausgabeoperationen des Terminals dient die Terminal Input Output Area.

File Input Output Area (FIOA)
Ähnlich wie die TIOA dient die File Input Output Area als Puffer für Ein- und Ausgaben mit Dateien.

Execute Interface Block (EIB)
Im Execute Interface Block sind bestimmte ausgewählte System-Informationen eingetragen. Diese Informationen stehen auch dem Anwendungsprogramm zur Verfügung.

Communication Area (CA)
Beim Aufruf eines Anwendungsprogrammes können über einen gesonderten

Speicherbereich, die Communication Area, Daten übergeben werden. Die CA dient zum Austausch von Daten zwischen mehreren Anwendungsprogrammen, auch zwischen mehreren Tasks. Sie spielt eine wichtige Rolle bei der Steuerung der Anwendungsprogramme.

Hier noch einmal eine Übersicht über die Kontrollbereiche, die von einem Anwendungsprogramm benutzt werden können.

Bereich	maximale Größe	Vorhandensein
CWA	3.584 Bytes	1 x im System
TWA	32.767 Bytes	1 x pro Task
TCTUA	255 Bytes	1 x pro Task
CA	32.767 Bytes	1 x pro Task

3.2.4 Anwendungsprogramme

Äußere Bedingungen für Anwendungsprogramme

Anwendungsprogramme sind in einer der Programmiersprachen COBOL, VS COBOL II, PL/I, Assembler oder C geschrieben und bestehen aus Anweisungen in der jeweiligen Programmiersprache sowie aus CICS-Befehlen.

In einem Realtime DB/DC-System werden aktuelle Ereignisse verarbeitet. Deshalb muß eine Vielzahl von Programmen konkurrierend auf Datenbestände zugreifen können. Hieraus ergeben sich einige Konsequenzen:

- ⇨ Es dürfen keine Dateibeschreibungen sowie keine Ein- oder Ausgabe-Anweisungen aus dem Sprachumfang des Compilers vorkommen.
- ⇨ Die CICS-Befehle werden durch einen Vorübersetzer (Translator, Precompiler) in Calls beziehungsweise Makros der jeweiligen Programmiersprache umgewandelt.
- ⇨ Zur Laufzeit der Programme sorgt das EIP dafür, daß die Programme von beliebig vielen Anwendern gleichzeitig benutzt werden können. Das heißt, sie werden für jede CICS-Task reentrant.
- ⇨ Es dürfen keine Anweisungen verwendet werden, die zu einer Verzweigung in das Betriebssystem oder in eine seiner Komponenten unter Umgehung des CICS führen würden.

Da im Interesse schneller Antwortzeiten sparsam mit den Ressourcen umgegangen werden soll, lassen sich als »Tugenden eines guten TP-Programmes« (und eines guten TP-Programmierers) unter anderem folgende Punkte nennen:

⇨ Sequentielles Abarbeiten eines Programmes in einem kleinen Adreßbereich.
⇨ Fehlerbehandlung und ähnliche Routinen vom Hauptprogramm abtrennen.
⇨ Stets oder häufig benutzte Unterprogramme nahe den Aufrufstellen positionieren.
⇨ GETMAIN-Befehle sollten nur gezielt und bei besonderem Bedarf eingesetzt werden.
⇨ Mehrfach vorkommender Code ist bei geringer Länge internen Unterprogrammen oder separaten Modulen vorzuziehen.
⇨ Ein Programm sollte nicht auf eine Eingabe am Terminal warten müssen. Das heißt: Dialogprogramme (im Gegensatz zum Pseudodialog, siehe Kapitel 2) sind unerwünscht.
⇨ Beim Lesen von Daten sollte der LOCATE-Modus (mit Setzen des Pointers im Eingabebereich) dem MOVE-Modus vorgezogen werden: READ ... SET (PTR). Dies bringt Speicherersparnis und kürzere Verarbeitungszeit. Doch bitte Vorsicht walten lassen. Nur fortgeschrittene CICS-Programmierer sollten diese Methode anwenden, da fehlerhafter Umgang mit Pointern zu erstaunlichsten Ergebnissen (bis hin zum Systemabsturz) führen kann.
⇨ Initialisierung von Daten möglichst früh durchführen.
⇨ Daten in der Reihenfolge ihrer Benutzung definieren.
⇨ Langes Suchen von Daten in Dateien und Tabellen ist zu vermeiden.
⇨ Überlagerungstechniken sind zu vermeiden.

3.3 Das Zusammenspiel

Um das Zusammenspiel der CICS-Komponenten so richtig zu betrachten, verfolgen wir einmal, wie CICS eine Terminal-Transaktion durchführt. Der Funktionsablauf innerhalb des CICS ist naturgemäß recht komplex.

Die Adressen der Steuerprogramme und auch der Tabellen hinterlegt CICS in der Common System Area *CSA*, einem gesonderten Speicherbereich. Außerdem speichert CICS sämtliche Informationen, die für die Steuerung der CICS-Region gebraucht werden.

Die CSA, die Steuerprogramme und Tabellen bilden den CICS-Nucleus. Der Rest der Region heißt »der dynamische Bereich« und wird mit Ein- und Ausgabebereichen, Anwendungsprogrammen und anderem belegt.

Wir kennen CICS-Speicherbereiche für Steuerzwecke und als Ein- und Ausgabebereiche. Die Common System Area *CSA* und die Task Control Area *TCA* dienen der Steuerung des CICS beziehungsweise der Transaktionen. Für Ein- und Ausgaben von Terminals und zum Datenaustausch mit Dateien dienen Terminal Input Output Areas *TIOA*s und File Input Output Areas *FIOA*s.

Speicher-bereich

TCAs und TIOAs legt CICS bei Bedarf im dynamischen Bereich *DSA* an. Diese Bereiche sind nicht Teil Ihres Programms, sondern stehen an anderer Stelle der DSA.

Den Zugriff auf diese Bereiche vereinfacht das Execute Interface Program EIP. Das EIP stellt die Verbindung zwischen Ihrem Anwendungsprogramm und dem CICS-Steuerprogramm her.

Im Normalfall brauchen Sie als Anwendungsprogrammierer nichts über Lage und Aufbau der Kontrollblöcke zu wissen. Doch mitunter soll ein Anwendungsprogramm etwas gezielter auf bestimmte Ressourcen oder bestimmte Speicherbereiche zugreifen. Dann benötigt es Informationen aus diesen Kontrollblöcken. Zu diesem Zweck sind die für Anwendungsprogrammierer interessantesten Informationen zu einem speziellen Block zusammengefaßt, dem Execute Interface Block *EIB*.

Der Execute Interface Block enthält die Informationen wie

⇨ Datum und Uhrzeit des Task-Beginns,
⇨ den Transaktionscode,
⇨ den Namen der Datenstation und viele weitere Angaben.

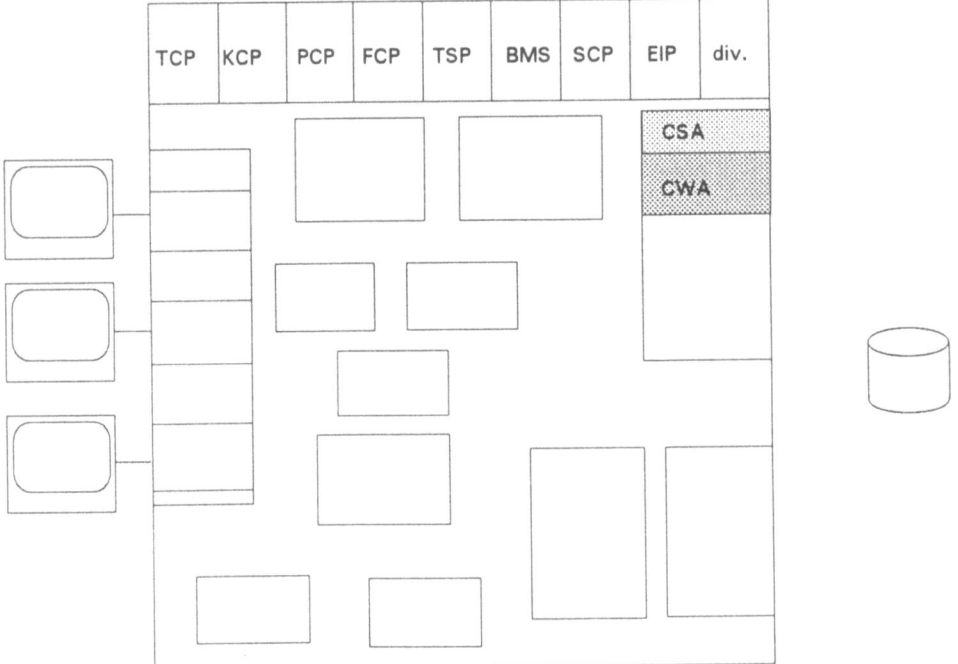

Abb. 3.2   *Die Common System Area.*

Für jede Task besteht ein eigener Execute Interface Block. Das Anwendungsprogramm kann auf die Felder des EIB seiner Task zugreifen. Im Vorübersetzerlauf bei der Erstellung des Programms werden die Definitionen des EIBs automatisch in den Quelltext eingefügt. Die Felder des Execute Interface Blocks werden vom Execute Interface Program *EIP* gefüllt.

Wir gehen von folgender Situation aus: Wir befinden uns auf der untersten CICS-Ebene. Das ist die Situation, in der wir einen Transaktionscode sowie einige weitere Daten wie eine Kunden- oder Personalnummer vorgeben können. Nach Drücken der Taste »Datenfreigabe« wird die entsprechende Transaktion gestartet, die uns letztendlich die Daten zur eingegebenen Personalnummer auf den Bildschirm schreibt.

Die Situation

Das Terminal, an dem wir arbeiten, ist nur eines unter den vielen, die an das System angeschlossen sind. Sie erinnern sich: Alle Terminals beziehungsweise Terminaltypen sind in der Terminal Control Table *TCT* eingetragen.

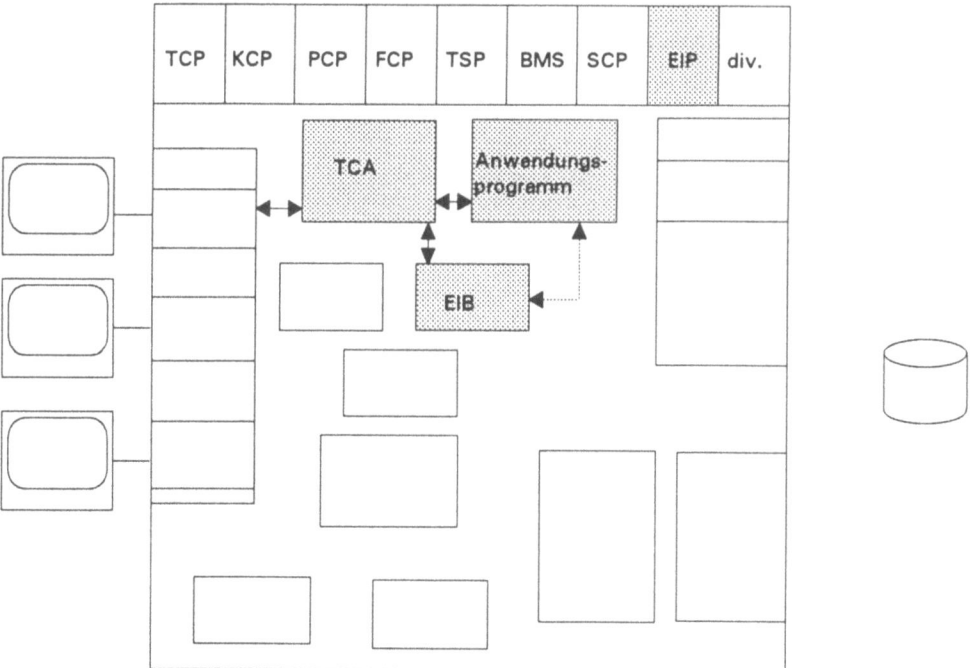

Abb. 3.3   Der Execute Interface Block wird vom Execute Interface Program gepflegt.

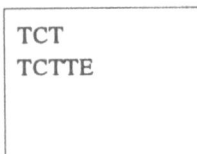

Für jedes aktive Terminal enthält diese Tabelle einen Eintrag mit diversen Daten. Hierzu zählen unter anderem der Typ der Datenstation, der Stand der Arbeit und — ganz wichtig — die CICS-interne Bezeichnung des Terminals. Ein solcher Eintrag heißt Terminal Control Table Terminal Entry oder *TCTTE*.

Dem TCTTE entnimmt CICS Informationen darüber, für welches Terminal eine Transaktion durchgeführt werden soll und wohin daraus resultierende Nachrichten zu schicken sind.

Durch Betätigung einer Interrupt-Taste (Datenfreigabe, PF1 bis 24 etc.) werden die Daten vom Terminal zum Host-Rechner geschickt. Die TP-Zugriffsmethode, beispielsweise VTAM, nimmt die Daten entgegen und leitet sie an eine VTAM-Applikation, in unserem Falle CICS, weiter.

Die Terminal-Verwaltung, Terminal Control Program oder auch *TCP*, stellt also fest, daß Sie eine Eingabe vorgenommen haben: Den gewünschten Transaktionscode und zusätzlich den Ordnungsbegriff, zu dem Daten gesucht werden sollen. Ihre Eingabe wird innerhalb der CICS-Region in einem Speicherbereich

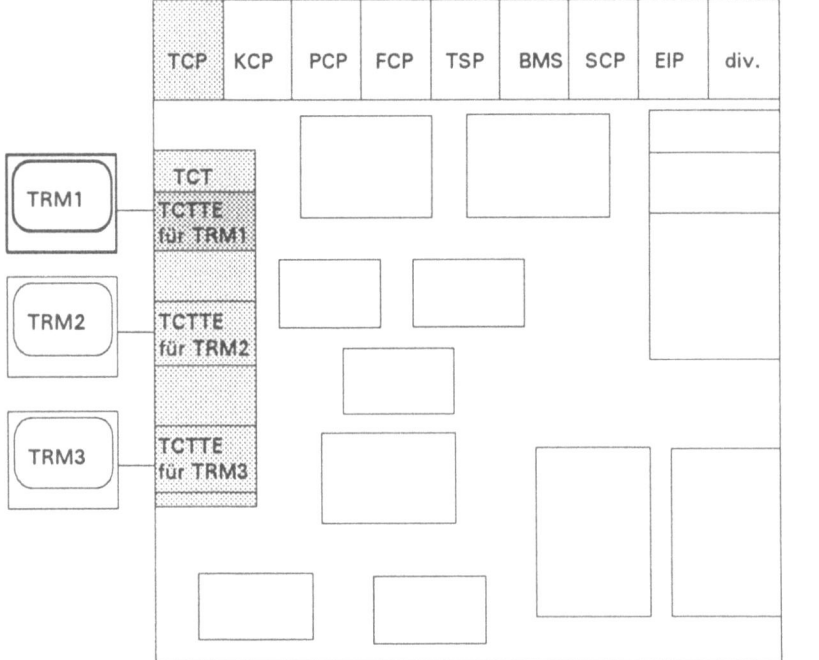

Abb. 3.4   Die Terminal Control Table.

Das Zusammenspiel

abgelegt, damit später darauf zugegriffen werden kann. Dieser Speicherbereich heißt Terminal Input Output Area oder auch *TIOA*. Die Adresse der TIOA merkt sich CICS mit einem weiteren Eintrag in dem Terminal Control Table Terminal Entry *TCTTE*, der zu unserem Terminal gehört.

Nachdem nun die am Terminal eingegebenen Daten sicher in der CICS-Region gelandet sind, fängt CICS an, über das weitere Vorgehen zu entscheiden. In unserem Fall haben Sie ja als erstes den Transaktionscode eingegeben. Die Task-Verwaltung Task Control Program *KCP* wird nun aktiv.

Task-Verwaltung

Das CICS durchsucht nun die Program Control Table *PCT*, in der alle gültigen Transaktionscodes nebst den dazugehörigen Startprogrammen eingetragen sind. Zweierlei kann jetzt geschehen: Entweder findet sich der gewünschte Transaktionscode in der Tabelle, oder er ist nicht eingetragen. Im letzteren Fall meldet sich CICS mit einer entsprechenden Nachricht. Diesen Fall wollen wir nicht weiter untersuchen.

PCT

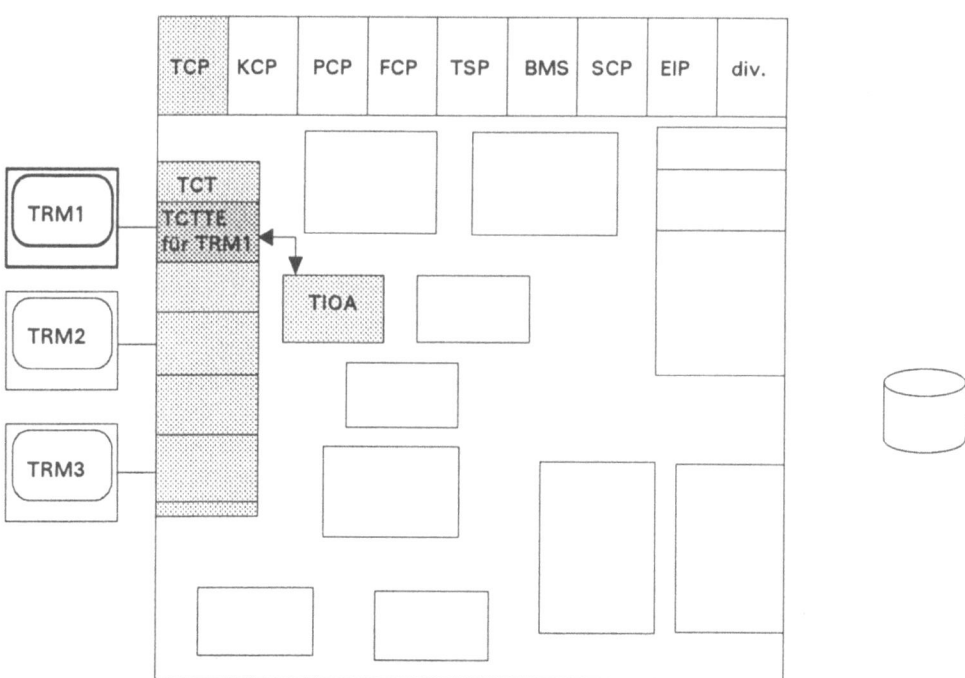

Abb. 3.5   Die Terminal Input Output Area.

Stellen wir uns lieber vor, der Transaktionscode sei tatsächlich eingetragen. Jetzt baut die Transaktions-Verwaltung erst einmal einen Steuerblock auf: die Task Control Area *TCA*. Das ist die Geburts-Hundertstelsekunde der Task.

CICS verwaltet die für das Durchführen einer Task benutzten Betriebsmittel wie Programme, Speicher, Datenbestände etc. Sie werden in der Task Control Area eingetragen. Nun fehlt uns zum richtigen Arbeiten noch ein Programm. Dafür ist die Programmverwaltung Program Control Program *PCP* zuständig. Demzufolge geht die Kontrolle von der Task-Verwaltung über an die Programm-Verwaltung. Hierbei wird der Name des auszuführenden Programms übergeben, der ja in der PCT eingetragen ist.

Aufgabe der Programm-Verwaltung ist unter anderem, festzustellen, wo dieses Programm innerhalb der angeschlossenen Programmbibliotheken gespeichert ist, und es gegebenenfalls zu laden, sofern es sich nicht bereits in der CICS-Region befindet.

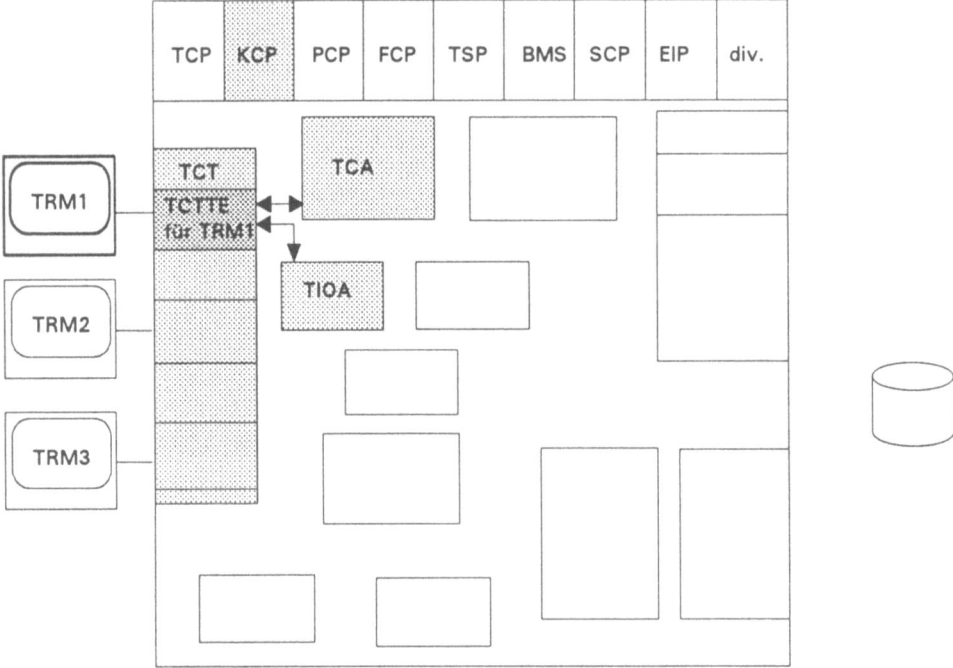

Abb. 3.6 Die Task Control Area.

Das Zusammenspiel

Um die Suche nach den Programmen möglichst schnell zu gestalten, führt CICS in einer weiteren Tabelle Buch über den Zustand eines jeden Programms. Dieses geschieht in Teilen der Processing Program Table *PPT*.

| PPT |

Wenn die Lage des Anwendungsprogramms im Speicher feststeht, also nach dem Lokalisieren oder nach dem Laden, wird seine Adresse ebenfalls in der TCA eingetragen.

| Programmadresse in TCA |

Beachten Sie, daß nun über die verschiedenen Adreßeinträge eine Verbindung zwischen der Terminaleingabe in der Terminal Input Output Area und dem Anwendungsprogramm hergestellt ist. Somit stehen dem Anwendungsprogramm die am Terminal eingegebenen Daten zur Verfügung. Ab jetzt kontrolliert das Anwendungsprogramm den Ablauf dieser Task.

| Anwendungsprogramm läuft |

Das zusammen mit dem Transaktionscode angegebene Argument kann als Eingabe verarbeitet werden. In unserem Beispiel nehmen wir es als Personalnummer. Diese dient zum Zugriff auf Daten in einem Satz einer VSAM-Datei. Unsere Transaktion

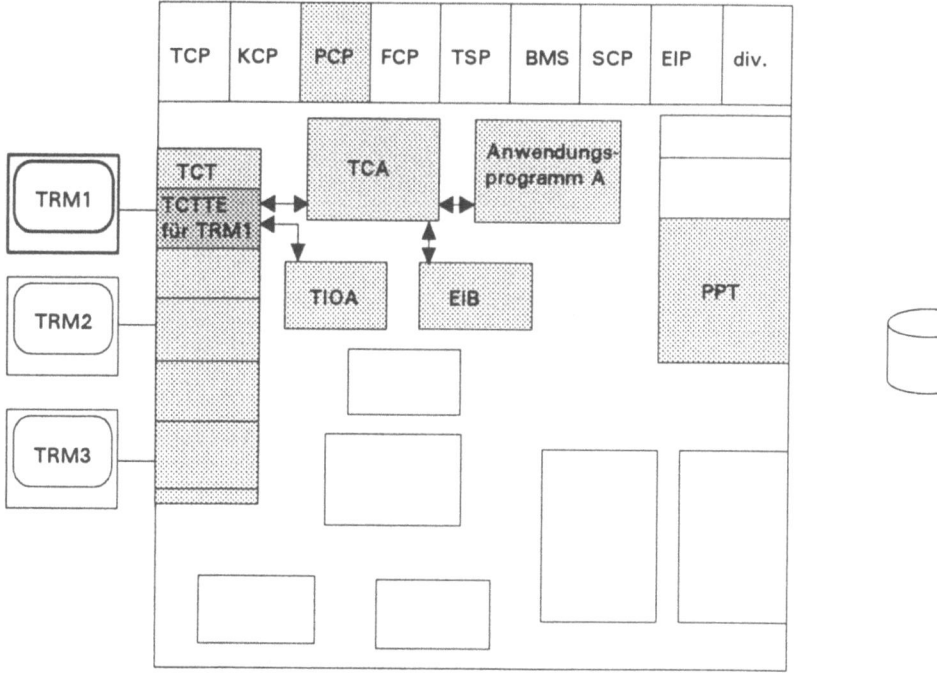

Abb. 3.7   Die Adresse des Programms wird in der TCA vermerkt.

soll die zur Personalnummer gehörenden Daten wie Name, Geburtsdatum, Funktion innerhalb der Firma und Gehaltsgruppe auf den Bildschirm schreiben.

Datei lesen über CICS-Aufruf	Ihnen als aufmerksamem Leser wird sicherlich noch unsere dringende Warnung gegenwärtig sein, daß alle Zugriffe auf Ressourcen nicht vom Anwendungsprogramm selber, sondern nur auf dem Umweg über CICS durchzuführen sind. Und das gilt natürlich auch für das Lesen eines VSAM-Satzes.
FCT FCP	Für das Lesen und Schreiben in Dateien ist die Datei-Verwaltung File Control Program *FCP* zuständig. Eine detaillierte Beschreibung der Datei ist natürlich auch erforderlich. Sie findet sich in einer weiteren CICS-Tabelle, der File Control Table *FCT*.
FIOA	Das File Control Program liest — im Auftrage des Anwendungsprogramms — den Satz und stellt seine Daten in einem Datenbereich zur Verfügung. Dieser Bereich heißt File Input Output Area *FIOA*. Seine Adresse wird in der TCA hinterlegt.

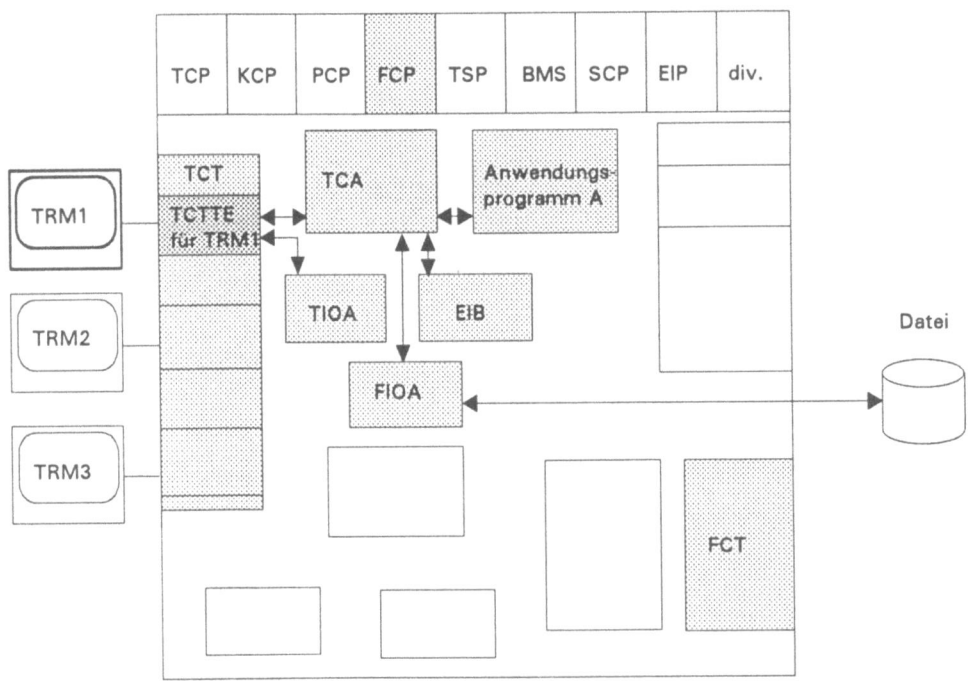

Abb. 3.8   Die File Input Output Area.

Das Zusammenspiel 43

Da es sich beim Lesen der Datei um einen für Computerverhältnisse langsamen Vorgang handelt, nutzt CICS die Zeit, um mittlerweile eine andere Transaktion zu bedienen. Eine Task wird zugunsten einer anderen Task unterbrochen.

> Task wird unterbrochen

Diesen Vorgang verfolgen wir jetzt nicht weiter, denn das würde verwirren. Aber all das, was CICS für das eine Terminal getan hat, läßt es bei Bedarf auch dem nächsten angedeihen, und zwar, ohne durcheinanderzukommen.

Zu einem Zeitpunkt x ist das Lesen der VSAM-Datei beendet. Nun arbeitet unser Anwendungsprogramm weiter. Es entnimmt der File Input Output Area die gewünschten Daten und baut daraus eine Nachricht für das Terminal auf. Man kann auch sagen, daß die Daten für das Bild aufbereitet werden.

Mit einem entsprechenden Befehl tun wir kund, daß jetzt das Schreiben der Nachricht an das Terminal erfolgen soll — ein Fall für CICS. Die Terminal-Verwaltung sorgt dafür, daß die Daten aus der Terminal Input Output Area vollständig und korrekt an das richtige Terminal geschickt werden.

> Schreiben auf den Bildschirm

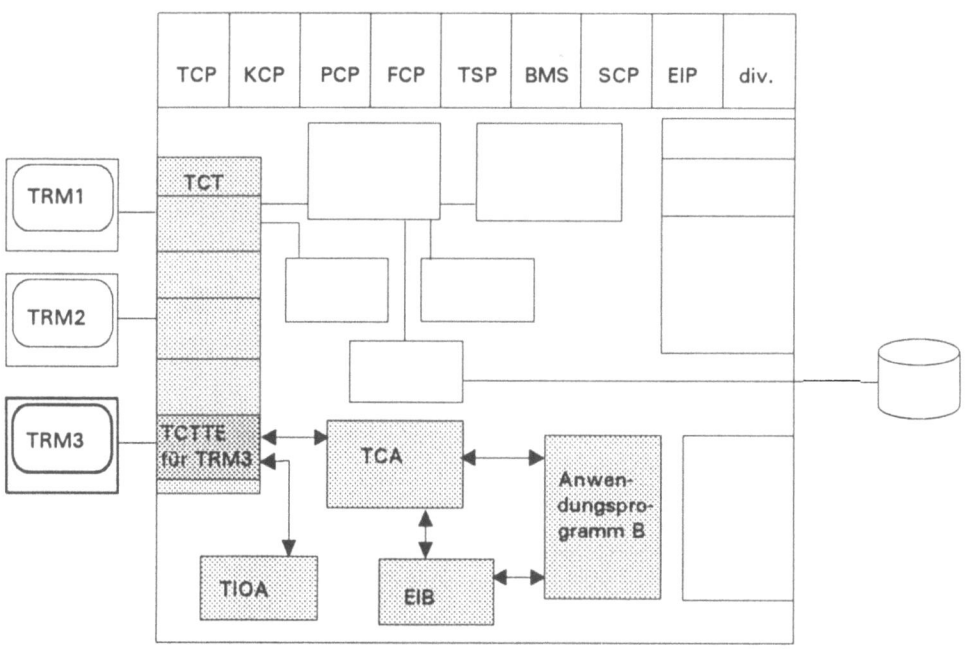

Abb. 3.9 *Solange für eine Task zeitaufwendige Operationen durchgeführt werden, ist CICS für eine andere Task aktiv.*

| Freigabe der Speicherbereiche SCP | Nachdem das Anwendungsprogramm beendet ist, werden die verschiedenen Bereiche nicht länger gebraucht und wieder freigegeben. Ausnahme: die Terminal Input Output Area. Sie bleibt solange erhalten, bis sichergestellt ist, daß die Nachricht vollständig und richtig das Terminal erreicht hat. Es ist Aufgabe der Speicher-Verwaltung Storage Control Program *SCP*, die Anforderung und Freigabe von Speicherplatz zu steuern. |

Der Vollständigkeit halber erwähnen wir noch zwei Steuerprogramme.

| TDP DCT | Da ist zum einen die Verwaltung des Übergangsspeichers Transient Data Program TDP. Die Informationen über die tatsächlich angesprochenen Dateien befinden sich in einer CICS-Tabelle, der Destination Control Table *DCT*. |

| TSP | Für das Speichern kurzfristig abzulegender Daten ist die Zwischenspeicher-Verwaltung Temporary Storage Program *TSP* zuständig. |

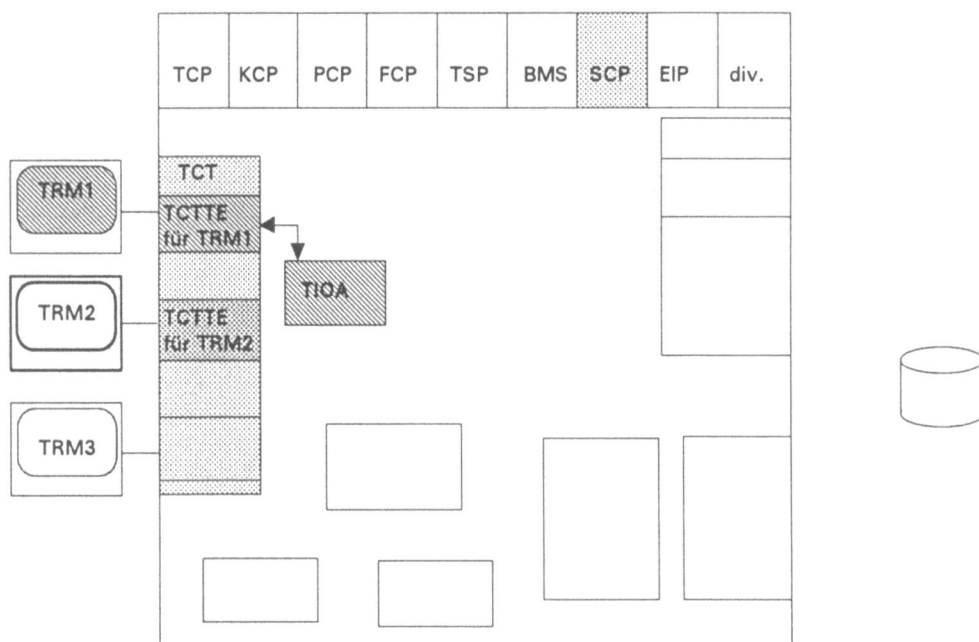

Abb. 3.10   Nach Task-Ende werden – bis auf die Terminal Input Output Area – die Speicherbereiche der Task freigegeben.

Das Erläutern weiterer CICS-Steuerprogramme und -tabellen würde den bewußt begrenzten Rahmen dieses Buches sprengen. Um sie kümmert sich im allgemeinen auch eher der Systemprogrammierer, nur selten der Anwendungsprogrammierer (Angaben über das Geschlecht der agierenden Personen in diesem Buch sind unverbindlich. Wir kennen ebenso fähige männliche wie weibliche System- und Anwendungsprogrammierer).

3.4 Die Arbeit einteilen: LUW

Es läuft nicht immer alles nach Wunsch, nicht alle Vorhaben können beendet werden. Wir beziehen das hier natürlich auf die Verarbeitung der einzelnen Vorgänge innerhalb eines Dialogsystems.

So kann es gewollt die Entscheidung geben, daß der Stand der Daten und Verarbeitungsschritte auf einen bestimmten Stand zurückgesetzt wird, weil beispielsweise der Anwender einen Vorgang abbricht.

> Notwendigkeit gesicherter Arbeitsschritte

Andererseits gibt es immer wieder einmal Situationen wie Systemzusammenbrüche, Stromausfall etc. Wenn danach das System inklusive CICS wieder hochgefahren wird, sollte ein definierter Zustand wiederhergestellt werden.

So stellen wir uns einmal vor, daß Benutzer *X* gerade dabei ist, am Bildschirm einen Datenbestand zu ändern. Um einen Vorgang abzuschließen, müssen insgesamt drei Datensätze angefaßt und überschrieben werden.

Die Änderung des ersten Satzes klappt, der zweite Satz wird gelesen und soll auch überschrieben werden. Doch just in diesem Moment bricht das System zusammen. Nach einer gewissen Zeit steht CICS wieder zur Verfügung. Auf welche Situation treffen wir jetzt?

Es wäre bei unserem Beispiel höchst unpassend, wenn die Änderung des ersten Satzes schon im System gespeichert wäre, ohne daß die restlichen Sätze geändert sind. In solchem Fall spräche man von Daten-Inkonsistenz. Und das klingt schon so, als wollten wir es nicht gerne haben.

Denn möglicherweise denkt der Benutzer nicht daran, daß er erst die halbe Arbeit erledigt hat und noch Arbeitsschritte nachzuholen sind. Vielleicht bietet ihm die Anwendung gar keine Gelegenheit, diesen Zustand zu erkennen und gezielt zu verbessern. Deshalb müssen wir also systemseitig Vorsorge treffen, damit dieser Zustand nicht eintreten kann.

| LUW | Ein Mittel hierzu ist es, die Arbeit in zusammenhängende Abschnitte einzuteilen, logische Arbeitseinheiten oder Logical Units of Work, abgekürzt *LUW*.

Im Sinne von CICS ist eine LUW der Arbeitsauftrag von einem definierten Arbeitszustand bis zu einem zweiten definierten Arbeitszustand. Üblicherweise ist in CICS eine Transaktion — vom Start bis zum Ende — eine Logical Unit of Work. Eine Transaktion kann jedoch durch gezieltes Setzen von Synchronisationspunkten in mehrere LUWs aufgeteilt werden.

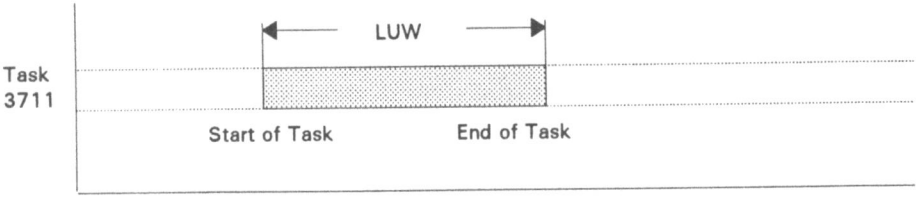

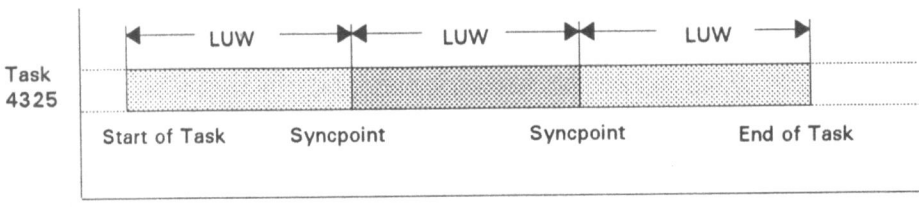

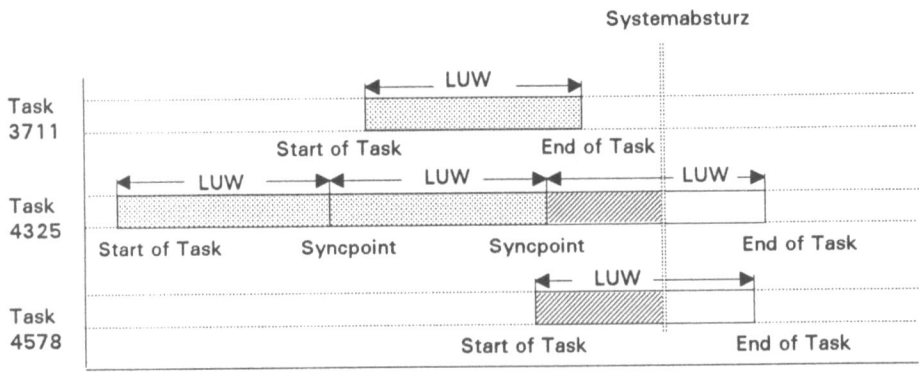

Abb. 3.13   Durch die Einteilung in LUWs gelten nach einem Systemabbruch nur die Ergebnisse komplett abgeschlossener LUWs. Nur die grau unterlegten LUWs sind nach dem Wiederstarten des Systems gültig, die schraffierten sind nicht mehr gültig.

Unter CICS werden Synchronisationspunkte wie folgt gesetzt:

➪ Implizit durch CICS beim Ende einer Transaktion, herbeigeführt durch ein EXEC CICS RETURN auf der untersten Ebene,
➪ explizit durch den Befehl EXEC CICS SYNCPOINT im Anwendungsprogramm,
➪ explizit durch einen DL/I-Beendigungsaufruf EXEC DLI TERM.

Ein expliziter CICS-SYNCPOINT beziehungsweise das Ende einer Task führen ebenfalls zu einem DL/I-Beendigungsaufruf. Bei Ende der Transaktion wird automatisch ein Synchronisationspunkt gesetzt.

3.5 Das Aufrufen einer Transaktion

Kommen wir nun zum eigentlichen Kern dessen, was unter CICS geschehen soll: Wir wollen eine Transaktion aufrufen. Der Vollständigkeit halber gehen wir hier noch einmal darauf ein.

Auch hier ist wieder zu unterscheiden, ob wir es mit der direkten CICS-Oberfläche zu tun haben, oder ob auf Ihrem System die Anwender ihre Transaktionen stets nur von einer sogenannten Benutzeroberfläche aus starten können.

Direkt auf der CICS-Oberfläche geben Sie auf dem Bildschirm in der linken oberen Ecke den Namen der Transaktion, den Transaktionscode ein. Der Code ist niemals länger als vier Stellen. Außerdem muß er in dem System bekannt sein, und Sie müssen die Berechtigung zu dieser Transaktion haben. Sie können in derselben Zeile noch weitere Angaben machen. Das hat allerdings nur dann Sinn, wenn das hinter dem Transaktionscode steckende Programm diese Daten auch liest und wenn Sie wissen, welche Daten die Anwendung erwartet.

Auf den meisten Systemen läßt man die Anwender, die ja in der Regel keine EDV-Fachleute sind, nicht auf die ach so nüchterne CICS-Oberfläche. Die unterste

```
IBB 1027000 31
```

Abb. 3.14   So rufen Sie direkt unter CICS eine Transaktion auf, hier die Transaktion IBB. Die zusätzlichen Daten (Kundennummer und Bildnummer) können vom Programm als erste Steuerungsangabe direkt verarbeitet werden.

Systemebene, die sie im Normalfall zu sehen bekommt, ist ein von den Programmierern gestaltetes Bild, aus dem auf die eine oder andere Weise das gewünschte Verfahren gestartet wird. Dieses Bild stellt die sogenannte Benutzeroberfläche dar, oftmals auch Transaktions-Auswahlbild oder Handlerbild genannt.

Die folgende Abbildung zeigt ein solches Bild. Die allerwichtigsten Transaktionen lassen sich durch Drücken einer PF-Taste anwählen. Alle anderen Transaktionscodes müssen unten links eingetippt werden. Im Anschluß an den Transaktionscode können gegebenenfalls weitere Angaben folgen, sofern die entsprechende Transaktion etwas mit diesen Angaben anfangen kann.

Der Vorteil eines solchen Bildes besteht darin, daß der Anwender sich nicht die einzelnen Transaktionscodes merken muß. Außerdem kann er sofort erkennen, für welche Codes er berechtigt ist.

```
 R104                                            PROG313      Seite  1
 --------------------------------------------------------------------
 Bitte geben Sie die von Ihnen gewuenschte Transaktion (TA) ein

                    TIP  Neuigkeiten

 ANS   Anschriften              MUTS  User Task Statistik
 AUFT  Aufträge                 NAME  Namenanfrage
 BAS   Bestandsabfrage          NEWC  Copy eines Pgms.
 BV    Berechtigungen           SERV  System Services
 CEBR  Browse TS-Q PLIPRINT     VR    Vorgangs-Register
 CECI  Command Interpreter      WB    Wochenbericht
 CEDF  Command Diagnostic
 IBB   Inkasso
 KD    Kfz-Deckungskarten
 KDNR  Kundennummern
 MAPR  Online Mapping Supp.

 ------------------------------------------------------------ Ende --
           CLEAR(Handler) PF: 1(KDNR) 2(NAME) 3(AUFT) 10(TIP) 11(Logon) 12(UMM)
 TA: ....
```

Abb. 3.15 *Beispiel eines Transaktions-Auswahlbildes.*

3.6 CICS-Anwendungen programmieren

Wir kommen jetzt zu einem recht heiklen Thema: Der Praxis. Nun sollte ein Buch, das sich an Praktiker wendet, eigentlich keine Probleme damit haben. Doch die Vielfalt der Umgebungen, auf denen CICS betrieben werden kann, macht es uns schwierig, Ihnen klipp und klar zu sagen, wie Sie auf genau dem System, an dem Sie arbeiten, vorgehen müssen, um ein CICS-Programm zum Laufen zu bringen.

Wir haben deshalb folgenden Kompromiß gewählt: Zuerst einmal beschreiben wir, was grundsätzlich geschehen muß, und zwar unabhängig von eventuellen Benutzeroberflächen oder Besonderheiten auf den Rechnern.

Ihre Aufgabe ist es dann, jemanden auszufragen, der sich mit dem System auskennt, an dem Sie arbeiten. Dieser Person entlocken Sie Schritt für Schritt, was Sie tun müssen, um mit CICS arbeiten zu können, Programme umzuwandeln und dann im TP-Betrieb auszuführen. Wir haben etwas Platz zum Notieren gelassen, damit Ihnen die entsprechenden Aufzeichnungen stets zusammen mit diesem Buch vorliegen.

3.6.1 Allgemeine Voraussetzungen

Zum Erstellen und Austesten eines Programms benötigen Sie zuerst einmal die Eintragungen in den Steuertabellen, für die Sie wahrscheinlich die CICS-Systemverwalter bemühen werden. Eingetragen werden muß in der PCT der Transaktionscode. Der Transaktionscode ist maximal vierstellig und sollte nicht mit dem Buchstaben C beginnen (solche Transaktionscodes sind für CICS selber reserviert). Außerdem muß angegeben werden, wie das Programm heißt, das mit diesem Transaktionscode aufgerufen werden soll.

Es hängt von den Konventionen Ihres Hauses ab, auf welche Weise gewährleistet ist, daß Transaktionscodes und Programmnamen nicht mehrfach belegt werden. In der Regel teilen bestimmte Ansprechpartner diese Namen auf Anforderung zu.

Sofern eine Transaction Work Area benutzt wird, muß auch deren Größe in der PCT vermerkt werden.

Für die PPT werden ebenfalls Angaben benötigt: Neben dem maximal achtstelligen Programmnamen die verwendete Programmiersprache, und ob es sich um einen BMS-Mapset handelt. Sehr häufig aufgerufene Programme können als RESIDENT definiert werden. Dieser Vermerk verhindert, daß das Programm nach gewisser Zeit aus dem Speicher ausgelagert wird.

```
PPT
```

Bitte denken Sie daran, daß auch alle Programme, die nicht mit einem Transaktionscode verbunden sind, sondern aus einem Programm heraus mit LINK oder XCTL aktiviert werden, ebenfalls eingetragen werden müssen. Dasselbe gilt für BMS-Mapsets.

| FCT | Für Eintragungen in der FCT sind folgende Angaben erforderlich:

⇨ Der CICS-interne Dateiname, maximal achtstellig.
⇨ Die Disposition der Datei.
⇨ Der Dateiname, wie er gegenüber dem Betriebssystem verwendet wird. Er muß deshalb natürlich den DOS/VSE- beziehungsweise MVS-Konventionen entsprechen.
⇨ Die Verarbeitungsart (Lesen, Ändern, Löschen, Hinzufügen, sequentielle Verarbeitung (Browse)).

Außerdem ist es für die Systemverwalter wichtig zu wissen, wieviele Benutzer voraussichtlich mit welcher Intensität die Datei nutzen. Daraus ergeben sich die erforderlichen Zugriffswege auf physisch ein- und dieselbe Datei. Desweiteren sollten Sie darüber Angaben machen, ob und in welchem Maße Ihre Anwendung Temporary Storage benutzt. Die Systemverwalter müssen die benötigte Speicherkapazität entweder im Hauptspeicher (Main) oder auf Plattenspeicher (Auxiliary) kalkulieren können, damit das System effizient arbeitet.

3.6.2 Ein Programm erstellen

Wenn das System, auf dem Sie arbeiten, keine Prozedur zum vereinfachten Erstellen eines COBOL- oder PL/I-Programms für CICS bietet, weder im Dialog noch als Stapelverarbeitung, müssen Sie die von IBM vorbereitete Prozedur verwenden. Zuerst ist natürlich der Programmtext als solcher zu schreiben. Dazu verwenden Sie am besten den auf Ihrem System installierten Editor. Es muß eine Datei entstehen, die sich mit der Umwandlungsprozedur verarbeiten läßt.

Die Bibliothek CICS330.PROCLIB enthält zum Erstellen von VS COBOL II-Programmen die Prozedur DFHEITVL, für PL/I-Programme die Prozedur DFHEITPL. Im Zusammenhang mit IMS heißen die Prozeduren DFHEBTVL beziehungsweise DFHEBTPL. Der Name der Bibliothek gilt für CICS Version 3.3. Bei anderen Versionen müssen Sie ihn entsprechend variieren.

Nach dem Einstellen des Lademoduls in die CICS-Modulbibliothek ist noch nicht gewährleistet, daß beim nächsten Aktivieren (zum Beispiel Aufruf der Transaktion) auch die neueste Version des Programms verwendet wird. Beachten Sie bitte auch den Abschnitt 3.6.4.

3.6.3 Eine BMS-Map erstellen

Für das Erstellen von BMS-Maps werden häufig sogenannte Mapgeneratoren eingesetzt: Verfahren, mit denen komfortabel der Bildschirmaufbau im Dialog oder in Form von Quelltext definiert wird. Der Mapgenerator formt aus der Eingabe dann die für den Quelltext des Mapsets erforderlichen Assembler-Statements. Wenn Sie ohne derartige Unterstützung auskommen müssen, sind die folgenden Schritte erforderlich.

> Mit oder ohne Mapgenerator

Zuerst muß natürlich die Mapdefinition als Datei geschrieben werden. In Kapitel 6 erfahren Sie mehr darüber, welche Statements erforderlich sind. Verwenden Sie am besten den auf Ihrem System installierten Editor. Es muß eine Datei entstehen, die sich mit der Prozedur verarbeiten läßt.

Die Bibliothek CICS330.PROCLIB enthält zum Erstellen von BMS-Maps die Prozedur DFHMAPS. Der Name der Bibliothek gilt für CICS Version 3.3, bei anderen Versionen müssen Sie ihn entsprechend variieren.

Nach dem Einstellen des Lademoduls in die CICS-Modulbibliothek ist noch nicht gewährleistet, daß beim nächsten Aktivieren (zum Beispiel Aufruf der Transaktion) auch die neueste Version der Map verwendet wird. Beachten Sie hierzu bitte den folgenden Abschnitt.

3.6.4 Aktivieren der neuesten Version

Nach dem Einstellen des Lademoduls in die CICS-Modulbibliothek ist noch nicht gewährleistet, daß beim nächsten Aufruf die neueste Version des Programms oder der Map verwendet wird. Das hängt damit zusammen, daß CICS unnötige Ladevorgänge unterläßt und ein bereits im Speicher befindliches Programm nicht erneut von der Platte lädt. Wenn sich auf der Platte eine neuere Version befindet, kann das Neuladen jedoch erforderlich sein. Das erreichen Sie durch einen entsprechenden CEMT-Befehl (CEMT, Option S wie Status).

```
s pr(D35030) newcopy
STATUS: ENTER ONE OF THE FOLLOWING OR HIT ENTER FOR DEFAULT
```

Abb. 3.16 Mit diesem Befehl bewirken Sie, daß beim nächsten Aufruf die neueste Version Ihres Programms beziehungsweise des Mapsets verwendet wird.

3.6.5 Die spezielle Vorgehensweise auf Ihrem System

Die Tabellenpflege

Das Erstellen eines Programms

Das Erstellen einer BMS-Map

Das Aufrufen des CICS-Systems

Sonstige Notizen

---

4 Die CICS-Funktionen

4.1 Allgemeines

Jedes TP-Programm besteht aus einer gewissen Menge von Anweisungen (Statements). Ein Teil dieser Statements verkörpert die Logik der Anwendung. Wenn das Programm bestimmte Eingaben auf eine ganz bestimmte Weise verarbeitet, so zählt dieses zur anwendungsspezifischen Logik des Programms.

Die grundsätzliche Steuerung wird von den Statements durchgeführt, die CICS-Befehle darstellen. Zum Beispiel: Ein Programm A soll zu Programm B verzweigen, falls die Taste PF 10 gedrückt wird. Die Verzweigung wird über einen CICS-Aufruf durchgeführt. Die Abfrage, die zur Verzweigung führt, gehört jedoch zur anwendungsspezifischen Logik.

Wir haben es also grundsätzlich mit zwei Arten von Statements zu tun. In diesem Buch behandeln wir vorrangig die CICS-Befehle, die anwendungsspezifische Logik nur am Rande. Sie wäre Thema eines Buches über Grundlagen der Programmierung.

4.2 Der Aufruf eines CICS-Befehls

Anwendungsprogramme sind — eine Binsenweisheit — in einer Programmiersprache geschrieben. Sie bestehen aus Anweisungen in der jeweiligen Sprache sowie einigen CICS-Befehlen. CICS steht für COBOL, VS COBOL II, PL/I, C und ASSEMBLER zur Verfügung. Wir beschäftigen uns in diesem Buch mit den Sprachen VS COBOL II oder PL/I. ASSEMBLER ignorieren wir, da es für die Anwendungsentwicklung keine wesentliche Rolle spielt; C ist im Charakter so unterschiedlich zu PL/I und COBOL, daß es als Sprache in einem eigenen Buch behandelt werden müßte.

> Nur VS COBOL II und PL/I

Die CICS-Befehle werden durch einen Vorübersetzer (auch als *Translator* oder *Precompiler* bezeichnet) in Calls oder Makros der jeweiligen Programmiersprache umgewandelt.

4.2.1 Das Codieren eines CICS-Aufrufes

Alle Anforderungen eines Anwenderprogramms an CICS werden im *Command Format* codiert. Im allgemeinen wird in der Literatur die folgende Schreibweise zur Darstellung der Befehle verwendet.

- ⇨ Bezeichnungen in *GROSSBUCHSTABEN* müssen genauso codiert werden, wie sie geschrieben sind. Beispiel: Die Worte EXEC CICS sind unverändert vor jedem CICS-Befehl erforderlich.
- ⇨ Bezeichnungen in *kleinbuchstaben* zeigen an, daß der Programmierer sie durch eigene Angaben ersetzen kann. Das können beispielsweise Namen von Variablen sein, aber auch eine von mehreren möglichen Optionen.
- ⇨ Vorschriften für die Interpunktion sind strikt zu befolgen. So kann in PL/I ein vergessenes Semikolon den Vorübersetzer in arge Schwierigkeiten bringen.
- ⇨ [und] kennzeichnen, daß das Dazwischenstehende wahlweise benutzt werden kann, aber nicht zwingend notwendig ist.
  | trennt zwei oder mehr alternative, einander gegenseitig ausschließende Möglichkeiten.
  { und } umfassen mehrere Alternativen, von denen eine gewählt werden *muß*.
- ⇨ Unterstreichungen kennzeichnen beim Vorliegen mehrerer Möglichkeiten den Defaultwert, also den standardmäßig angenommenen Wert für den Fall, daß keine Angabe erfolgt ist.
- ⇨ (und) zeigen an, daß die vorangehenden Angaben wiederholt erfolgen können.

Jeder CICS-Befehl ist nach folgendem Schema aufgebaut:

```
EXEC CICS funktion (option((argument)) ... begrenzer
```

funktion ist ein Schlüsselwort und stellt die durchzuführende Operation dar, zum Beispiel READ.
option ist ein Schlüsselwort und steht für eine von vielen möglichen Angaben, die für eine Funktion zu machen sind, zum Beispiel DATASET.
argument steht für einen Wert, gehört oftmals zu einer Option und ist stets in Klammern einzuschließen. Sie werden nach später beschriebenen Regeln gebildet. In den folgenden Beispielen die Worte 'MATFILE', MATEBER, MATKEY und 'PERSMAP'.
begrenzer ist ein Schlüsselwort oder Sonderzeichen, an dem der Vorübersetzer das Ende des CICS-Befehls erkennt. Bei PL/I ist dies das Semikolon, bei COBOL das END-EXEC.

Wertangaben mit vorangestellten *x* bedeuten hexadezimale Schreibweise. Ein Byte mit dem Wert x00 enthält den dezimalen Wert *0*, eines mit xFF den dezimalen Wert *255*. Ein x40 repräsentiert eine Leerstelle im EBCDIC (Extended Binary Coded Decimal Interchange Code, auf Großrechnern stark verbreiteter Darstellungscode).

Das Codieren eines CICS-Aufrufes

Bei CICS-Aufrufen in *PL/I*-Programmen gilt:

> Codierung PL/I

⇨ Zwischen den einzelnen Angaben stehen Leerzeichen.
⇨ Begrenzer für die Anweisung ist das Semikolon.

Hier das Beispiel eines CICS-Befehls unter PL/I:

```
EXEC CICS READ
     DATASET ('MATFILE')
        INTO (MATEBER)
      RIDFLD (MATKEY) ;
```

Um in einem *VS COBOL II*-Programm einen CICS-Aufruf zu codieren, sind folgende Regeln zu beachten:

> Codierung VS COBOL II

⇨ Das Schlüsselwort EXEC steht im B-Bereich.
⇨ Zwischen den einzelnen Angaben stehen Blanks.
⇨ Begrenzer ist END-EXEC, nach den Cobol-Regeln folgt gegebenenfalls ein Punkt.

Beispiel für einen CICS-Befehl unter VS COBOL II:

```
EXEC CICS
   SEND MAP ('PERSMAP')
END-EXEC
```

Bei der Darstellung der Befehle werden Sie in den nächsten Abschnitten oder in der IBM-Literatur auf folgende Begriffe stoßen. Mit ihnen wird beschrieben, welcher Art die Parameter sein sollen, die dem CICS-Aufruf übergeben werden.

value
COBOL: Geben Sie eine Konstante oder Variable an, die dem jeweils vorgeschriebenen Datentyp entspricht oder in diesen konvertiert werden kann.
PL/I: Es wird ein Ausdruck gefordert, der in einen entsprechenden Datentyp konvertiert werden kann.
Bei der Verwendung von Variablen gelten dieselben Regeln wie für Parameter des Typs *area*.

area
COBOL: Geben Sie einen Cobol-Namen für ein Datenelement oder eine Datengruppe an. Ist das geforderte Element ein binäres Halbwort, muß die Deklaration lauten: PIC S9(4) COMP, für ein binäres Wort PIC S9(8) COMP. Strings sind zu deklarieren mit

PIC X(n), wobei *n* die Anzahl der geforderten Bytes darstellt.
PL/I: Geben Sie einen Bezeichner an. Ist das geforderte Element ein binäres Halbwort, muß die Deklaration lauten: BIN FIXED(15), für ein binäres Wort BIN FIXED(31). Der Datenbereich muß mit dem PL/I-Alignment ALIGNED (also ausgerichtet auf Wortgrenze) deklariert sein. Strings sind zu deklarieren mit CHAR(n), wobei *n* die Anzahl der geforderten Bytes darstellt. Hier muß das Alignment ausgeschaltet sein, also UNALIGNED.
Wenn Sie für die Rückgabe einer Zeichenkette fester Länge ein Feld variabler Länge (CHAR(n) VARYING) verwenden, werden bei der Zuweisung die Längenbytes überschrieben.

name
COBOL: Geben Sie entweder ein Literal oder den Namen eines PIC X (n)-Feldes mit der vorgeschriebenen Länge an. Entweder ein String in Anführungszeichen (nichtnumerisches Literal). Ist er kürzer als gefordert, wird automatisch mit Blanks aufgefüllt. Oder Sie verwenden einen COBOL-Datenbereich der geforderten Länge. Der Wert im Bereich ist der als Argument zu verwendende Name. Ist der Bereich kürzer als gefordert, so kann das zu undefinierten Ergebnissen führen.
PL/I: Hier kann es sich entweder um einen String in Hochkommata handeln (ein Literal), oder um einen PL/I-Ausdruck, dessen Ergebnis sich als Zeichenkette der geforderten Länge verstehen läßt. Der Wert im Bereich ist der als Argument zu verwendende Name.

pointer-value
COBOL: Geben Sie einen COBOL-Namen an, der als POINTER definiert ist.
PL/I: Ein Bezeichner des Typs POINTER ist gefordert. Hier läßt sich jeder Ausdruck einsetzen, der in den Typ POINTER umgesetzt werden kann.

pointer-ref
COBOL: Ein COBOL-Name in der Linkage Section, der auf der Stufe 01 definiert ist.
PL/I: Ein Bezeichner des Typs POINTER ALIGNED ist gefordert.

label
COBOL: Jeder COBOL-Paragraphenname oder Section-Name.
PL/I: Ein Ausdruck, der sich als LABEL konvertieren läßt.

hhmmss
COBOL: Eine Dezimalkonstante oder der Name eines PIC S9(7) COMP-3 Feldes.
PL/I: Eine Dezimalkonstante oder ein Ausdruck, der nach DECIMAL FIXED (7) konvertiert werden kann.
Der Wert muß von der Form *0HHMMSS+* sein (*HH* Stunde von *00-99*, *MM* Minuten von *00-59*, *SS* Sekunden von *00-59*).

4.2.2 Die Übersetzung des codierten Statements

Sie codieren Ihre CICS-Befehle in einer hoffentlich recht übersichtlichen Form. Ihnen stehen — in Grenzen — viele Möglichkeiten zur Verfügung, das Listing nach eigenen Wünschen zu gestalten.

> weitreichende Gestaltungsmöglichkeiten

Ihre CICS-Befehle werden vom Vorübersetzer umgesetzt. Der Vorübersetzer ist ein Batch-Programm. Er hat die Aufgabe, die im Anwenderprogramm eingebetteten CICS-Befehle in Statements zu übersetzen, die der Compiler der jeweiligen Sprache tatsächlich verarbeiten kann. Anschließend wird der vom Vorübersetzer erstellte Quelltext compiliert. Zuletzt erzeugt der Linkage-Editor die Lademodule (Phasen).

> Der Vorübersetzer

Jeder ursprüngliche CICS-Befehl wird auf Kommentar gesetzt und durch eine oder mehrere Zuweisungen mit anschließendem CALL ersetzt.

> COBOL

In COBOL-Programmen wird die LINKAGE-SECTION modifiziert beziehungsweise erstellt und als erster Parameter die EIB-Struktur eingefügt.

In die WORKING-STORAGE SECTION werden Bezeichner mit dem Namen DFHEI... eingefügt. Bei diesen Bezeichnern handelt es sich um Namen, die vom Vorübersetzer verwendet werden.

Sehen wir uns einmal an, was der Vorübersetzer erzeugt. Wir schreiben beispielsweise folgenden einfachen CICS-Befehl:

```
EXEC CICS LINK PROGRAM    (LINK-PGM)
               COMMAREA   (DFHCOMMAREA)
END-EXEC
```

Daraus entsteht im Vorübersetzer folgendes:

```
MOVE ' \     00169   ' TO DFHEIV0              01680003       93
MOVE LENGTH OF DFHCOMMAREA TO DFH DFHB0020     IMP 127 63
CALL 'DFHEI1' USING DFHEIV0 LINK-PGM DFHCOMMAREA DFHB0020  EXT 93 34 127 63
```

Abb. 4.1   Das VS COBOL II-Listing des oben genannten CICS-Befehls nach der Vorübersetzung.

| PL/I | Bei PL/I-Programmen wird jeder Befehl durch einen DO-Gruppe ersetzt, die neben einer Deklaration eines Entrys einen CALL auf diesen Entry enthält.

In die Parameterleiste der PROCEDURE-Anweisung wird als erster Parameter der EIB-Pointer eingefügt. Außerdem wird mit einer entsprechenden %INCLUDE-Anweisung die EIB-Struktur zur Verfügung gestellt.

| Unvermeidliche Warnings und Informationen | Eventuell auftretende Warnungen des Compilers bezüglich der Anzahl von Argumenten können Sie ignorieren. Leider ist der Vorübersetzer nicht in der Lage, das Programm so aufzubereiten, daß es ohne jede Warnung übersetzt werden kann.

Auch hier wollen wir uns das Ergebnis des Vorübersetzerlaufes ansehen. In PL/I formuliert lautet der CICS-Befehl:

```
EXEC CICS RETURN
         TRANSID   (EIBTRNID)
         COMMAREA  (ITRMCA)
         LENGTH    (2000) ;
```

Daraus entsteht im Vorübersetzer folgendes:

```
/* EXEC CICS RETURN
         TRANSID    (EIBTRNID)
         COMMAREA   (ITRMCA)
         LENGTH     (2000)    */
   DO;
   DCL DFHBAYS36  BASED(ADDR(DFHEIO)) OPTIONS(INTER ASSEMBLER) ENTR
Y(*,CHAR(4),*,FIXED BIN(15));
   CALL DFHBAYS36(' Ö      BASAR65' /* '0E 08 E0 00 03 00 00 10 00 40 C2 C1
E2 C1 D9 F6 F5  'X  */, EIBTRNID,ITRMCA, 2000);
   END;
```

Abb. 4.2   Das PL/I-Listing des oben genannten CICS-Befehls nach der Vorübersetzung.

Sehr bedauerlich ist, daß der Vorübersetzer seine Statements völlig unsentimental in das Listing stopft. Das ist besonders für Programmierer ein Ärgernis, die auch im endgültigen Listing gerne eine saubere Gliederung hätten.

4.2.3 Der Execute-Interface-Block

Der Execute-Interface-Block, abgekürzt *EIB*, ist ein CICS-Bereich, auf den Anwenderprogramme im Command Level zugreifen und CICS-Informationen abfragen können. Dieser Bereich ist strukturiert und enthält die im folgenden aufgeführten Felder. Viele von ihnen werden Sie niemals in einem Ihrer Programme bewußt ansprechen, über andere werden grundlegende Steuerungen vorgenommen.

Für jede Task wird ein EIB angelegt. Die zum Ansprechen erforderliche Datenstruktur stellt der Vorübersetzer als COPY- oder %INCLUDE-Element zur Verfügung beziehungsweise kopiert sie direkt in den Quelltext.

Wir nennen hier einige Felder des EIB, im Anhang 1.1 haben wir eine Liste aller Felder angefügt.

Das Feld EIBTRNID enthält den Transaktionscode, den die Task zur Zeit ausführt. Mit diesem Wert können wichtige Steuerungen vorgenommen werden. Ähnliches gilt für EIBTASKN, dem die von CICS vergebene Tasknummer entnommen werden kann.

Die Länge der Communication Area, die der Anwendung mitgegeben wurde, steht in EIBCALEN.

In EIBCPOSN steht nach dem Einlesen von einem 3270-Terminal die Cursor-Adresse. Welche Taste zuletzt gedrückt wurde, ist in EIBAID vermerkt.

4.3 Überblick über die CICS-Befehle

Die Anzahl der für den Programmierer verfügbaren CICS-Befehle steigt von Version zu Version. Getreu dem Motto dieses Buches führen wir hier nicht alle möglichen CICS-Befehle auf, sondern beschränken uns auf das, was Sie nach unserer Meinung als Grundlage für Ihre tägliche Arbeit benötigen. Die Befehle dienen unterschiedlichen Zwecken. Zur schnellen Übersicht finden Sie an dieser Stelle eine Tabelle mit den Gruppen und den dazugehörigen Befehlen. In Abschnitt 4.4 sind die Befehle einzeln ausführlich dargestellt.

| Bildschirm lesen und schreiben | Die Befehle sind in folgende Gruppen unterteilt. In Abschnitt 4.4.1 erläutern wir erst einmal die Grundlagen der Bildschirmsteuerung. Darüberhinaus behandeln wir in Kapitel 6 das CICS-Subsystem BMS (Basic Mapping Support). |

SEND MAP	An ein Terminal werden Daten gesandt, die zuvor von BMS aufbereitet werden.
SEND CONTROL	Senden von Zeichen, die den Bildschirm hardwareseitig beeinflussen (Akustikeinrichtung oder Bildschirmattribute).
SEND	Senden von Daten an einen Bildschirm.
RECEIVE MAP	Einlesen der Daten, die von einer Datenstation aus an den Host-Rechner geschickt wurden, und Aufbereiten der Daten mit BMS.

| Programm-steuerung | Die Programmsteuerung unter CICS legt die Verknüpfung von Anwendungsprogrammen untereinander innerhalb des CICS-Systems fest. Die Befehle, die CICS zu diesem Zweck bereithält, lernen Sie in Abschnitt 4.4.2 kennen. |

LINK	Dieser Befehl entspricht einem dynamischen Hinzuladen eines Programms während der Ausführungszeit und gleicht einem klassischen CALL auf ein externes Unterprogramm. Nach Beendigung des aufgerufenen Programms geht die Kontrolle an das rufende Programm zurück.
RETURN	Der Befehl gibt die Kontrolle an das rufende Programm zurück. Dies ist entweder ein Anwendungsprogramm, wenn das Programm durch einen LINK-Befehl aufgerufen wurde, oder CICS, wenn das Anwendungsprogramm von CICS aufgerufen wurde. Eine Communication Area kann nur mitgegeben werden, wenn die Kontrolle zurück an CICS geht. Ansonsten hat ja das rufende Programm die Kontrolle über die CA.
XCTL	Weitergabe der Kontrolle an ein anderes Anwendungsprogramm. Bei Beendigung des gerufenen Programms erfolgt jedoch *kein* Rücksprung in das rufende Programm.
LOAD	Laden eines Programms in den Speicher. Der Befehl führt im Sinne des MVS einen FETCH-Befehl aus, d.h. ein Anwendungsprogramm wird in den Hauptspeicher geladen, jedoch nicht ausgeführt.
RELEASE	Freigabe des Speichers eines mit LOAD geladenen Anwendungsprogramms.

Überblick über die CICS-Befehle

Abschnitt 4.4.3 behandelt die CICS-Befehle zum Zugriff auf VSAM-Datenbestände. Zudem gehen wir in Kapitel 7 noch weiter auf die Thematik der »Dateien hinter den Bildern« ein.

> VSAM-Zugriffe

READ	Lesen eines Satzes aus einer VSAM-Datei mit Schlüssel. Der Schlüssel kann ein KEY im Sinne von VSAM sein, eine Relative Satznummer (bei RRDS) oder eine RBA.
WRITE	Schreiben eines Satzes in eine Datei.
REWRITE	Ändern eines Satzes.
UNLOCK	Freigeben der Exklusiv-Kontrolle eines für Änderung gelesenen Satzes.
DELETE	Löschen eines Satzes in einer VSAM-Datei.
STARTBR	Positionieren in einer Datei für sequentielles Lesen.
READNEXT	Lesen des logisch nächsten Satzes.
READPREV	Lesen des logisch vorhergehenden Satzes.
RESETBR	Neu positionieren für sequentielles Lesen.
ENDBR	Beenden des sequentiellen Lesens.

Insbesondere, da in der TP-Programmierung die Ressourcen von Transaktion zu Transaktion freigegeben werden, besteht hier häufig der Bedarf, Daten kurzfristig abzulegen. In Abschnitt 4.4.4 finden Sie die entsprechenden CICS-Befehle. Dort erläutern wir auch den Unterschied zwischen TS-Queue (Temporary Storage) und TD-Queue (Transient Data).

> Zwischenspeichern

WRITEQ TS	Schreiben eines Satzes in eine TS-Queue.
READQ TS	Lesen eines Satzes aus einer TS-Queue.
DELETEQ TS	Löschen aller Sätze einer TS-Queue.
WRITEQ TD	Schreiben eines Satzes in eine TD-Queue.
READQ TD	Lesen eines Satzes aus einer TD-Queue.
DELETEQ TD	Löschen aller Sätze einer TD-Queue.

CICS bietet eine Reihe von Befehlen, um Zeit und Datum abzufragen oder zeitgesteuerte Funktionen durchzuführen. Wir besprechen hier nur die notwendigsten. Auf Verzögern einer Task (DELAY) oder Abwarten eines bestimmten Intervalls oder einer absoluten Zeit (POST, WAIT EVENT) verzichten wir. Die Befehle sind in Abschnitt 4.4.5 beschrieben.

> Zeitsteuerung

ASKTIME	Beschaffen des aktuellen Datums und der Uhrzeit von Betriebssystem sowie Aktualisieren der Felder EIBTIME und EIBDATE.
FORMATTIME	Das mit ASKTIME ermittelte Datum und die Uhrzeit können mit diesem Befehl auf unterschiedliche Weise aufbereitet werden.
START	Dieser Befehl startet eine Transaktion auf einem lokalen oder remoten System. Er eignet sich sehr gut dazu, aus einer Transaktion heraus eine andere zu starten, ohne daß diese erst auf eine Eingabe des Anwenders wartet.
RETRIEVE	Mit diesem Befehl werden Daten für ein Programm verfügbar, die bei einem START-Befehl mitgegeben wurden.

| System-
Informationen | Eine Anzahl von CICS-Befehlen erlaubt den Zugriff auf System- und Umgebungsvariablen. Die Befehle sind in Abschnitt 4.4.6 beschrieben. |

ADDRESS   Beschaffen der Adresse von CICS-Speicherbereichen.
ASSIGN   Ermitteln von Informationen, die sich außerhalb des Anwendungsprogramms befinden.

| Speicher-
steuerung | CICS verfügt über eine dynamische Speicherverwaltung. Zwei wichtige Befehle zum (hoffentlich wohlüberlegten) Eingriff in die Speicherverwaltung sind in Abschnitt 4.4.7 beschrieben. |

GETMAIN   Anfordern und Initialisieren von Speicherbereichen aus der CICS-Region.
FREEMAIN   Freigabe eines mit GETMAIN angeforderten Speicherbereichs.

| Sonstige
Befehle | Am Schluß finden sich noch ein paar Befehle, die Sie kennen sollten. Genauer beschrieben sind ENQ, DEQ, SUSPEND und WRITE JOURNALNUM in Abschnitt 4.4.8. Auf die Befehle zur Fehlerbehandlung, HANDLE CONDITION und IGNORE CONDITION, gehen wir in Abschnitt 4.5 ausführlicher ein. |

ENQ   Übernehmen der Exklusiv-Kontrolle über eine Ressource.
DEQ   Freigabe einer mit ENQ angeforderten Ressource.
SUSPEND   Ermöglicht CICS, eine Transaktion höherer Priorität vorzuziehen.
WRITE JOURNALNUM   Schreiben eines Satzes auf eine Journal-Datei.
HANDLE CONDITION   steuert die Fehlerbehandlung.
IGNORE CONDITION   steuert die Fehlerbehandlung.

4.4 Einzeldarstellung der CICS-Befehle

Im folgenden sind nun die einzelnen Befehle detailliert beschrieben. Bitte beachten Sie, daß wir nicht immer alle möglichen Parameter aufführen, sondern uns auf das unserer Meinung nach Notwendige beschränken. Ferner haben wir nicht jedesmal die Option RESP angeführt, da sie generell zum Prüfen von Ausnahmebedingungen verwendet werden kann. Bei den EIB-Feldern weisen wir nicht jedesmal darauf hin, daß in EIBFN nach Ausführung des Befehls die Funktion verschlüsselt ist, EIBRCODE den Returncode enthält und in EIBERR sowie in EIBERRCD mögliche Fehler verschlüsselt sind.

Bei den Befehlen ist generell ein Aufrufbeispiel dargestellt. Daneben finden sich weitere Anwendungsbeispiele für die Bildschirmsteuerung in Kapitel 6, für Dateizugriffe in Kapitel 7, und weitere Beispiele in Kapitel 11. Wenn aus drucktechnischen Gründen ein Programmlisting auf der nächsten Seite fortgesetzt werden muß, findet sich am Rand ein ↘ als Fortsetzungszeichen.

4.4.1 Lesen und Schreiben des Bildschirms

Beim Erstellen bildschirmorientierter Verfahren spielt die Bildschirmsteuerung naturgemäß eine große Rolle. Aus diesem Grunde erläutern wir hier erst einmal das Wesentliche. Sie können mit dem Gezeigten etwas auf dem Bildschirm darstellen und auch die Eingaben des Benutzers im Anwendungsprogramm empfangen. Darüberhinaus behandeln wir in Kapitel 6 detailliert das CICS-Subsystem BMS (Basic Mapping Support) und zeigen Ihnen dort, wie Sie Ihrem Bildschirm den »Feinschliff« verpassen. Wie schon erwähnt, beschränken wir uns in diesem Buch auf das Ansteuern von Bildschirmterminals.

Sie finden in den folgenden Abschnitten jeden Befehl einzeln dargestellt. Zu jedem Befehl sind die wichtigsten Zusatzoptionen mit Erläuterung aufgeführt, und es finden sich Anwendungsbeispiele. In Kapitel 3 können Sie nachlesen, was erforderlich ist, um die Beispielprogramme und die Maps zu testen.

Sofern wir uns bei den Befehlen und Beispielen mit BMS beschäftigen, beziehen wir uns auf eine der folgenden Beispiel-Maps. Detailliert behandeln wir das Thema BMS in Kapitel 6.

Der erste der Mapsets (MAPT1) ist einfach aufgebaut: Er enthält nur eine einzige Map (MAP1). Das Assembler-Listing des Mapsets MAPT1 finden Sie in Kapitel 11, Abschnitt 3. Der zweite Beispiel-Mapset (MAPT2, ebenfalls dort beschrieben) enthält insgesamt drei Maps (MAP1, MAP2 und MAP3).

```
CFP     MAPT1



        Eingabe: ▨▨▨▨▨▨▨
```

Abb. 4.3   Das Erscheinungsbild der MAP1 aus MAPT1.

```
CFP     MAPT2      MAP1
---------------------------------------------------------------
```

Abb. 4.4   Das Erscheinungsbild der MAP1 aus MAPT2.

```
                MAP2



        Eingabe: ▨▨▨▨▨▨▨▨▨
```

Abb. 4.5   Das Erscheinungsbild der MAP2 aus MAPT2.

```
                MAP3




        Weiter: ▨▨
```

Abb. 4.6   Das Erscheinungsbild der MAP3 aus MAPT2.

Maps für die Bildschirmbeispiele

Sie werden in diesem Kapitel auch lernen, wie Sie zwei unterschiedliche Maps miteinander auf einem Bildschirm kombinieren.

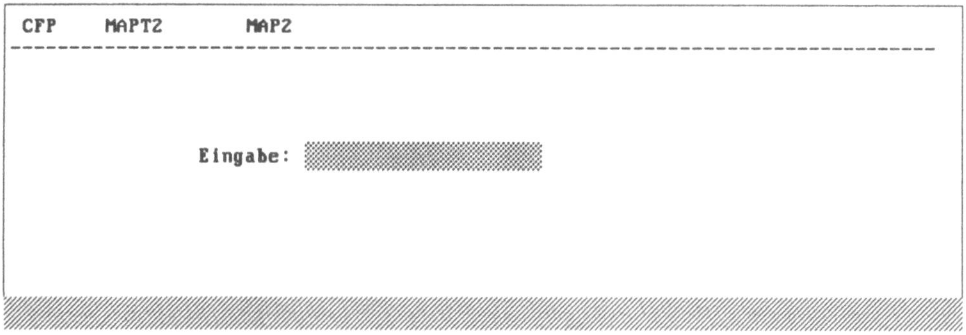

```
CFP      MAPT2      MAP2
-----------------------------------------------------------------


             Eingabe: ▓▓▓▓▓▓▓▓▓▓▓▓



```

Abb. 4.7   Die Kombination von MAP1 und MAP2 aus MAPT2.

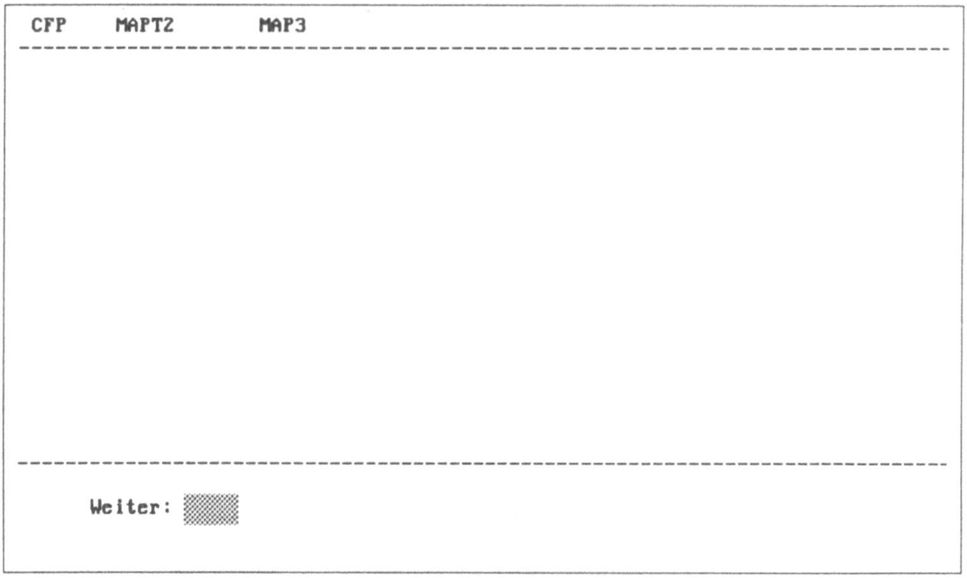

```
CFP      MAPT2      MAP3
-----------------------------------------------------------------










                        

                        

-----------------------------------------------------------------
          Weiter: ▓▓▓▓
```

Abb. 4.8   Die Kombination von MAP1 und MAP3 aus MAPT2.

Das Assembler-Listing des Mapsets MAPT2 finden Sie ebenfalls in Kapitel 11, Abschnitt 3.

Nach diesen notwendigen Vorbemerkungen wollen wir uns mit den CICS-Befehlen befassen, die zum Schreiben auf den Bildschirm und zum Lesen seines Inhalts dienen.

```
                    EXEC CICS SEND MAP  (name)
                             MAPSET     (name)
                             MAPONLY | DATAONLY
                             FROM       (area)
                             LENGTH     (value)
                             CURSOR | CURSOR (area)
                             ERASE  | ERASEUP
                             ALARM
                             FREEKB
                             FRSET
```

SEND MAP

An ein Terminal werden Daten gesandt, die zuvor von BMS aufbereitet wurden. Bitte beachten Sie hierzu auch Kapitel 6.

MAP	Kann entweder als Konstante in Hochkommata oder als 8 Byte großes Feld alphanumerisch angegeben werden.
MAPSET	Es gelten die gleichen Regeln wie für MAP. Sind der Name der Map und des Mapsets gleich, so braucht der Name des Mapsets nicht angegeben zu werden.
MAPONLY	Schließt die Angabe FROM aus, da in diesem Fall nur die Map — ohne Daten vom Anwendungsprogramm — an den Bildschirm geschickt wird. Die Verwendung von MAPONLY schließt DATAONLY aus.
DATAONLY	Es werden nur die Variablen aus dem Anwendungsprogramm, die ungleich x00 sind, an den Bildschirm gebracht. Die Verwendung von DATAONLY schließt MAPONLY aus.
FROM	Hier wird der Datenbereich angegeben, aus dem heraus die Daten zur Mapaufbereitung genommen werden sollen. Nicht erforderlich bei der Option MAPONLY. Beachten Sie hierbei bitte die Hinweise zu Namenskonventionen und Defaults bei den Beispielen. Der Datenbereich, aus dem die Daten aufbereitet werden sollen, trägt den Mapnamen plus den Suffix O. Der Bereich der MAP1 beispielsweise heißt demzufolge MAP1O. Dieser Name wird von CICS angenommen, er braucht also nicht codiert zu werden.
LENGTH	Diese Option braucht nur spezifiziert zu werden, wenn die Länge des Ausgabebereiches kürzer ist als der vorgesehene Datenbereich.
CURSOR	Gibt mit dem Wert in *area* die absolute Cursor-Position auf dem Bildschirm an. Ohne Angabe des Wertes wird die symbolische Cursor-Positionierung von BMS aktiv (entweder das Feld mit *IC* oder das erste Längenfeld mit dem Wert -1 (xFFFF)).
ERASE	Löschen des Bildschirms vor dem SEND der neuen Maske. Positionieren des Cursors nach links oben (1,1). Wird der Cursor in der neuen Map nicht richtig positioniert, so bleibt er oben links stehen.
ERASEUP	Alle ungeschützten (zur Eingabe freien) Felder werden vor der Ausgabe gelöscht.
ALARM	An der Datenstation wird die Akustikeinrichtung beim Senden der Map aktiviert.

Bildschirm: SEND MAP

FREEKB   Die Tastatur wird für die Dateneingabe entriegelt (»X System« erlischt). Wird dies vergessen, so muß die Taste »GRUNDSTELLUNG« betätigt werden, um erneut Daten eingeben zu können.

FRSET   Es werden alle Modified Data Tags zurückgesetzt. D.h. bei der nächsten Bildschirm-Eingabeverarbeitung werden nur die tatsächlich modifizierten Felder zum Host-Rechner übertragen.

Tritt im laufenden Betrieb ein Fehler auf (korrekte Programmierung vorausgesetzt), sind programminterne Korrekturen kaum möglich. Vielmehr sollte dann der im System übliche Systemabbruch angesteuert und hierbei in einer Journal-Datei ein entsprechender Eintrag vorgenommen werden. Es hätte in dieser Situation keinen Sinn, eine Abbruchnachricht auf den Bildschirm schreiben zu wollen.

Ein Beispiel in PL/I:

```
/* Include der Struktur mit den Datenfeldern des Mapsets */
%INCLUDE MAPT2;

/* den Bildschirm gebracht werden. Als erstes wird die   */
/* MAP1 geschrieben (mit Löschen des Bildschirms).       */
        EXEC CICS SEND
                MAP    ('MAP1')
                MAPSET ('MAPT2')
                FROM   (MAP1O)
                ERASE ;

/* Dem Ausgabefeld AUSG31 der MAP3 wird ein Text         */
/* zugewiesen. Beachten Sie den Suffix O.                */
AUSG31O='Hello World';

/* Nachdem alle Ausgabefelder mit Daten gefüllt sind,    */
/* erfolgt das Überblenden der MAP3 über die momentan    */
/* auf dem Bildschirm stehende MAP1. Das Schreiben       */
/* erfolgt also ohne Löschen des Bildschirms.            */
        EXEC CICS SEND
                MAP    ('MAP3')
                MAPSET ('MAPT2')
                FROM   (MAP3O)
                FREEKB ;

/* Hier folgt die weitere Verarbeitung im Programm       */
```

Ein Beispiel in COBOL:

```
IDENTIFICATION DIVISION.
DATA DIVISION.
WORKING-STORAGE SECTION.
...
* Einbinden der Struktur mit den Datenfeldern des Mapsets
        COPY MAPT2.
PROCEDURE DIVISION.
    ...
* Es soll eine Kombination der Maps MAP1 und MAP3 auf
* den Bildschirm gebracht werden. Als erstes wird die
* MAP1 geschrieben (mit Löschen des Bildschirms).
        EXEC CICS SEND
                MAP    ('MAP1')
                MAPSET ('MAPT2')
                FROM   (MAP1O)
                ERASE
        END-EXEC
* Dem Ausgabefeld AUSG31 der MAP3 wird ein Text
* zugewiesen. Beachten Sie den Suffix O
        MOVE 'Hello World' TO AUSG31O.
* Nachdem alle Ausgabefelder mit Daten gefüllt sind,
* erfolgt das Überblenden der MAP3 über die momentan
* auf dem Bildschirm stehende MAP1. Das Schreiben
* erfolgt also ohne Löschen des Bildschirms.
        EXEC CICS SEND
                MAP    ('MAP3')
                MAPSET ('MAPT2')
                FROM   (MAP3O)
                FREEKB
        END-EXEC
* Hier folgt die weitere Verarbeitung im Programm
```

Da der Name der Map (MAP1) und der Name des Mapsets (MAPT2) voneinander abweichen, müssen Sie beide Werte angeben. Hießen Map und Mapset genau gleich (MAPT1), so bräuchte nur der Name der Map genannt zu werden.

```
        EXEC CICS SEND
                MAP    ('MAPT1')
                FROM   (MAPT1O)
                FREEKB
                ERASE
```

Wir gehen an dieser Stelle nicht weiter auf die verschiedenen Möglichkeiten ein, den Bildschirm aufzubereiten, und verweisen auf Kapitel 6.

Bildschirm: SEND MAP / SEND CONTROL

```
EXEC CICS SEND CONTROL
          ALARM
          ERASE  | ERASEUP
          CURSOR | CURSOR (value)
          FRSET
          FREEKB
```

SEND CONTROL

Zeichen senden, die den Bildschirm hardwareseitig beeinflussen (Akustikeinrichtung oder Bildschirmattribute).

Die folgenden Optionen werden auch als Device Control-Optionen bezeichnet und können isoliert als SEND CONTROL verwendet werden. Wenn in einem bestehenden Bild, zum Beispiel für eine Fehlermeldung, nur bestimmte Attribute umgesetzt werden sollen oder ein akustisches Signal gegeben werden soll, so empfiehlt sich die Verwendung dieses Befehls.

ALARM	Akustische Einrichtung
ERASE	Löscht den Bildschirm und positioniert den Cursor links oben. Es kann wahlweise ERASE oder ERASEUP angegeben werden.
ERASEUP	Löscht alle ungeschützten Felder.
CURSOR	Spezifiziert die absolute Cursor-Position auf dem Bildschirm (Halbwort Binär) oder als Zahl.
FREEKB	Entriegelt die Tastatur für eine neue Eingabe.
FRSET	Zurücksetzen aller MDTs (Modified Data Tags) nach »nicht modifiziert« vor Ausgabe.

Tritt im laufenden Betrieb ein Fehler auf (korrekte Programmierung vorausgesetzt), sind programminterne Korrekturen kaum möglich. Vielmehr sollte dann der im System übliche Systemabbruch angesteuert und hierbei in einer Journal-Datei ein entsprechender Eintrag vorgenommen werden. Es hätte in dieser Situation keinen Sinn, eine Abbruchnachricht auf den Bildschirm schreiben zu wollen.

Ein Beispiel in PL/I:

```
/* Die Cursorposition für die Fehlersituation wird in   */
/* einer Variablen gespeichert.                         */
DCL    CURSAD  BIN FIXED(15) INIT(1770);
/* Bei Eintreten einer bestimmten Fehlersituation soll  */
/* ein Alarmsignal gesandt werden, außerdem wird der    */
/* Cursor auf die Position in CURSAD gestellt.          */
```

```
IF ... Fehlerbedingung erkannt
THEN DO;
EXEC CICS SEND CONTROL
              ALARM
              CURSOR (CURSAD)
              FREEKB ;
END;
```

Ein Beispiel in COBOL:

```
IDENTIFICATION DIVISION.
...
DATA DIVISION.
WORKING-STORAGE SECTION.
77  CURS-AD      PIC S9(4) COMP VALUE 1770.
...
PROCEDURE DIVISION.
    ...
* Bei Eintreten einer bestimmten Fehlersituation soll
* ein Alarmsignal gesandt werden, außerdem wird der
* Cursor auf die Position in CURSAD gestellt.

    IF ... Fehlerbedingung erkannt THEN
EXEC CICS SEND CONTROL
              ALARM
              CURSOR (CURSAD)
              FREEKB
              END-EXEC

* Hier folgt die weitere Verarbeitung im Programm
```

```
SEND │     EXEC CICS SEND
     │              FROM (area)
     │              LENGTH (value)
```

Daten an einen Bildschirm senden. Dieser Befehl sollte nur im Ausnahmefall Anwendung finden, wenn der 3270-String direkt im Programm aufbereitet wird und die Nachricht derart simpel aufgebaut ist, daß keine besondere Aufbereitung erforderlich ist.

Bildschirm: SEND CONTROL / SEND

FROM   Hier wird der Datenbereich angegeben, in dem die Daten zur Mapaufbereitung bereit stehen.

LENGTH   Diese Option braucht nur spezifiziert zu werden, wenn die Länge des Ausgabebereiches kürzer ist als der vorgesehene Datenbereich.

Dieser Befehl hat, da wir die Aufbereitung der Bildschirmmasken generell mit BMS vornehmen, kaum Bedeutung für unsere Arbeit.

Tritt im laufenden Betrieb ein Fehler auf (korrekte Programmierung vorausgesetzt), sind programminterne Korrekturen kaum möglich. Vielmehr sollte dann der im System übliche Systemabbruch angesteuert und hierbei in einer Journal-Datei ein entsprechender Eintrag vorgenommen werden. Es hätte in dieser Situation keinen Sinn, eine Abbruchnachricht auf den Bildschirm schreiben zu wollen.

Ein Beispiel in PL/I:

```
/* Deklarieren einer String-Variablen für den Text       */
DCL   STRING    CHAR (80);

/* Der Variablen STRING wird ein Text zugewiesen.        */
STRING = 'HELLO WORLD';

/* Der Inhalt von STRING wird mit SEND TEXT auf den      */
/* Bildschirm gebracht.                                  */

       EXEC CICS SEND
                 FROM (STRING) ;
/* Hier folgt die weitere Verarbeitung im Programm       */
```

Ein Beispiel in COBOL:

```
IDENTIFICATION DIVISION.
DATA DIVISION.
WORKING-STORAGE SECTION.
77    STRING         PIC X(80).
PROCEDURE DIVISION.
    ...
* Der Variablen STRING wird ein Text zugewiesen.
      MOVE 'HELLO WORLD' TO STRING
* Der Inhalt von STRING wird mit SEND TEXT auf den
* Bildschirm gebracht.
       EXEC CICS SEND
                 FROM (STRING)
           END-EXEC

* Hier folgt die weitere Verarbeitung im Programm
```

RECEIVE MAP

```
EXEC CICS RECEIVE MAP (name)
                MAPSET (name)
                INTO (area) | SET (ptr-ref)
                FROM (area)
                LENGTH (value)
```

Daten einlesen, die von einer Datenstation aus an den Host-Rechner geschickt wurden, und Aufbereiten der Daten mit BMS. Bitte beachten Sie hierzu auch Kapitel 6.

MAP	Kann entweder als Konstante in Hochkommata oder als 8 Byte großes Feld alphanumerisch angegeben werden.
MAPSET	Es gelten die gleichen Regeln wie für die Angabe von MAP. Sind der Name der Map und des Mapsets gleich, ist der Name des Mapsets nicht erforderlich.
INTO	Gibt den Datenbereich an, in dem BMS die aufbereiteten Daten bereitstellt.
SET	Mit dieser Option wird die Anfangsadresse in den angegebenen Pointer gestellt.
FROM	Alternativer Datenbereich, aus dem die Map gelesen wird.
LENGTH	Binäres Halbwort mit der Länge des Datenbereichs für FROM. Ist dann anzugeben, wenn der Bereich größer ist als die effektive Länge der auszuwertenden Daten.

Wichtige Ausnahme-Bedingungen

Bedingung	Bedeutung
MAPFAIL	Keine Eingabe vom Benutzer, nur eine Interrupt-Taste betätigt (PF1 bis PF24, PA1 bis PA3, Datenfreigabe). Oder die Lösch-Taste wurde betätigt, und das Programm hat dies nicht vorher abgefangen.

Wichtige Felder des EIB

EIB-Feld	Bedeutung
EIBCPOSN	Gibt die Cursorposition wieder, wie sie zum Zeitpunkt des Drückens der Interrupt-Taste bestand (nicht bei CLEAR und PA-Tasten).

Ein Beispiel in PL/I:

```
/* Include der Struktur mit den Datenfeldern des Mapsets */
%INCLUDE MAPT2;

DCL RESP   BIN FIXED(31) INIT(0);
/* In diesem Beispiel wird der Inhalt der MAP3 des Map-   */
/* sets MAPT2 gelesen und ausgewertet. Die eingelesen     */
/* Daten werden in den Datenbereich der Map übertragen.   */
```

Bildschirm: RECEIVE MAP

```
/* Beachten Sie den Suffix I. Da der Responsecode mit      */
/* RESP abgefragt wird, müssen Sie selber für eine Verar-  */
/* beitung von Fehlersituationen sorgen. Auftreten kann    */
/* MAPFAIL, wenn keine Daten in die Map geschrieben wurden.*/
       EXEC CICS RECEIVE
                 MAP    ('MAP3')
                 MAPSET ('MAPT2')
                 INTO   (MAP3I)
                 RESP   (RESP) ;
IF RESP^=DFHRESP(NORMAL)
  &RESP^=DFHRESP(MAPFAIL)
THEN DO;
  .... Fehlerverarbeitung
END;
/* Hier folgt die weitere Verarbeitung im Programm    */
```

Ein Beispiel in COBOL:

```
IDENTIFICATION DIVISION.
DATA DIVISION.
WORKING-STORAGE SECTION.
 77  RESP           PIC S9(8) COMP VALUE 0.
* Einbinden der Struktur mit den Datenfeldern des Mapsets
            COPY MAPT2.
PROCEDURE DIVISION.
     ...
* In diesem Beispiel wird der Inhalt der MAP3 des Map-
* sets MAPT2 gelesen und ausgewertet. Die eingelesenen
* Daten werden in den Datenbereich der Map übertragen.
* Beachten Sie den Suffix I. Da der Responsecode mit
* RESP abgefragt wird, müssen Sie selber für eine Verar-
* beitung von Fehlersituationen sorgen. Auftreten kann
* MAPFAIL, wenn keine Daten in die Map geschrieben wurden.
       EXEC CICS RECEIVE
                 MAP    ('MAP3')
                 MAPSET ('MAPT2')
                 INTO   (MAP3I)
                 RESP   (RESP)
             END-EXEC

      IF RESP NOT = DFHRESP(NORMAL) AND
         RESP NOT = DFHRESP(MAPFAIL) THEN
      .... Fehlerverarbeitung

* Hier folgt die weitere Verarbeitung im Programm
```

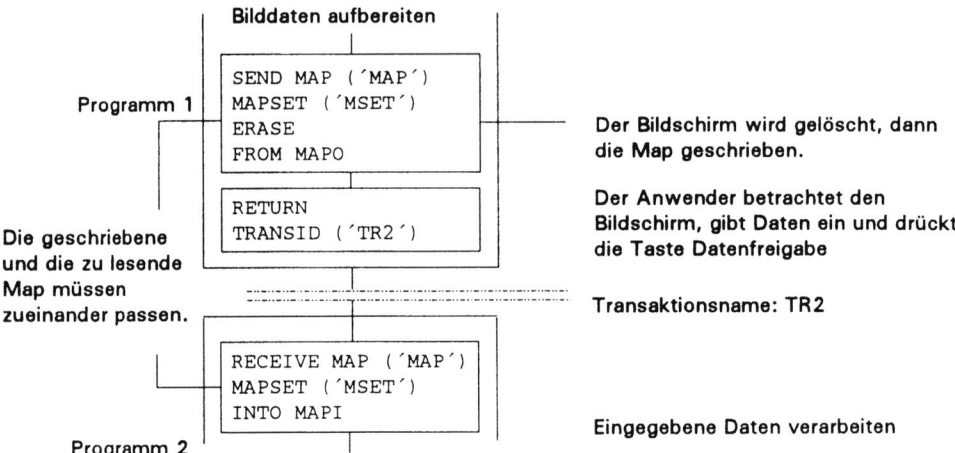

Abb. 4.9   Eine Beispielanwendung für Schreiben und Lesen eines Bildschirms. Vor jedem der in den Kästchen aufgeführten CICS-Befehle muß ein EXEC CICS... stehen.

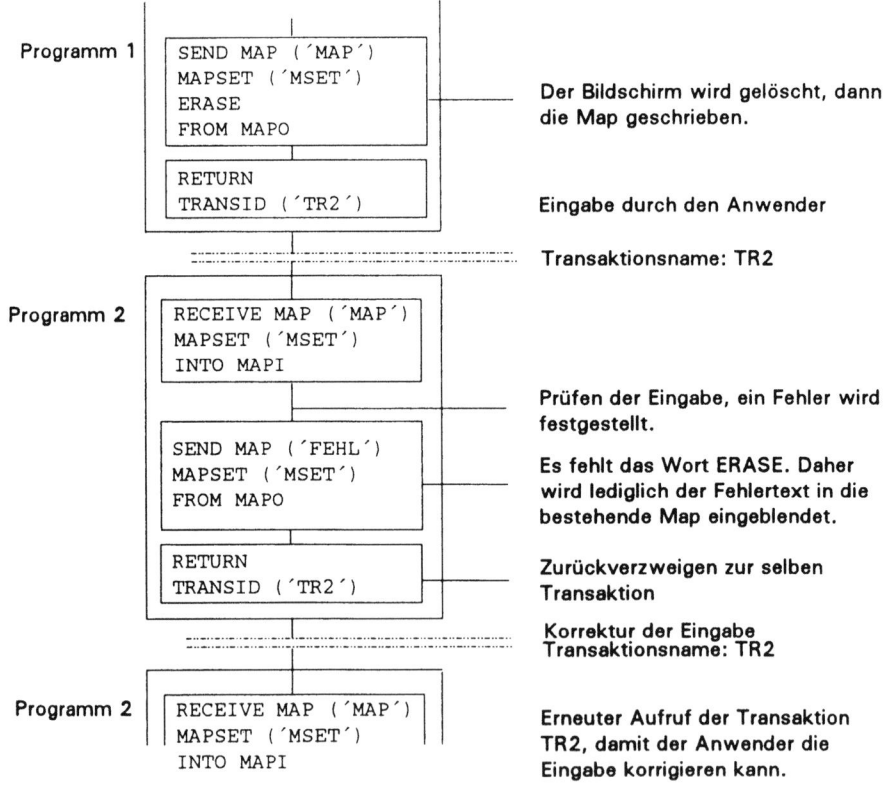

Abb. 4.10   Beispiel für das Senden einer Fehlernachricht. Jedem der aufgeführten Befehle muß EXEC CICS... vorangestellt werden.

4.4.2 Programmsteuerung

Wesentlich für die Abfolge der Programme ist die Möglichkeit, von einem zum anderen Modul verzweigen zu können. Die Programmsteuerung unter CICS legt die Verknüpfung von Anwendungsprogrammen untereinander innerhalb des CICS-Systems fest. Ferner werden durch diese Programmverbindungen auch Hierarchien geschaffen, die festgelegten Regeln entsprechen und genauestens einzuhalten sind.

Bevor wir diese Befehle im einzelnen besprechen, hier noch etwas zum Bilden von Hierarchien. Jede Verzweigung mit EXEC CICS LINK führt eine Hierarchiestufe höher, während ein Übergang mit EXEC CICS XCTL auf derselben Hierarchiestufe bleibt. Ein EXEC CICS RETURN führt jedesmal eine Hierarchiestufe niedriger.

Das Verzweigen zu einem anderen Transaktionscode mit EXEC CICS RETURN TRANSID ist nur möglich, wenn die unterste Hierarchiestufe (direkt über CICS) erreicht ist.

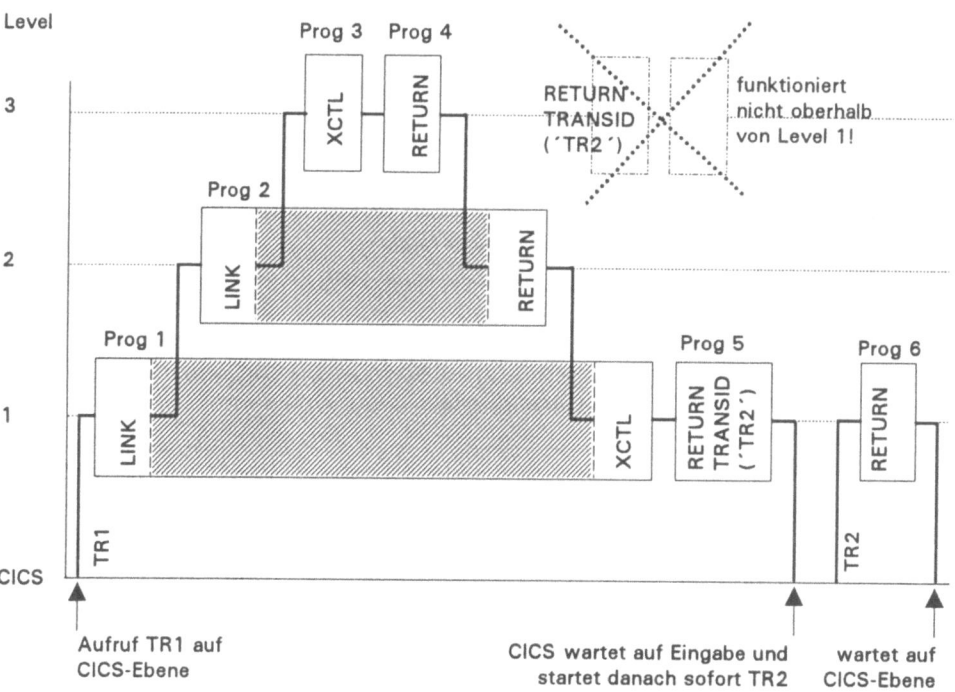

Abb. 4.11   Die Hierarchiestufen der Programmverzweigungen.

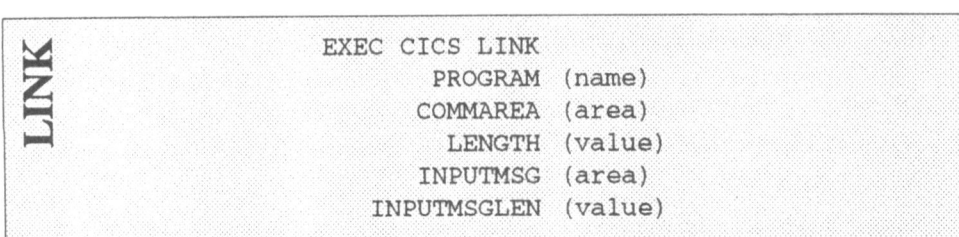

Dieser Befehl bewirkt ein dynamisches Hinzuladen eines Programms während der Ausführungszeit. Der Aufruf entspricht einem klassischen CALL auf ein externes Unterprogramm. Nach Beendigung des aufgerufenen Programms geht die Kontrolle an das rufende Programm zurück.

Während das mit LINK aufgerufene Programm ausgeführt wird, bleiben alle Speicherbereiche des aufrufenden Programms erhalten. Durch Übergabe der Common-Area sind dann auch Zuweisungen vom gerufenen an das aufrufende Programm möglich (tatsächlich wird beim LINK nur ein Pointer auf die Communication Area übergeben (*call by reference*)).

PROGRAM	Gibt den Programmnamen an, zu dem die Kontrolle unmittelbar nach Aufruf gegeben werden soll. Dieses Programm muß CICS als Anwendungsprogramm bekannt sein (Definition in der PPT beziehungsweise dem CSD).
COMMAREA	Spezifiziert den Bereich, der dem aufgerufenen Programm als Communication Area übergeben wird.
LENGTH	Ist ein binäres Halbwort, das die Länge der mitgegebenen COMMAREA angibt. Dieser Parameter kann bei PL/I und VS COBOL II weggelassen werden. Er wird dann vom Translator entsprechend ersetzt.
INPUTMSG	Gibt einen Bereich an, aus dem das aufgerufene Programm mit RECEIVE Daten lesen kann.
INPUTMSGLEN	Ist ein binäres Halbwort, das die Länge des Datenbereiches für INPUTMSG angibt. Dieser Parameter kann bei PL/I und VS COBOL II weggelassen werden. Er wird dann vom Translator entsprechend ersetzt.

Wichtige Ausnahme-Bedingungen

Bedingung	Bedeutung
PGMIDERR	Das angegebene Programm ist dem CICS nicht bekannt.
INVREQ	INPUTMSG wurde für ein Programm angegeben, das nicht mit einem Terminal verbunden ist.
NOTAUTH	Der Benutzer ist nicht berechtigt, die gewünschte Funktion auszuführen.

Programmsteuerung: LINK

Wichtige Felder des EIB

EIB-Feld	Bedeutung
im aufgerufenen Programm:	
EIBCALEN	Die Länge der empfangenen CA.

Ein Beispiel in COBOL:

```
IDENTIFICATION DIVISION.
...
DATA DIVISION.
WORKING-STORAGE SECTION.
* Anlegen eines Bereiches als Communication Area
01   COMM-AREA.
     05   FELD1     PIC X(20).
PROCEDURE DIVISION.
* Das Programm COBOLPRG wird aufgerufen. Ihm wird dabei der
* Bereich COMM-AREA als Communication Area mitgegeben.
* Es kann, braucht sich dabei aber nicht um die Communication
* Area zu handeln, die dem aufrufenden Programm mitgegeben
* wurde. Im gerufenen Programm muß die Communication Area in
* der LINKAGE-SECTION als DFHCOMMAREA definiert sein.
         EXEC CICS LINK
              PROGRAM  ('COBOLPRG')
              COMMAREA (COMM-AREA)
              LENGTH   (LENGTH OF COMM-AREA)
         END-EXEC
* Hier folgt die weitere Verarbeitung im Programm
```

Ein Beispiel in PL/I:

```
/* Anlegen eines Bereiches als Communication Area            */
DCL 1 COMM_AREA,
     5  FELD1   CHAR(20);
/* Das Programm PLIPRG wird aufgerufen. Ihm wird dabei der
Bereich COMM_AREA als Communication Area mitgegeben.
Es kann, braucht sich dabei aber nicht um die Communication
Area zu handeln, die dem aufrufenden Programm mitgegeben
wurde. Im gerufenen Programm muß die Communication Area
mit dem Pointer CA_PTR angesprochen werden. */
         EXEC CICS LINK
              PROGRAM  ('PLIPRG')
              COMMAREA (COMM_AREA) ;
/* Hier folgt die weitere Verarbeitung im Programm           */
```

```
             EXEC CICS RETURN
                     TRANSID  (name)
                     COMMAREA (area)
                     LENGTH   (value)
```

Rückgabe der Kontrolle an ein Programm der nächstniedrigeren Hierarchiestufe. Der Befehl gibt die Kontrolle an das rufende Programm zurück. Dies ist entweder ein Anwendungsprogramm, wenn das Programm durch einen LINK-Befehl aufgerufen wurde, oder CICS, wenn das Anwendungsprogramm von CICS aufgerufen wurde.

Eine Communication Area kann nur mitgegeben werden, wenn die Kontrolle zurück an CICS geht, denn sonst hat ja das rufende Programm die Kontrolle über die CA.

TRANSID	Gibt den Transaktionscode an, der nach Betätigen einer Interrupt-Taste (Datenfreigabe, PF1 - PF24, PA1 - PA3) von CICS initiiert werden soll. Der Transaktionscode muß in der PCT beziehungsweise dem CSD dem CICS bekanntgemacht werden.
COMMAREA	Spezifiziert den Bereich, der beim Starten der Folgetransaktion (siehe TRANSID) dieser als Communication Area mitgegeben wird.
LENGTH	Ist ein binäres Halbwort, das die Länge der mitgegebenen COMMAREA angibt. Dieser Parameter kann bei PL/I und VS COBOL II weggelassen werden. Er wird dann vom Translator entsprechend ersetzt.

Wichtige Ausnahme-Bedingungen

Bedingung	Bedeutung
INVREQ	Es wurde ein RETURN mit der Option TRANSID kodiert. Der Rücksprung erfolgt jedoch nicht zu CICS, sondern zu einem Anwendungsprogramm (also eine oder mehrere Hierarchiestufen zu hoch. Siehe unsere Skizze zu Beginn dieses Abschnitts).
NOTAUTH	Der Benutzer ist nicht berechtigt, den in TRANSID genannten Transaktionscode aufzurufen.

Wichtige Felder des EIB

EIB-Feld	Bedeutung

im ersten Programm der aufgerufenen Transaktion:
EIBCALEN   Die Länge der empfangenen CA.

Programmsteuerung: RETURN

Ein erstes Beispiel in COBOL:

```
IDENTIFICATION DIVISION.
...
DATA DIVISION.
...
PROCEDURE DIVISION.
    ...
* Dieses Programm wurde mit EXEC CICS LINK aufgerufen.
* Es hat seine Aufgabe erledigt und wird nun mit
* EXEC CICS RETURN beendet.
    EXEC CICS RETURN
         END-EXEC
```

Und hier ein weiteres COBOL-Beispiel:

```
IDENTIFICATION DIVISION.
...
DATA DIVISION.
WORKING-STORAGE SECTION.
* Anlegen eines Bereiches als Communication Area
 01  COMM-AREA.
     05  FELD1      PIC X(20).
     05  FELD2      PIC X(35).

* Anlegen einer Variablen für den Transaktionscode
 77  TRANSAK        PIC X(4).

PROCEDURE DIVISION.
    ...
* Der Variablen TRANSAK wird ein Transaktionscode zugewiesen.
      MOVE 'ABCD' TO TRANSAK

* Nun wird dieser Transaktionscode aufgerufen.
* Dabei wird der Bereich COMM-AREA als Communication Area
* mitgegeben.
      EXEC CICS RETURN
           TRANSID  (TRANSAK)
           COMMAREA (COMM-AREA)
           END-EXEC
```

Ein erstes Beispiel in PL/I:

```
/* Dieses Programm wurde mit EXEC CICS LINK aufgerufen.  */
/* Es hat seine Aufgabe erledigt und wird nun mit        */
/* EXEC CICS RETURN beendet.                             */
    EXEC CICS RETURN;
```

Und auch für PL/I ein zweites Beispiel:

```
/* Anlegen eines Bereiches als Communication Area        */
DCL 1 COMM_AREA,
    5    FELD1   CHAR(20),
    5    FELD2   CHAR(35);

/* Anlegen einer Variablen für den Transaktionscode      */
DCL    TRANSAK   CHAR(4);
/* TRANSAK einen Transaktionscode zuweisen.              */
TRANSAK='ABCD';
/* Nun wird dieser Transaktionscode aufgerufen.
Dabei wird der Bereich COMM_AREA als Communication Area
mitgegeben. */
       EXEC CICS RETURN
              TRANSID  (TRANSAK)
              COMMAREA (COMM_AREA);
```

XCTL
```
       EXEC CICS XCTL
             PROGRAM (name)
            COMMAREA (area)
              LENGTH (value)
            INPUTMSG (area)
         INPUTMSGLEN (value)
```

Weitergabe der Kontrolle an ein anderes Anwendungsprogramm. Bei Beendigung des gerufenen Programms erfolgt jedoch *kein* Rücksprung in das rufende Programm.

PROGRAM	Gibt den Programmnamen an, zu dem die Kontrolle unmittelbar nach Aufruf gegeben werden soll. Dieses Programm muß CICS als Anwendungsprogramm bekannt sein (Definition in der PPT beziehungsweise dem CSD).
COMMAREA	Spezifiziert den Bereich, der dem aufgerufenen Programm als Communication Area mitgegeben wird.
LENGTH	Ist ein binäres Halbwort, das die Länge der mitgegebenen COMMAREA angibt. Dieser Parameter kann bei PL/I und VS COBOL II weggelassen werden. Er wird dann vom Translator entsprechend ersetzt.
INPUTMSG	Gibt einen Bereich an, aus den das aufgerufene Programm mit RECEIVE Daten lesen kann.
INPUTMSGLEN	Ist ein binäres Halbwort, das die Länge des Datenbereichs für INPUTMSG angibt. Dieser Parameter kann bei PL/I und VS COBOL II weggelassen werden. Er wird dann vom Translator entsprechend ersetzt.

Programmsteuerung: RETURN / XCTL

Wichtige Ausnahme-Bedingungen

Bedingung	Bedeutung
PGMIDERR	Das angegebene Programm ist dem CICS nicht bekannt.
INVREQ	INPUTMSG wurde für ein Programm angegeben, das nicht mit einem Terminal verbunden ist.
NOTAUTH	Der Benutzer ist nicht berechtigt, die gewünschte Funktion auszuführen.

Wichtige Felder des EIB

EIB-Feld	Bedeutung
im aufgerufenen Programm:	
EIBCALEN	Die Länge der empfangenen CA.

Ein Beispiel in COBOL:

```
       IDENTIFICATION DIVISION.
       ...
       DATA DIVISION.
       WORKING-STORAGE SECTION.
      * Anlegen eines Bereiches als Communication Area
       01  COMM-AREA.
           05  FELD1      PIC X(20).
           05  FELD2      PIC X(35).
      * Anlegen einer Variablen für den Programmnamen
       77  PROGNAME       PIC X(8).
       PROCEDURE DIVISION.
           ...
      * Der Variablen PROGNAME wird der Name des aufzurufenden
      * Programms COBPROG zugewiesen.
              MOVE 'COBPROG' TO PROGNAME
      * Das Programm wird aufgerufen. Ihm wird dabei der
      * Bereich COMM-AREA als Communication Area mitgegeben.
      * Es kann, braucht sich dabei aber nicht um die Communication
      * Area zu handeln, die dem aufrufenden Programm mitgegeben
      * wurde. Im gerufenen Programm muß die Communication Area in
      * der LINKAGE-SECTION als DFHCOMMAREA definiert sein.
              EXEC CICS XCTL
                    PROGRAM  (PROGNAME)
                   COMMAREA  (COMM-AREA)
                     LENGTH  (LENGTH OF COMM-AREA)
              END-EXEC
      * An diese Stelle kehrt die Kontrolle nie zurück, es sein
      * denn, das XCTL klappt nicht.
```

Ein Beispiel in PL/I:

```
/* Anlegen eines Bereiches als Communication Area       */
DCL 1 COMM_AREA,
    5   FELD1   CHAR(20),
    5   FELD2   CHAR(35);

/* Anlegen einer Variablen für den Programmnamen        */
DCL   PROGNAME   CHAR(8);

/* Der Variablen PROGNAME wird der Name des aufzurufenden */
/* Programms PLIPRG zugewiesen.                           */
PROGNAME='PLIPRG';

/*
Das Programm wird aufgerufen. Ihm wird dabei der
Bereich COMM_AREA als Communication Area mitgegeben.
Es kann, braucht sich dabei aber nicht um die Communication
Area zu handeln, die dem aufrufenden Programm mitgegeben
wurde. Im gerufenen Programm muß die Communication Area
mit dem Pointer CA_PTR angesprochen werden.
*/
         EXEC CICS XCTL
               PROGRAM  (PROGNAME)
               COMMAREA (COMM_AREA) ;

/* An diese Stelle kehrt die Kontrolle nie zurück, es sein
   denn, das XCTL klappt nicht. */
```

Sie haben nun einige CICS-Befehle kennengelernt, mit denen Sie die Verzweigung innerhalb einer Reihe von CICS-Programmen steuern können. Um die Anwendung dieser Befehle noch besser zu veranschaulichen, hier erst einmal ein Beispiel, wie Sie mit LINK ein Prüfprogramm aufrufen können. Die Verwendung separater Prüfmodule bietet sich dann an, wenn in verschiedenen Anwendungsprogrammen immer die gleichen Plausibilitätsprüfungen erforderlich sind. Auf diese Weise erspart man sich das mehrfache Schreiben ein und desselben Programmcodes. Ein weiterer Vorteil: Ändern sich die Prüfungskriterien, so braucht nur an einer einzigen Stelle das Programm geändert zu werden.

Wichtig an diesem Beispiel ist, daß die Steuerung nach Beendigung des mit LINK aufgerufenen Programms wieder an das Programm geht, in dem der LINK-Befehl steht. Anschließend wird das Statement ausgeführt, das direkt nach dem LINK steht.

Beachten Sie auch hier, daß vor jedem der angeführten Befehle ein EXEC CICS... stehen muß.

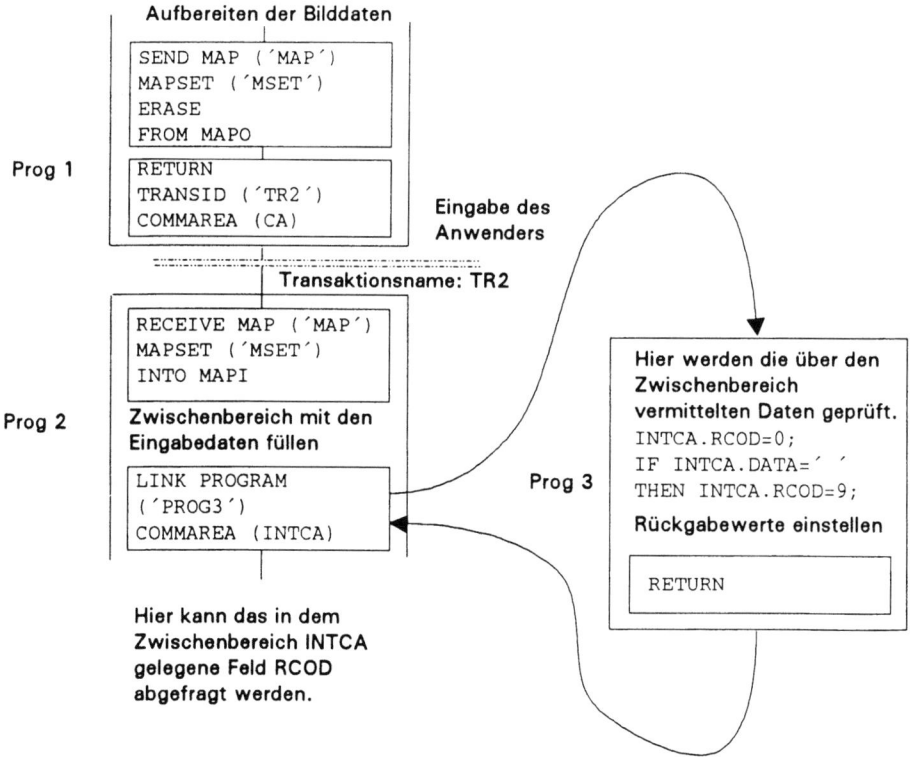

Abb. 4.12   Beispiel für den Aufruf eines Prüfmoduls.

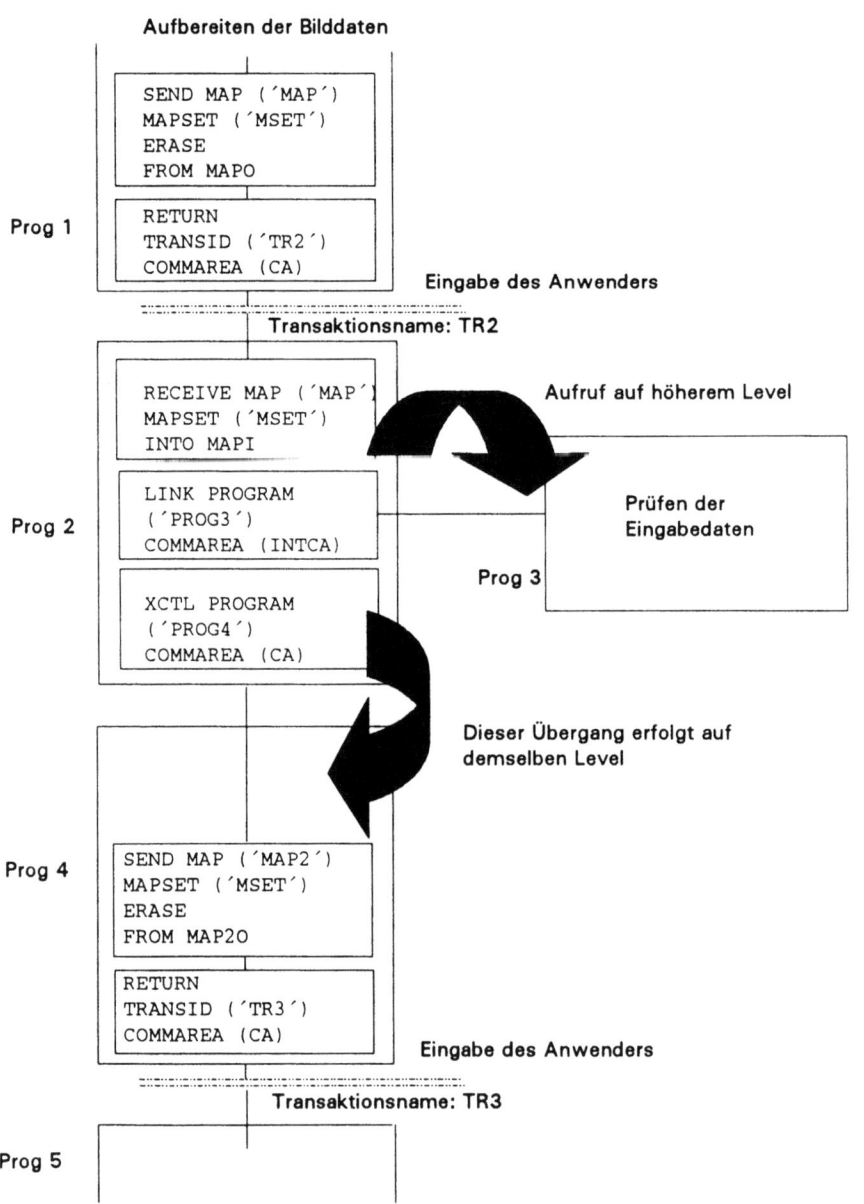

Abb. 4.13   Beispiel für Weitergabe der Kontrolle mit XCTL.

Programmsteuerung: LOAD

```
EXEC CICS LOAD
       PROGRAM  (name)
           SET  (ptr-ref)
LENGTH  (area)  | FLENGTH (area)
         ENTRY  (ptr-ref)
          HOLD
```

LOAD

Ein Programm in den Speicher laden. Der Befehl führt im Sinne des MVS einen FETCH-Befehl aus, d.h. ein Anwendungsprogramm wird in den Hauptspeicher geladen, jedoch nicht ausgeführt. Wenn das Programm bereits geladen ist und nicht mit RELOAD=YES spezifiziert wurde, wird es nicht erneut geladen. Als Anwendung ist denkbar, eine als Assembler-Programm getarnte Tabelle in den Speicher zu laden, so daß viele Anwendungsprogramme darauf Zugriff haben. Bitte beachten Sie unser Anwendungsbeispiel in Kapitel 11.

PROGRAM	Der Name des Programms, das in den Hauptspeicher geladen werden soll. Er muß dem CICS in der PPT beziehungsweise dem CSD bekanntgemacht werden.
SET	In diesem Feld steht nach erfolgtem Laden die Adresse, an der sich das Programm im Hauptspeicher befindet.
LENGTH	Ist ein binäres Halbwort, das die Größe des geladenen Programms angibt.
FLENGTH	Ist ein binäres Ganzwort, das die Größe des geladenen Programms angibt.
ENTRY	Gibt die ENTRY-Adresse des geladenen Programms an.
HOLD	Das so geladene Programm bleibt so lange im Speicher, bis es explizit durch einen RELEASE-Befehl gelöscht wird oder implizit durch eine CICS-Termination.

Wichtige Ausnahme-Bedingungen

Bedingung	Bedeutung
PGMIDERR	Das Programm ist dem CICS nicht bekannt.

Ein Beispiel in COBOL:

```
IDENTIFICATION DIVISION.
...
DATA DIVISION.
WORKING-STORAGE SECTION.
...
LINKAGE SECTION.

01  TAB.
    05 TAB-PTR     POINTER.
...
```

```
    PROCEDURE DIVISION.
        ...
*   In diesem Beispiel wird das Programm CICSTB1 geladen.
*   Seine Adresse im Speicher wird dem Pointer TAB-PTR
*   zugewiesen.
        EXEC CICS LOAD
             PROGRAM ('CICSTB1')
                 SET (TAB-PTR)
        END-EXEC

*   Hier folgt die weitere Verarbeitung im Programm
```

Ein Beispiel in PL/I:

```
DCL   TAB_PTR    PTR;
/* In diesem Beispiel wird das Programm CICSTB1 geladen. */
/* Seine Adresse im Speicher wird dem Pointer TAB_PTR    */
/* zugewiesen.                                           */
        EXEC CICS LOAD
             PROGRAM ('CICSTB1')
                 SET (TAB_PTR);
/* Hier folgt die weitere Verarbeitung im Programm       */
```

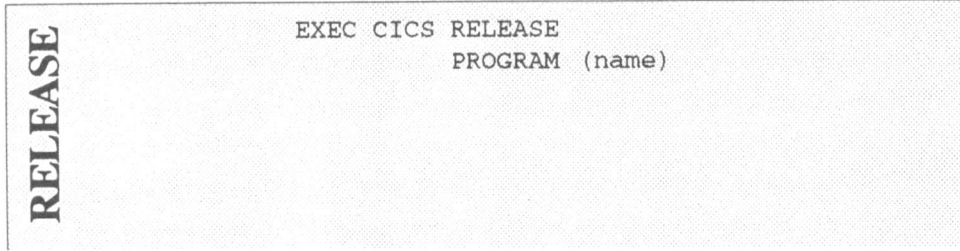

```
                EXEC CICS RELEASE
                     PROGRAM (name)
```
(RELEASE)

RELEASE bewirkt die Freigabe des Speicherbereichs eines mit LOAD geladenen Programms. Dies ist die einzige Möglichkeit, ein mit der Option HOLD geladenes Programm aus dem Hauptspeicher zu entfernen.

PROGRAM   Gibt den Namen des Programms an, das aus dem Hauptspeicher entfernt werden soll. Es kann nur für die Programme verwendet werden, die vorher mit LOAD und der Option HOLD geladen wurden.

Programmsteuerung: LOAD / RELEASE

Wichtige Ausnahme-Bedingungen

Bedingung	Bedeutung
PGMIDERR	Das Programm ist dem CICS nicht bekannt.

Ein Beispiel in COBOL:

```
    IDENTIFICATION DIVISION.
    ...
    DATA DIVISION.
    WORKING-STORAGE SECTION.
    77   PROGNAME      PIC X(8).
    ...
    PROCEDURE DIVISION.
       ...
*   Der Variablen PROGNAME wird der Name des zu releasenden
*   Programms zugewiesen.
    MOVE 'CICSTB1' TO PROGNAME

*   Das Programm wird jetzt aus dem Speicher entfernt.
        EXEC CICS RELEASE
                 PROGRAM (PROGNAME)
             END-EXEC
*   Hier folgt die weitere Verarbeitung im Programm
```

Ein Beispiel in PL/I:

```
DCL   PROGNAME CHAR(8);

/* Der Variablen PROGNAME wird der Name des zu releasenden  */
/* Programms zugewiesen.                                    */
PROGNAME='CICSTB1';

/* Das Programm wird jetzt aus dem Speicher entfernt.       */
    EXEC CICS RELEASE
             PROGRAM (PROGNAME) ;
/* Hier folgt die weitere Verarbeitung im Programm          */
```

Mit dem Befehl LOAD kann ein Programm resident in den Speicher geladen werden. Hierdurch bietet sich die Möglichkeit, eine als Programm getarnte Tabelle in den Speicher zu laden und so zu hinterlegen, daß im folgenden alle weiteren Programme darauf zugreifen können. Als Anwendungsbeispiele lassen sich Schlüssel- oder Fehlertexttabellen denken. Wenn sie nur einmal im Speicher vermerkt sind und nicht in jedem Programm separat geführt werden, ergibt sich dadurch eine erhebliche Ersparnis an Speicherplatz.

Folgender Ablauf wäre denkbar: Ein sogenanntes Startup-Programm ermittelt, ob sich die Tabelle bereits im Speicher befindet. Das kann es daran ablesen, ob ein bestimmter Pointer der CWA-Struktur (die Sie entsprechend definieren müssen) auf *NULL* steht oder einen gültigen Wert enthält.

Befindet sich das Programm noch nicht im Speicher, so wird es mit der Option HOLD geladen. Im Anschluß daran können alle Anwenderprogramme via Pointer in der CWA-Struktur auf diese Tabelle zugreifen. Wichtig ist natürlich, daß die exakte Struktur der Tabelle allen Programmen bekannt ist. Das läßt sich am besten durch Verwendung von Include-Membern (PL/I) oder Copy-Strecken (COBOL) erreichen.

Die Listings für beide Programme finden Sie in Kapitel 11, Abschnitt 1 (PL/I) beziehungsweise 2 (VS COBOL II).

4.4.3 Zugriff auf Datenbestände (VSAM)

Schöne Bilder alleine nützen nichts. Der größte Teil aller eingesetzten Bildschirmverfahren hat die Aufgabe, den Inhalt von Bestandsdateien anzuzeigen. Dieser Abschnitt behandelt die CICS-Befehle zur Verwendung von VSAM-Datenbeständen, der Standard-Zugriffsmethode.

Außer auf die im folgenden beschriebenen Befehle möchten wir noch auf Kapitel 7 verweisen, das sich mit den Datenbeständen befaßt.

```
        EXEC CICS READ
                DATASET (name)
     INTO (data-area) | SET (ptr-ref)
                RIDFLD (area)
                GTEQ | EQUAL
                UPDATE
       KEYLENGTH (value) [GENERIC]
                RBA | RRN
```
READ

Einen Satz aus einer VSAM-Datei mit Schlüssel lesen. Der Schlüssel kann ein KEY in Sinne von VSAM sein oder eine Relative Satznummer (bei RRDS). Natürlich können Sie auch per RBA beziehungsweise RRN zugreifen.

DATASET	Gibt den Dateinamen an, unter dem die Datei in der FCT eingetragen wurde.
INTO	Gibt den Bereich an, in den die Daten hineingelesen werden sollen.
SET	Setzt den angegebenen Pointer auf die Adresse des in den Speicher gelesenen Satzes.
RIDFLD	Dieses hier angegebene Feld enthält den Schlüssel, nach dem gesucht werden soll. Bei der Angabe von RBA bzw. RRN muß das Schlüsselfeld als binäres Vollwort (BIN FIXED(31) bzw. PIC S9 (8) COMP) definiert sein.
GTEQ	Es wird in der Datei nach dem in RIDFLD angegebenen Schlüssel gesucht. Wird dieser nicht gefunden, so wird der nächst größere Schlüssel gesucht und ggf. übertragen.
EQUAL	Es wird exakt nach dem in RIDFLD angegebenen Schlüssel gesucht.
UPDATE	Der Satz (bei VSAM immer das Control Intervall) wird für eine anstehende Änderung gelesen, d.h. der Zugriff für andere Programme auf das Control Intervall wird gesperrt, bis die LUW beendet ist. Wichtig: Ein READ mit UPDATE sperrt einen Satz einer VSAM-Datei demzufolge *nicht* über das nächste EXEC CICS RETURN hinaus.

KEYLENGTH	Gibt in einem binären Halbwort die Länge des in RIDFLD spezifizierten Schlüssels an. Wenn diese Länge von der definierten Schlüssellänge abweicht, muß die Option GENERIC angegeben werden (Lesen mit verkürztem Schlüssel).
RBA	Der in RIDFLD angegebene Schlüssel ist eine RBA.
RRN	Der in RIDFLD angegebene Schlüssel ist eine relative Satznummer (RRN).

Wichtige Ausnahme-Bedingungen

Bedingung	Bedeutung
DISABLED	Die in DATASET angegebene Datei wurde über einen CEMT-Befehl oder ein EXEC CICS SET außer Kraft gesetzt.
DSIDERR	Die in DATASET angegebene Datei wurde in der FCT nicht gefunden.
DUPKEY	Ein Satz wurde über einen NONUNIQUE ALTERNATE INDEX gelesen, und ein anderer Satz mit demselben Schlüssel folgt nach.
NOTFND	Es konnte kein Satz mit den genannten Kriterien gefunden werden.
INVREQ	Die gewünschte Operation ist für die in der DATASET-Option angegebene Datei in der FCT nicht definiert. Oder die Schlüssellänge ist falsch.
IOERR	IO-Fehler bei Zugriff auf Datei.
LENGERR	Bei READ mit INTO ist der gelesene Satz länger als der in LENGTH angegebene Wert.
NOTOPEN	Die angesprochene Datei ist nicht eröffnet.
NOTAUTH	Die Datei darf von dem Benutzer nicht bearbeitet werden.

Wichtige Felder des EIB

EIB-Feld	Bedeutung
EIBDS	enthält nach dem Lesen den CICS-internen Namen der Datei.

Ein Beispiel in PL/I:

```
DCL   ARTAREA CHAR(80);
DCL   ARTKEY  CHAR(8);
DCL   RESP    BIN FIXED(31) INIT(0);

/* In diesem Beispiel wird aus einer als ARTIKEL in der  */
/* FCT eingetragenen Datei mit Schlüssel gelesen.        */
/* Die Suche erfolgt exakt nach dem Schlüsselwert.       */
ARTKEY = 'WAUG0067';
            EXEC CICS READ
                    DATASET ('ARTIKEL')
                       INTO (ARTAREA)
                     RIDFLD (ARTKEY)
                       RESP (RESP) ;                     ↘
```

```
IF RESP=DFHRESP(NOTFND)
THEN DO;
   .... Verarbeitung, wenn Artikel nicht gefunden
END;
/* Hier folgt die weitere Verarbeitung im Programm      */
/* Die Daten des Artikels stehen im Feld ARTAREA bereit */
```

Ein Beispiel in COBOL:

```
IDENTIFICATION DIVISION.
...
DATA DIVISION.
WORKING-STORAGE SECTION.
77  ARTAREA      PIC X(80).
77  ARTKEY       PIC X(8).
77  RESP         PIC S9(8) COMP.
...
PROCEDURE DIVISION.
...
* In diesem Beispiel wird aus einer als ARTIKEL in der
* FCT eingetragenen Datei mit Schlüssel gelesen.
* Die Suche erfolgt exakt nach dem Schlüsselwert.
      MOVE 'WAUG0067' TO ARTKEY
         EXEC CICS READ
              DATASET ('ARTIKEL')
                 INTO (ARTAREA)
               RIDFLD (ARTKEY)
                 RESP (RESP)
         END-EXEC

    IF RESP = DFHRESP(NOTFND) THEN
         .... Verarbeitung, wenn Artikel nicht gefunden
* Hier folgt die weitere Verarbeitung im Programm
```

WRITE

```
EXEC CICS WRITE
     DATASET (name)
        FROM (area)
      RIDFLD (area)
```

Einen Satz in eine VSAM-Datei schreiben.

DATASET	Gibt den Dateinamen an, unter dem die Datei in der FCT eingetragen wurde.
FROM	Gibt den Bereich an, aus dem geschrieben werden soll.
RIDFLD	Dieses hier angegebene Feld enthält den Schlüssel, unter dem der Satz in einen KSDS eingetragen werden soll. In dem Datenbereich, dem der Inhalt des Satzes entnommen wird, muß für das Schlüsselfeld derselbe Wert enthalten sein wie im Bereich für RIDFLD.

Wichtige Ausnahme-Bedingungen

Bedingung	Bedeutung
DISABLED	Die in DATASET angegebene Datei wurde über einen CEMT-Befehl oder ein EXEC CICS SET außer Kraft gesetzt.
DSIDERR	Die in DATASET angegebene Datei wurde in der FCT nicht gefunden.
INVREQ	Die gewünschte Operation ist für die in der DATASET-Option angegebene Datei in der FCT nicht definiert. Oder die Schlüssellänge ist falsch.
IOERR	IO-Fehler bei Zugriff auf Datei.
DUPREC	Es wurde versucht, einen Satz in eine Datei zu schreiben, dessen primärer oder sekundärer Schlüssel bereits existiert.
NOSPACE	Der Satz kann in die Datei nicht mehr eingestellt werden (Datei oder Platte voll).
NOTOPEN	Die angesprochene Datei ist nicht eröffnet.
NOTAUTH	Die Datei darf von dem Benutzer nicht bearbeitet werden.

Wichtige Felder des EIB

EIB-Feld	Bedeutung
EIBDS	Enthält nach dem Schreiben den CICS-internen Namen der Datei.

Ein Beispiel in PL/I:

```
DCL   ARTAREA CHAR(80);
DCL   ARTKEY  CHAR(8);
DCL   RESP    BIN FIXED(31) INIT(0);
/* In die Datei mit dem Namen ARTIKEL wird ein Satz      */
/* geschrieben. Die Daten des Satzes stehen im Bereich   */
/* ARTAREA, der Schlüssel befindet sich zusätzlich im    */
/* Feld ARTKEY.                                          */

ARTKEY  = 'WAUG0067';
ARTAREA = 'WAUG0067Bolzen 50mm x 200mm    19901102';
          EXEC CICS WRITE
                  DATASET ('ARTIKEL')
                     FROM (ARTAREA)
                   RIDFLD (ARTKEY)
                     RESP (RESP) ;
```

VSAM: WRITE / REWRITE

Ein Beispiel in COBOL:

```
IDENTIFICATION DIVISION.
...
DATA DIVISION.
WORKING-STORAGE SECTION.
77  ARTAREA       PIC X(80).
77  ARTKEY        PIC X(8).
77  RESP          PIC S9(8) COMP VALUE 0.
...
PROCEDURE DIVISION.
    ...
*   In die Datei mit dem Namen ARTIKEL wird ein Satz
*   geschrieben. Die Daten des Satzes stehen im Bereich
*   ARTAREA, der Schlüssel befindet sich zusätzlich im
*   Feld ARTKEY.
    MOVE 'WAUG0067' TO ARTKEY
    MOVE 'WAUG0067Bolzen 50mm x 200mm    19901102' TO ARTAREA
        EXEC CICS WRITE
                DATASET ('ARTIKEL')
                   FROM (ARTAREA)
                 RIDFLD (ARTKEY)
                   RESP (RESP)
        END-EXEC
```

```
        EXEC CICS REWRITE
                DATASET (name)
                   FROM (area)
```

REWRITE

Einen Satz in einer VSAM-Datei ändern. Der Satz muß jedoch vorher mit der Option READ UPDATE gelesen worden sein. Es darf auch der Schlüssel nicht verändert werden — sonst müssen ein WRITE und ein DELETE erfolgen.

DATASET Gibt den Dateinamen an, unter dem die Datei in der FCT eingetragen wurde.
FROM   Gibt den Bereich an, aus dem die Daten geschrieben werden sollen.

Wichtige Ausnahme-Bedingungen

Bedingung	Bedeutung
DISABLED	Die in DATASET angegebene Datei wurde über einen CEMT-Befehl oder ein EXEC CICS SET außer Kraft gesetzt.
DSIDERR	Die in DATASET angegebene Datei wurde in der FCT nicht gefunden.

Bedingung	Bedeutung
DUPREC	Es wurde versucht, einen Satz in eine Datei zu schreiben, dessen primärer oder sekundärer Schlüssel bereits existiert.
INVREQ	Die gewünschte Operation ist für die in der DATASET-Option angegebene Datei in der FCT nicht definiert, beziehungsweise für den entsprechenden Satz ist kein READ mit UPDATE vorausgegangen. Oder die Schlüssellänge ist falsch.
ILLOGIC	Der Schlüsselwert wurde gegenüber dem ursprünglichen Inhalt verändert.
NOTOPEN	Die angesprochene Datei ist nicht eröffnet.
NOTAUTH	Die Datei darf von dem Benutzer nicht bearbeitet werden.

Wichtige Felder des EIB

EIB-Feld	Bedeutung
EIBDS	Enthält nach dem Schreiben den CICS internen Namen der Datei.

Ein Beispiel in PL/I:

```
DCL    ARTAREA  CHAR(80);
DCL    ARTKEY   CHAR(8);
DCL    RESP     BIN FIXED(31) INIT(0);

/*
In diesem Beispiel wird zuerst aus der Datei ARTIKEL
ein Satz gelesen. Dann wird der Inhalt des Daten-
bereichs verändert und der Satz zurückgeschrieben.
*/
ARTKEY = 'WAUG0067';
            EXEC CICS READ
                    DATASET ('ARTIKEL')
                    INTO    (ARTAREA)
                    RIDFLD  (ARTKEY)
                    UPDATE
                    (RESP)   ;
IF RESP=DFHRESP(NOTFND)
THEN DO;
   .... Verarbeitung, wenn Artikel nicht gefunden
END;
/*
Hier folgt die weitere Verarbeitung im Programm
Jetzt wird der Inhalt des Datenbereichs verändert.
Dabei nicht den Schlüsselbegriff ändern.
*/
```

VSAM: REWRITE

```
ARTAREA = 'WAUG0067Schneidbrenner        19930101';
     EXEC CICS REWRITE
             DATASET ('ARTIKEL')
                FROM (ARTAREA)
                RESP (RESP) ;
```

Ein Beispiel in COBOL:

```
IDENTIFICATION DIVISION.
...
DATA DIVISION.
WORKING-STORAGE SECTION.
77   ARTAREA       PIC X(80).
77   ARTKEY        PIC X(8).
77   RESP          PIC S9(8) COMP VALUE 0.
...

PROCEDURE DIVISION.
    ...
```

* In diesem Beispiel wird zuerst aus der Datei ARTIKEL
* ein Satz gelesen. Dann wird der Inhalt des Daten-
* bereichs verändert und der Satz zurückgeschrieben.

```
       MOVE 'WAUG0067' TO ARTKEY
           EXEC CICS READ
                   DATASET ('ARTIKEL')
                      INTO (ARTAREA)
                    RIDFLD (ARTKEY)
                    UPDATE
                      RESP (RESP)
                 END-EXEC

       IF RESP = DFHRESP(NOTFND) THEN
           .... Verarbeitung, wenn Artikel nicht gefunden
```

* Hier folgt die weitere Verarbeitung im Programm
* Jetzt wird der Inhalt des Datenbereichs verändert.
* Dabei nicht den Schlüsselbegriff ändern.

```
       MOVE 'WAUG0067Schneidbrenner        19930101' TO ARTAREA
           EXEC CICS REWRITE
                   DATASET ('ARTIKEL')
                      FROM (ARTAREA)
                      RESP (RESP)
                 END-EXEC
```

UNLOCK

```
EXEC CICS UNLOCK
          DATASET (name)
```

Die Exklusiv-Kontrolle eines für Änderung gelesenen Satzes aufheben.

DATASET   Gibt den Dateinamen an, unter dem die Datei in der FCT eingetragen wurde.

Wichtige Ausnahme-Bedingungen

Bedingung	Bedeutung
DISABLED	Die in DATASET angegebene Datei wurde über einen CEMT-Befehl oder ein EXEC CICS SET außer Kraft gesetzt.
DSIDERR	Die in DATASET angegebene Datei wurde in der FCT nicht gefunden.
INVREQ	Die gewünschte Operation ist für die in der DATASET-Option angegebene Datei in der FCT nicht definiert.
NOTOPEN	Die angesprochene Datei ist nicht eröffnet.
NOTAUTH	Die Datei darf von dem Benutzer nicht bearbeitet werden.

Wichtige Felder des EIB

EIB-Feld	Bedeutung
EIBDS	Enthält nach dem Befehl den CICS-internen Namen der Datei.

Ein Beispiel in PL/I:

```
DCL   ARTAREA CHAR(80);
DCL   ARTKEY  CHAR(8);
DCL   RESP    BIN FIXED(31) INIT(0);
/* In diesem Beispiel wird zuerst aus der Datei ARTIKEL  */
/* ein Satz gelesen. Die Option UPDATE gestattet         */
/* späteres Ändern des Satzes.                           */
ARTKEY = 'WAUG0067';
          EXEC CICS READ
               DATASET ('ARTIKEL')
                  INTO (ARTAREA)
                RIDFLD (ARTKEY)
                UPDATE
                (RESP)   ;
```

VSAM: UNLOCK   97

```
/* Nun erfolgt in Ihrem Programm die Entscheidung,      */
/* daß der gelesene Satz nicht geändert wird. Mit       */
/* UNLOCK heben Sie die Exklusivkontrolle über den Satz */
/* auf.                                                 */
      EXEC CICS UNLOCK
              DATASET ('ARTIKEL') ;
```

Ein Beispiel in COBOL:

```
IDENTIFICATION DIVISION.
...
DATA DIVISION.
WORKING-STORAGE SECTION.
77   ARTAREA      PIC X(80).
77   ARTKEY       PIC X(8).
77   RESP         PIC S9(8) COMP VALUE 0.
...

PROCEDURE DIVISION.
...
* In diesem Beispiel wird zuerst aus der Datei ARTIKEL
* ein Satz gelesen. Die Option UPDATE gestattet
* späteres Ändern des Satzes.
     MOVE 'WAUG0067' TO ARTKEY
         EXEC CICS READ
                 DATASET ('ARTIKEL')
                 INTO    (ARTAREA)
                 RIDFLD  (ARTKEY)
                 UPDATE
                 RESP    (RESP)
         END-EXEC

      IF RESP = DFHRESP(NOTFND) THEN
         ....  Verarbeitung, wenn Artikel nicht gefunden
* Nun erfolgt in Ihrem Programm die Entscheidung,
* daß der gelesene Satz nicht geändert wird. Mit
* UNLOCK heben Sie die Exklusivkontrolle über den Satz auf.
      EXEC CICS UNLOCK
              DATASET ('ARTIKEL')
              END-EXEC
```

DELETE

```
EXEC CICS DELETE
          DATASET  (name)
          RIDFLD   (area)
          KEYLENGTH(value)  [GENERIC]
          RBA | RRN
```

Einen Satz in einem VSAM-KSDS oder VSAM-RSDS löschen. Man kann auch Sätze löschen, indem man ein READ mit UPDATE durchführt und bei DELETE die Option RIDFLD fortläßt.

DATASET	Gibt den Dateinamen an, unter dem die Datei in der FCT eingetragen wurde.
RIDFLD	Dieses hier angegebene Feld enthält den Schlüssel, nach dem gesucht werden soll. Bei der Angabe von RBA bzw. RRN muß das Schlüsselfeld als binäres Vollwort (BIN FIXED(31) bzw. PIC S9 (8) COMP) definiert sein.
KEYLENGTH	Gibt in einem binären Halbwort die Länge des in RIDFLD spezifizierten Schlüssels an. Wenn diese Länge von der definierten Schlüssellänge abweicht, muß die Option GENERIC angegeben werden (Suchen mit verkürztem Schlüssel).
RBA	Der in RIDFLD angegebene Schlüssel ist eine RBA.
RRN	Der in RIDFLD angegebene Schlüssel ist eine relative Satznummer (RRN).

Wichtige Ausnahme-Bedingungen

Bedingung	Bedeutung
DISABLED	Die in DATASET angegebene Datei wurde über einen CEMT-Befehl oder ein EXEC CICS SET außer Kraft gesetzt.
DSIDERR	Die in DATASET angegebene Datei wurde in der FCT nicht gefunden.
INVREQ	Die gewünschte Operation ist für die in der DATASET-Option angegebene Datei in der FCT nicht definiert.
NOTFND	Es konnte kein Satz mit den genannten Kriterien gefunden werden.
NOTOPEN	Die angesprochene Datei ist nicht eröffnet.
NOTAUTH	Die Datei darf von dem Benutzer nicht bearbeitet werden.

Wichtige Felder des EIB

EIB-Feld	Bedeutung
EIBDS	enthält nach dem Löschen den CICS-internen Namen der Datei.

VSAM: DELETE / STARTBR

Ein Beispiel in PL/I:

```
DCL    ARTKEY   CHAR(8);
DCL    RESP     BIN FIXED(31) INIT(0);
/* In diesem Beispiel wird aus der Datei ARTIKEL der    */
/* Satz mit einer bestimmten Kennung gelöscht.          */
ARTKEY = 'WAUG0067';

       EXEC CICS DELETE
                 DATASET ('ARTIKEL')
                  RIDFLD (ARTKEY)
                    RESP (RESP) ;
```

Ein Beispiel in COBOL:

```
IDENTIFICATION DIVISION.
...
DATA DIVISION.
WORKING-STORAGE SECTION.
77   ARTKEY        PIC X(8).
77   RESP          PIC S9(8) COMP VALUE 0.
...
PROCEDURE DIVISION.
   ...
*  In diesem Beispiel wird aus der Datei ARTIKEL der
*  Satz mit einer bestimmten Kennung gelöscht.
       MOVE 'WAUG0067' TO ARTKEY

       EXEC CICS DELETE
                 DATASET ('ARTIKEL')
                  RIDFLD (ARTKEY)
                    RESP (RESP)
                END-EXEC
```

```
       EXEC CICS STARTBR
                 DATASET   (name)
                  RIDFLD   (area)
              KEYLENGTH    (value) [GENERIC]
                   EQUAL | GTEQ
                     RBA | RRN
```
STARTBR

In einer VSAM-Datei für sequentielles Lesen positionieren.

DATASET   Gibt den Dateinamen an, unter dem die Datei in der FCT eingetragen wurde.
RIDFLD   Dieses hier angegebene Feld enthält den Schlüssel, nach dem gesucht werden soll. Bei der Angabe von RBA bzw. RRN muß das Schlüsselfeld als binäres Vollwort (BIN FIXED(31) bzw. PIC S9 (8) COMP) definiert sein.

KEYLENGTH	Gibt in einem binären Halbwort die Länge des in RIDFLD spezifizierten Schlüssels an. Wenn diese Länge von der definierten Schlüssellänge abweicht, muß die Option GENERIC angegeben werden (Lesen mit verkürztem Schlüssel).
EQUAL	Es wird exakt nach dem in RIDFLD angegebenen Schlüssel gesucht.
GTEQ	Es wird in der Datei nach dem in RIDFLD angegebenen Schlüssel gesucht. Wird dieser nicht gefunden, so wird der nächst größere Schlüssel gesucht.
RBA	Der in RIDFLD angegebene Schlüssel ist eine RBA.
RRN	Der in RIDFLD angegebene Schlüssel ist eine relative Satznummer (RRN).

Wichtige Ausnahme-Bedingungen

Bedingung	Bedeutung
DISABLED	Die in DATASET angegebene Datei wurde über einen CEMT-Befehl oder ein EXEC CICS SET außer Kraft gesetzt.
DSIDERR	Die in DATASET angegebene Datei wurde in der FCT nicht gefunden.
INVREQ	Die gewünschte Operation ist für die in der DATASET-Option angegebene Datei in der FCT nicht definiert. Oder die Schlüssellänge stimmt nicht.
IOERR	IO-Fehler bei Zugriff auf Datei.
NOTFND	Es konnte kein Satz mit den genannten Kriterien gefunden werden.
NOTOPEN	Die angesprochene Datei ist nicht eröffnet.
NOTAUTH	Die Datei darf von dem Benutzer nicht bearbeitet werden.

Wichtige Felder des EIB

EIB-Feld	Bedeutung
EIBDS	Enthält nach dem Vorgang den CICS-internen Namen der Datei.

Ein Beispiel in COBOL:

```
    IDENTIFICATION DIVISION.
    ...
    DATA DIVISION.
    WORKING-STORAGE SECTION.
    77  ARTKEY        PIC X(8).
    77  ARTLEN        PIC S9(8).
    77  RESP          PIC S9(8) COMP VALUE 0.
    ...
    PROCEDURE DIVISION.
       ...
*   In diesem Beispiel wird ein BROWSE vorbereitet, das
*   alle mit WAUG beginnenden Sätze anzeigen soll.
        MOVE 'WAUG' TO ARTKEY
        MOVE 4 TO ARTLEN
```

```
         EXEC CICS STARTBR
                  DATASET   ('ARTIKEL')
                  RIDFLD    (ARTKEY)
                  KEYLENGTH (ARTLEN) GENERIC
                  RESP      (RESP)
         END-EXEC
```

Ein Beispiel in PL/I:

```
DCL   ARTKEY   CHAR(8);
DCL   ARTLEN   BIN FIXED(15) INIT(0);
DCL   RESP     BIN FIXED(31) INIT(0);

/* In diesem Beispiel wird ein BROWSE vorbereitet, das    */
/* alle mit WAUG beginnenden Sätze anzeigen soll.         */
ARTKEY = 'WAUG';
ARTLEN = 4;
         EXEC CICS STARTBR
                  DATASET   ('ARTIKEL')
                  RIDFLD    (ARTKEY)
                  KEYLENGTH (ARTLEN) GENERIC
                  RESP      (RESP) ;
```

READNEXT

```
         EXEC CICS READNEXT
                  DATASET (name)
                  INTO (area) | SET (ptr-ref)
                  LENGTH (area)
                  RIDFLD (area)
                  RBA | RRN
```

Den logisch nächsten Satz lesen.

DATASET	Gibt den Dateinamen an, unter dem die Datei in der FCT eingetragen wurde.
INTO	Gibt den Bereich an, in den die Daten hineingelesen werden sollen.
SET	Setzt den angegebenen Pointer auf die Adresse des in den Speicher gelesenen Satzes.
LENGTH	Diese Option braucht nur spezifiziert zu werden, wenn die Länge des Ausgabebereiches kürzer ist als der vorgesehene Datenbereich.
RIDFLD	Dieses hier angegebene Feld enthält den Schlüssel, nach dem gesucht werden soll. Bei der Angabe von RBA bzw. RRN muß das Schlüsselfeld als binäres Vollwort (BIN FIXED(31) bzw. PIC S9 (8) COMP) definiert sein.
RBA	Der in RIDFLD angegebene Schlüssel ist eine RBA.
RRN	Der in RIDFLD angegebene Schlüssel ist eine relative Satznummer (RRN).

Wichtige Ausnahme-Bedingungen

Bedingung	Bedeutung
DISABLED	Die in DATASET angegebene Datei wurde über einen CEMT-Befehl oder ein EXEC CICS SET außer Kraft gesetzt.
DSIDERR	Die in DATASET angegebene Datei wurde in der FCT nicht gefunden.
DUPKEY	Ein Satz wurde über einen NONUNIQUE ALTERNATE INDEX gelesen, und ein anderer Satz mit demselben Schlüssel folgt nach.
NOTFND	Es konnte kein Satz mit den genannten Kriterien gefunden werden. Wenn dieser Fehler auftritt, muß ein neues RESETBR erfolgen oder das sequentielle Lesen mit einem ENDBR beendet werden.
INVREQ	Die gewünschte Operation ist für die in der DATASET-Option angegebene Datei in der FCT nicht definiert.
IOERR	IO-Fehler bei Zugriff auf Datei.
LENGERR	Bei READ NEXT mit INTO ist der gelesene Satz länger als der in LENGTH angegebene Wert.
NOTOPEN	Die angesprochene Datei ist nicht eröffnet.
NOTAUTH	Die Datei darf von dem Benutzer nicht bearbeitet werden.

Wichtige Felder des EIB

EIB-Feld	Bedeutung
EIBDS	Enthält nach dem Lesen den CICS-internen Namen der Datei.

Ein Beispiel in PL/I:

```
DCL   ARTAREA  CHAR(80);
DCL   ARTKEY   CHAR(8);
DCL   RESP     BIN FIXED(31) INIT(0);

/* In diesem Beispiel wird nach erfolgtem STARTBR der    */
/* logisch nächste Satz gelesen.                         */
ARTKEY = 'WAUG';
ARTLEN = 4;
     EXEC CICS STARTBR
               DATASET   ('ARTIKEL')
                 RIDFLD  (ARTKEY)
              KEYLENGTH  (ARTLEN) GENERIC
                   RESP  (RESP) ;
```

```
/* Verarbeitung des ersten Satzes                           */
   EXEC CICS READNEXT
           DATASET ('ARTIKEL')
              INTO (ARTAREA)
            RIDFLD (ARTKEY)
              RESP (RESP) ;
/* Hier folgt die weitere Verarbeitung im Programm          */
```

Ein Beispiel in COBOL:

```
IDENTIFICATION DIVISION.
...
DATA DIVISION.
WORKING-STORAGE SECTION.
77  ARTAREA      PIC X(80).
77  ARTKEY       PIC X(8).
77  RESP         PIC S9(8) COMP.
...
PROCEDURE DIVISION.
    ...
* In diesem Beispiel wird nach erfolgtem STARTBR der
* logisch nächste Satz gelesen.
    MOVE 'WAUG' TO ARTKEY
    MOVE 4 TO ARTLEN

    EXEC CICS STARTBR
            DATASET ('ARTIKEL')
             RIDFLD (ARTKEY)
          KEYLENGTH (ARTLEN) GENERIC
               RESP (RESP)
            END-EXEC

* Verarbeitung des ersten Satzes
    EXEC CICS READNEXT
            DATASET ('ARTIKEL')
               INTO (ARTAREA)
             RIDFLD (ARTKEY)
               RESP (RESP)
            END-EXEC

* Hier folgt die weitere Verarbeitung im Programm
```

READPREV

```
EXEC CICS READPREV
          DATASET (name)
          INTO (area) | SET (ptr-ref)
          LENGTH (area)
          RIDFLD (area)
          RBA | RRN
```

Den logisch vorhergehenden Satz lesen.

DATASET	Gibt den Dateinamen an, unter dem die Datei in der FCT eingetragen wurde.
INTO	Gibt den Bereich an, in den die Daten hineingelesen werden sollen.
SET	Setzt den angegebenen Pointer auf die Adresse des in den Speicher gelesenen Satzes.
LENGTH	Diese Option braucht nur spezifiziert zu werden, wenn die Länge des Ausgabebereiches kürzer ist als der vorgesehene Datenbereich.
RIDFLD	Dieses hier angegebene Feld enthält den Schlüssel, nach dem gesucht werden soll. Bei der Angabe von RBA bzw. RRN muß das Schlüsselfeld als binäres Vollwort (BIN FIXED(31) bzw. PIC S9 (8) COMP) definiert sein.
RBA	Der in RIDFLD angegebene Schlüssel ist eine RBA.
RRN	Der in RIDFLD angegebene Schlüssel ist eine relative Satznummer (RRN).

Wichtige Ausnahme-Bedingungen

Bedingung	Bedeutung
DISABLED	Die in DATASET angegebene Datei wurde über einen CEMT-Befehl oder ein EXEC CICS SET außer Kraft gesetzt.
DSIDERR	Die in DATASET angegebene Datei wurde in der FCT nicht gefunden.
DUPKEY	Ein Satz wurde über einen NONUNIQUE ALTERNATE INDEX gelesen, und ein anderer Satz mit demselben Schlüssel folgt nach.
NOTFND	Es konnte kein Satz mit den genannten Kriterien gefunden werden. NOTFND kann auftreten, wenn der Befehl READPREV unmittelbar auf ein STARTBR oder RESETBR folgt, zu dessen Schlüssel kein Satz in der Datei besteht.
INVREQ	Die gewünschte Operation ist für die in der DATASET-Option angegebene Datei in der FCT nicht definiert.
IOERR	IO-Fehler bei Zugriff auf Datei.
LENGERR	Bei READPREV mit INTO ist der gelesene Satz länger als der in LENGTH angegebene Wert.
NOTOPEN	Die angesprochene Datei ist nicht eröffnet.
NOTAUTH	Die Datei darf von dem Benutzer nicht bearbeitet werden.

Wichtige Felder des EIB

EIB-Feld	Bedeutung
EIBDS	Enthält nach dem Lesen den CICS-internen Namen der Datei.

Ein Beispiel in PL/I:

```
DCL   ARTAREA  CHAR(80);
DCL   ARTKEY   CHAR(8);
DCL   RESP     BIN FIXED(31) INIT(0);
/* In diesem Beispiel wird nach erfolgtem STARTBR der    */
/* logisch vorhergehende Satz gelesen.                   */
ARTKEY = 'WAUG9999';
ARTLEN = 4;
      EXEC CICS STARTBR
                DATASET   ('ARTIKEL')
                RIDFLD    (ARTKEY)
                KEYLENGTH (ARTLEN) GENERIC
                RESP      (RESP) ;
/* Lesen des Satzes                                      */
      EXEC CICS READPREV
                DATASET ('ARTIKEL')
                INTO    (ARTAREA)
                RIDFLD  (ARTKEY)
                RESP    (RESP) ;
/* Hier folgt die weitere Verarbeitung im Programm       */
```

Ein Beispiel in COBOL:

```
IDENTIFICATION DIVISION.
...
DATA DIVISION.
WORKING-STORAGE SECTION.
77  ARTAREA       PIC X(80).
77  ARTKEY        PIC X(8).
77  RESP          PIC S9(8) COMP.
...
PROCEDURE DIVISION.
    ...
* In diesem Beispiel wird nach erfolgtem STARTBR der
* logisch vorhergehende Satz gelesen.
    MOVE 'WAUG9999' TO ARTKEY
    MOVE 4 TO ARTLEN
```

```
      EXEC CICS STARTBR
              DATASET   ('ARTIKEL')
              RIDFLD    (ARTKEY)
              KEYLENGTH (ARTLEN) GENERIC
              RESP      (RESP)
              END-EXEC
* Lesen des Satzes
      EXEC CICS READPREV
              DATASET ('ARTIKEL')
              INTO    (ARTAREA)
              RIDFLD  (ARTKEY)
              RESP    (RESP)
              END-EXEC
* Hier folgt die weitere Verarbeitung im Programm
```

RESETBR

```
              EXEC CICS RESETBR
                      DATASET   (name)
                      RIDFLD    (area)
                      KEYLENGTH (value) [GENERIC]
                      GTEQ | EQUAL
                      RBA  | RRN
```

In einer VSAM-Datei neu positionieren für sequentielles Lesen. Dieser Befehl hat die gleiche Wirkung wie eine Kombination aus ENDBR und STARTBR.

DATASET	Gibt den Dateinamen an, unter dem die Datei in der FCT eingetragen wurde.
INTO	Gibt den Bereich an, in den die Daten eingelesen werden sollen.
SET	Setzt den angegebenen Pointer auf die Adresse des in den Speicher gelesenen Satzes.
RIDFLD	Dieses hier angegebene Feld enthält den Schlüssel, nach dem gesucht werden soll. Bei der Angabe von RBA bzw. RRN muß das Schlüsselfeld als binäres Vollwort (BIN FIXED(31) bzw. PIC S9 (8) COMP) definiert sein.
GTEQ	Es wird in der Datei nach dem in RIDFLD angegebenen Schlüssel gesucht. Wird dieser nicht gefunden, so wird der nächst größere Schlüssel gesucht und ggf. übertragen.
EQUAL	Es wird exakt nach dem in RIDFLD angegebenen Schlüssel gesucht.
KEYLENGTH	Gibt in einem binären Halbwort die Länge des in RIDFLD spezifizierten Schlüssels an. Wenn diese Länge von der definierten Schlüssellänge abweicht, muß die Option GENERIC angegeben werden (Lesen mit verkürztem Schlüssel).
RBA	Der in RIDFLD angegebene Schlüssel ist eine RBA.
RRN	Der in RIDFLD angegebene Schlüssel ist eine relative Satznummer (RRN).

Wichtige Ausnahme-Bedingungen

Bedingung	Bedeutung
DISABLED	Die in DATASET angegebene Datei wurde über einen CEMT-Befehl oder ein EXEC CICS SET außer Kraft gesetzt.
DSIDERR	Die in DATASET angegebene Datei wurde in der FCT nicht gefunden.
INVREQ	Die gewünschte Operation ist für die in der DATASET-Option angegebene Datei in der FCT nicht definiert. Oder die Schlüssellänge stimmt nicht.
IOERR	IO-Fehler bei Zugriff auf Datei.
NOTFND	Es konnte kein Satz mit den genannten Kriterien gefunden werden.
NOTOPEN	Die angesprochene Datei ist nicht eröffnet.
NOTAUTH	Die Datei darf von dem Benutzer nicht bearbeitet werden.

Wichtige Felder des EIB

EIB-Feld	Bedeutung
EIBDS	Enthält nach dem Lesen den CICS-internen Namen der Datei.

Ein Beispiel in PL/I:

```
DCL   ARTKEY   CHAR(8);
DCL   ARTLEN   BIN FIXED(15) INIT(0);
DCL   RESP     BIN FIXED(31) INIT(0);
/* In diesem Beispiel wird ein BROWSE vorbereitet, das    */
/* alle mit WAUG beginnenden Sätze anzeigen soll.         */
ARTKEY = 'WAUG';
ARTLEN = 4;

      EXEC CICS RESETBR
                DATASET ('ARTIKEL')
                RIDFLD (ARTKEY)
                KEYLENGTH (ARTLEN) GENERIC
                RESP (RESP) ;
```

Ein Beispiel in COBOL:

```
IDENTIFICATION DIVISION.
...
DATA DIVISION.
WORKING-STORAGE SECTION.
77  ARTKEY         PIC X(8).
77  ARTLEN         PIC S9(8).
77  RESP           PIC S9(8) COMP VALUE 0.
...
PROCEDURE DIVISION.
    ...
```

```
* In diesem Beispiel wird ein BROWSE vorbereitet, das
* alle mit WAUG beginnenden Sätze anzeigen soll.
      MOVE 'WAUG' TO ARTKEY
      MOVE 4 TO ARTLEN

      EXEC CICS RESETBR
              DATASET   ('ARTIKEL')
              RIDFLD    (ARTKEY)
              KEYLENGTH (ARTLEN) GENERIC
              RESP      (RESP)
      END-EXEC
```

ENDBR

         EXEC CICS ENDBR
                 DATASET (name)

Das sequentielle Lesen beenden.

DATASET   Gibt den Dateinamen an, unter dem die Datei in der FCT eingetragen wurde.

Wichtige Ausnahme-Bedingungen

Bedingung	Bedeutung
DISABLED	Die in DATASET angegebene Datei wurde über einen CEMT-Befehl oder ein EXEC CICS SET außer Kraft gesetzt.
DSIDERR	Die in DATASET angegebene Datei wurde in der FCT nicht gefunden.
INVREQ	Die gewünschte Operation ist für die in der DATASET-Option angegebene Datei in der FCT nicht definiert.
NOTOPEN	Die angesprochene Datei ist nicht eröffnet.
NOTAUTH	Die Datei darf von dem Benutzer nicht bearbeitet werden.

Wichtige Felder des EIB

EIB-Feld	Bedeutung
EIBDS	Enthält nach dem Vorgang den CICS-internen Namen der Datei.

Ein Beispiel in PL/I:

```
DCL   RESP      BIN FIXED(31) INIT(0);

/* In diesem Beispiel wird das sequentielle Lesen beendet. */
        EXEC CICS ENDBR
               DATASET ('ARTIKEL')
                  RESP (RESP) ;
```

Ein Beispiel in COBOL:

```
IDENTIFICATION DIVISION.
...
DATA DIVISION.
WORKING-STORAGE SECTION.
77   RESP           PIC S9(8) COMP VALUE 0.
...

PROCEDURE DIVISION.
   ...

* In diesem Beispiel wird das sequentielle Lesen beendet.
        EXEC CICS ENDBR
               DATASET ('ARTIKEL')
                  RESP (RESP)
             END-EXEC
```

4.4.4 Zwischenspeichern von Daten

In der Datenverarbeitung bedarf es nicht immer der langfristigen Speicherung von Daten. Insbesondere, da in der TP-Programmierung die Ressourcen von Transaktion zu Transaktion freigegeben werden, besteht hier häufig der Bedarf, Daten kurzfristig abzulegen.

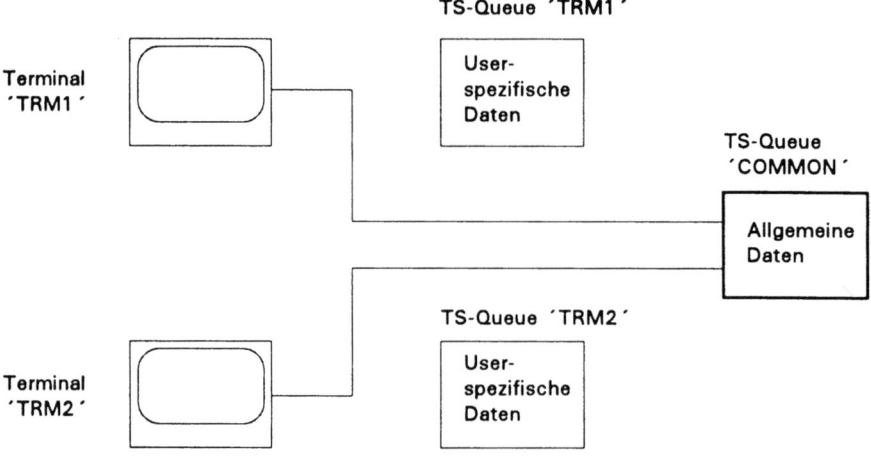

Abb. 4.14   Das Schema einer allgemein genutzten TS-Queue.

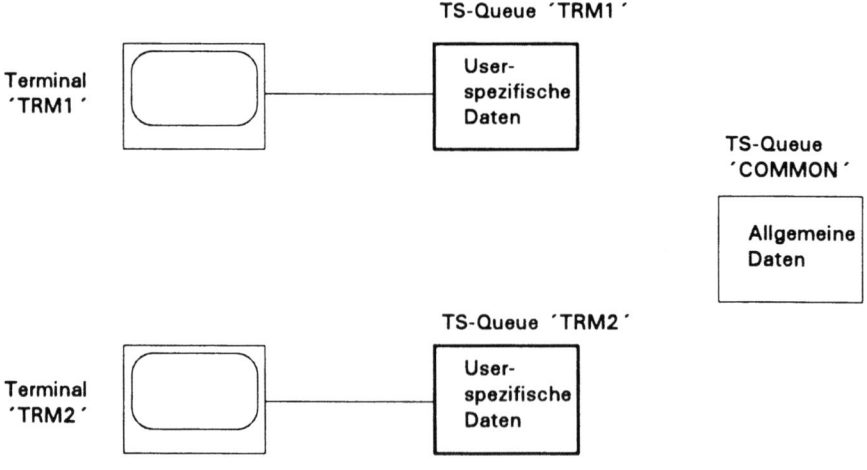

Abb. 4.15   Im allgemeinen werden TS-Queues benutzerbezogen angelegt. Zur Identifikation wird meist die Terminal-Identifikation herangezogen.

In einem Online-Verfahren kann es durchaus notwendig werden, größere Datenmengen zwischenzuspeichern — entweder für die »eigene Transaktion«, für eine nachfolgende Transaktion, oder zur Weiterverarbeitung in einem weiteren CICS-Lauf. Die zuständige Systemkomponente ist Temporary Storage *TS*.

Grundsätzlich unterscheidet man die Speicherung dieser temporären Daten im Hauptspeicher oder auf Platte. Die TS-Datei ist als VSAM-ESDS organisiert und wird von CICS mit dem DD-Namen DFHTEMP angesprochen. Sie wird nicht in der FCT definiert.

Um Sätze in Temporary Storage abzuspeichern und wieder aufzufinden, müssen sie eine eindeutige Identifikation erhalten. Diese Identifikation wird Queue genannt und ist achtstellig. Innerhalb einer Queue werden die Sätze in Zugangsfolge abgespeichert und mit einer Nummer (Item) versehen. Über den Queue-Namen und das entsprechende Item kann jeder Satz wieder gefunden werden. Der Name der Queue darf nicht mit den Zeichen von xFA bis xFF beginnen, diese sind für CICS reserviert.

Da die achtstellige Queue-Bezeichnung frei wählbar ist, gibt es generell zwei Möglichkeiten, TS einzusetzen:

➪ Eine TS-Queue wird erstellt, und viele Programme greifen darauf zu. Hierbei ist darauf zu achten, daß die Sätze generell über Item gelesen werden (nicht mit NEXT), oder daß über ENQ und DEQ eine Exklusiv-Kontrolle über die TS-Queue gewährleistet ist.
➪ Häufiger sind jedoch solche Anwendungen, in denen für jeden Benutzer eine benutzerspezifische TS-Queue angelegt wird.

TS-Queue Sätze sind variabel lang bis zu 32.767 Bytes. Das Längenfeld ist jedoch nicht Bestandteil des Satzes.

Es ist zu beachten, daß die Verwaltung einer TS-Queue (Anlegen, Löschen) dem Anwendungsentwickler unterliegt.

Wie lange eine TS-Queue existiert, hängt von verschiedenen Faktoren ab:

➪ Eine TS-Queue, die mit der Option MAIN angelegt wurde, ist nach einem CICS-Absturz nicht mehr vorhanden.
➪ Eine TS-Queue, die als RECOVERABLE (Eintrag in der Temporary Storage Table TST) definiert wurde, ist nach einem CICS-Absturz wieder vorhanden (Emergency Restart).
➪ Bei einem CICS-Kaltstart wird TS-Auxiliary generell formatiert — also keine Recovery.
➪ Durch den Befehl DELETEQ TS wird eine TS-Queue gelöscht.

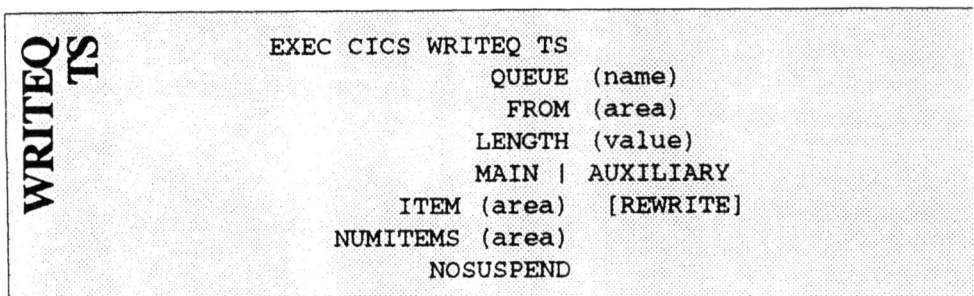

Einen Satz in eine TS-Queue schreiben. Es kann sowohl ein neuer Satz in eine TS-Queue geschrieben als auch ein bereits vorhandener Satz geändert werden.

QUEUE	Gibt den maximal vierstelligen Namen der TS-Queue an.
FROM	Gibt den Bereich an, in dem sich die Daten befinden, die in die TS-Queue geschrieben werden sollen.
LENGTH	Gibt die Länge zu schreibenden Satzes an.
MAIN	Die TS-Queue soll im Hauptspeicher aufgebaut werden.
AUXILIARY	Die TS-Queue soll auf einem externen Speichermedium (DFHTEMP) aufgebaut werden.
ITEM	Beim Schreiben eines TS-Satzes gibt CICS in diesem Feld die geschriebene Satznummer (ITEM-Nummer) zurück. Wenn die REWRITE-Option angegeben ist, so wird der hier angegebene Satz geändert.
NUMITEMS	Ein binäres Halbwort, in das CICS die Anzahl der Items in der Queue einträgt, sofern nicht die Option REWRITE verwendet wurde.
NOSUSPEND	Kann der Satz wegen Platzmangels nicht geschrieben werden, soll die Transaktion nicht in die CICS-Warteschlangenverwaltung eingereiht werden, bis wieder Platz ist, sondern das Anwendungsprogramm die Kontrolle zurück erhalten. Diese Option sollte unbedingt Anwendung finden.

Wichtige Ausnahme-Bedingungen

Bedingung	Bedeutung
QIDERR	Die angegebene Queue kann nicht gefunden werden (nur mit der Option REWRITE).
ITEMERR	Das angegebene Item ist in einer TS-Queue nicht vorhanden (nur mit der Option REWRITE).
NOSPACE	Es ist kein Speicherplatz mehr da, um den TS-Satz zu schreiben (mit der Option NOSUSPEND).
IOERR	IO-Fehler beim Zugriff auf die Datei.
NOTAUTH	Der Benutzer ist nicht berechtigt, die gewünschte Funktion auszuführen.

Ein Beispiel in COBOL:

```
IDENTIFICATION DIVISION.
...
DATA DIVISION.
WORKING-STORAGE SECTION.
77  RESP          PIC S9(8) COMP VALUE 0.
77  TS-QUEUE      PIC X(8).
77  TS-ITEM       PIC S9(4) COMP.
77  TS-AREA       PIC X(80).
...
PROCEDURE DIVISION.
...
* Es wird ein Satz in eine TS-Queue geschrieben.
* Um die Benutzerbezogenheit der Queue zu gewährleisten,
* wird die Terminal-Id als Queue-Name verwendet.
      MOVE EIBTRMID TO TS-QUEUE
* Es wird ein bestimmtes Item angesprochen: 17
      MOVE 17 TO TS-ITEM
* Der Datenbereich wird mit Daten gefüllt.
      MOVE 'TS-Queue Daten Daten Daten' TO TS-AREA

  EXEC CICS WRITEQ TS
                QUEUE   (TS-QUEUE)
                FROM    (TS-AREA)
                MAIN
                NOSUSPEND
                ITEM    (TS-ITEM)
                RESP    (RESP)
             REWRITE
  END-EXEC

      IF RESP NOT = DFHRESP(NORMAL) THEN
          .... Fehlerverarbeitung
* Hier folgt die weitere Verarbeitung im Programm
```

Ein Beispiel in PL/I:

```
DCL  RESP       BIN FIXED(31) INIT(0);
DCL  TS_QUEUE   CHAR(8);
DCL  TS_ITEM    BIN FIXED(15);
DCL  TS_AREA    CHAR(80);
...
/* In diesem Beispiel wird ein Satz in eine TS-Queue
geschrieben. Um die Benutzerbezogenheit der Queue zu
gewährleisten, wird die Terminal-Id als Queue-Name verwendet.
Item 17 wird angesprochen.        */
TS_QUEUE=EIBTRMID;
TS_ITEM=17;
/* Der Datenbereich wird mit Daten gefüllt.         */
```

```
TS_AREA='TS-Queue Daten Daten Daten';
   EXEC CICS WRITEQ TS
              QUEUE (TS_QUEUE)
               FROM (TS_AREA)
               MAIN
               NOSUSPEND
               ITEM (TS_ITEM)
               REWRITE
               RESP (RESP) ;
IF RESP ^= DFHRESP(NORMAL)
THEN    .... Fehlerverarbeitung
/* Hier folgt die weitere Verarbeitung im Programm      */
```

READQ TS

```
           EXEC CICS READQ TS
                      QUEUE (name)
                INTO (area) | SET (ptr-ref)
                     LENGTH (area)
                    NUMITEMS (area)
              ITEM (value) | NEXT
```

Einen Satz aus einer TS-Queue lesen.

QUEUE	Gibt den maximal vierstelligen Namen der TS-Queue an.
INTO	Gibt den Bereich an, in den die Daten gelesen werden sollen.
SET	Setzt den Pointer auf die Adresse des in den Speicher gelesenen Satzes.
LENGTH	Gibt die maximale Länge des Satzes an, der gelesen werden soll.
NUMITEMS	Enthält nach dem Aufruf die Anzahl der in der TS-Queue gespeicherten Items.
ITEM	Gibt das Item an, das gelesen werden soll.
NEXT	Das logisch nächste Item in der spezifizierten Queue soll gelesen werden. Dabei ist entscheidend, welcher Satz als letzter zuvor gelesen wurde — egal von welcher Transaktion. Das zu wissen ist wichtig, insbesondere wenn mehrere User auf dieselbe TS-Queue zugreifen. NEXT ist der Defaultwert, wenn ITEM nicht angegeben wurde.

Wichtige Ausnahme-Bedingungen

Bedingung	Bedeutung
QIDERR	Die angegebene Queue kann nicht gefunden werden.
ITEMERR	Das angegebene Item ist in einer TS-Queue nicht vorhanden.
LENGERR	Der gelesene Satz ist länger als die in LENGTH angegeben maximale Satzlänge (nur bei INTO).
IOERR	IO-Fehler bei Zugriff auf Datei.
NOTAUTH	Die Datei darf von dem Benutzer nicht bearbeitet werden.

Ein Beispiel in COBOL:

```
IDENTIFICATION DIVISION.
...
DATA DIVISION.
WORKING-STORAGE SECTION.
77  RESP            PIC S9(8) COMP VALUE 0.
77  TS-QUEUE        PIC X(8).
77  TS-ITEM         PIC S9(4) COMP.
77  TS-AREA         PIC X(80).
...
PROCEDURE DIVISION.
    ...
* In diesem Beispiel wird aus einer benutzerbezogenen
* TS-Queue ein Satz gelesen. Als Queue-Name wird die
* Terminal-Id verwendet.
      MOVE EIBTRMID TO TS-QUEUE

* Es wird ein bestimmtes Item angesprochen: 1
      MOVE 1 TO TS-ITEM

    EXEC CICS READQ TS
             QUEUE (TS-QUEUE)
              INTO (TS-AREA)
              ITEM (TS-ITEM)
              RESP (RESP)
         END-EXEC

     IF RESP NOT = DFHRESP(NORMAL) THEN
       .... Fehlerverarbeitung: Insbesondere, wenn TS-Queue
            (QIDERR) oder Item (ITEMERR) nicht gefunden

* Nach erfolgreichem Lesen stehen jetzt die Daten im
* Datenbereich zur Verfügung.
```

Ein Beispiel in PL/I:

```
DCL  RESP        BIN FIXED(31) INIT(0);
DCL  TS_QUEUE    CHAR(8);
DCL  TS_ITEM     BIN FIXED(15);
DCL  TS_AREA     CHAR(80);
...
/* In diesem Beispiel wird aus einer benutzerbezogenen TS-
Queue ein Satz gelesen. Als Queue-Name wird die Terminal-Id
verwendet. */
TS_QUEUE=EIBTRMID;
/* Es wird ein bestimmtes Item angesprochen: 1            */
TS_ITEM=1;
```

```
            EXEC CICS READ
                    QUEUE (TS_QUEUE)
                    INTO  (TS_AREA)
                    ITEM  (TS_ITEM)
                    RESP  (RESP) ;
IF RESP ^= DFHRESP(NORMAL)
THEN
    .... Fehlerverarbeitung: Insbesondere QIDERR oder ITEMERR
/* Nach erfolgreichem Lesen stehen jetzt die Daten im      */
/* Datenbereich zur Verfügung.                             */
```

DELETEQ TS

```
            EXEC CICS DELETEQ TS
                        QUEUE (name)
```

Dieser Befehl dient dazu, eine TS-Queue zu löschen. Es können keine einzelnen Items (Sätze), sondern nur komplette Queues mit allen Items gelöscht werden.

QUEUE   Gibt den maximal vierstelligen Namen der zu löschenden TS-Queue an.

Wichtige Ausnahme-Bedingungen

Bedingung	Bedeutung
QIDERR	Die angegebene Queue kann nicht gefunden werden.
NOTAUTH	Der Benutzer ist nicht berechtigt, die gewünschte Funktion auszuführen.

Ein Beispiel in COBOL:

```
IDENTIFICATION DIVISION.
...
DATA DIVISION.
WORKING-STORAGE SECTION.
77  RESP          PIC S9(8) COMP VALUE 0.
77  TS-QUEUE      PIC X(8).
...
PROCEDURE DIVISION.
    ...
* Vor Anlegen einer TS-Queue kann man durch vorsorgliches
* Löschen einer eventuell schon angelegten Queue gleichen
* Namens eine 'saubere' Welt schaffen. Es sollte sich dabei
```

```
*  auf jeden Fall um eine benutzerbezogene TS-Queue handeln.
*  In unserem Beispiel wird als Queue-Name die Terminal-Id
*  verwendet.
       MOVE EIBTRMID TO TS-QUEUE

   EXEC CICS DELETEQ TS
                 QUEUE (TS-QUEUE)
                   RESP (RESP)
            END-EXEC

       IF RESP = DFHRESP(QIDERR) THEN
           .... Dann hat es keine TS-Queue dieses Namens
gegeben.
*  Auf jeden Fall existiert jetzt keine TS-Queue mit dem Namen
*  der Terminal-Id mehr.
```

Ein Beispiel in PL/I:

```
DCL    RESP        BIN FIXED(31) INIT(0);
DCL    TS_QUEUE    CHAR(8);
...
/*
Vor Anlegen einer TS-Queue kann man durch vorsorgliches
Löschen einer eventuell schon angelegten Queue gleichen
Namens eine »saubere« Welt schaffen. Es sollte sich dabei auf
jeden Fall um eine benutzerbezogene TS-Queue handeln. In
unserem Beispiel wird als Queue-Name die Terminal-Id benutzt.
*/
TS_QUEUE=EIBTRMID;

   EXEC CICS DELETEQ TS
                 QUEUE (TS_QUEUE)
                   RESP (RESP) ;

IF RESP = DFHRESP(QIDERR)
THEN
    .... Dann hat es keine TS-Queue dieses Namens gegeben.
/*
Auf jeden Fall existiert jetzt keine TS-Queue mit dem Namen
der Terminal-Id mehr.
*/
```

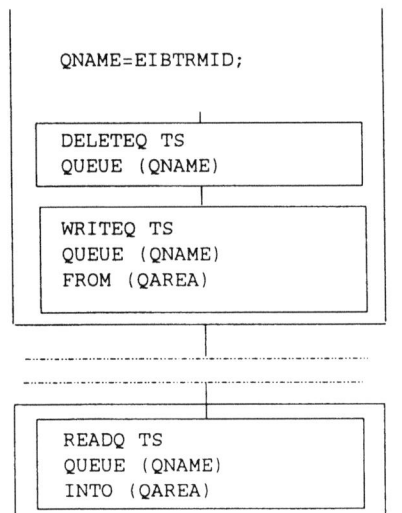

Abb. 4.16   Anwendungen für Temporary Storage

Die Zwischenspeicherung per TS-Queue bietet sich an, wenn Daten innerhalb des CICS übergeben werden sollen. Demgegenüber ist Transient Data geeignet, Daten zwischen CICS und seiner Umgebung auszutauschen. Im folgenden stellen wir die Befehle zur Nutzung von TD-Queues dar. In Abschnitt 7.2.3 gehen wir etwas genauer auf Transient Data ein.

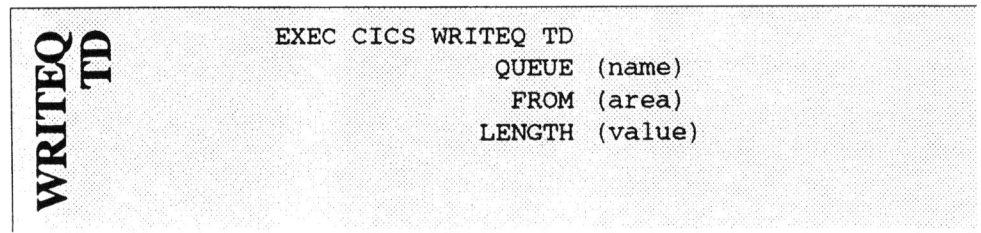

Einen Satz in eine TD-Queue schreiben.

QUEUE   Gibt den maximal vierstelligen Namen der Transient Data Queue an, die geschrieben werden soll.

FROM   Gibt den Datenbereich an, aus dem geschrieben werden soll.

LENGTH   Diese Option braucht nur spezifiziert zu werden, wenn die Länge des Ausgabebereiches kürzer ist als der vorgesehene Datenbereich.

Wichtige Ausnahme-Bedingungen

Bedingung	Bedeutung
QIDERR	Die angegebene Queue kann nicht gefunden werden.
NOSPACE	Es ist kein Speicherplatz mehr da, um den TD-Satz zu schreiben.
IOERR	IO-Fehler beim Schreiben der TD-Queue. Bei einer Extra-Partitioned TD stimmt die angegebene Satzlänge nicht mit der in der DCT definierten überein.
LENGERR	Die angegebene Satzlänge ist größer als die in der DCT definierte.
INVREQ	Die angegebene TD-Queue ist Extra-Partitioned und nur zum Lesen geöffnet.
NOTAUTH	Der Benutzer ist nicht berechtigt, die angegebene TD- Queue zu benutzen.
NOTOPEN	Die Destination ist nicht eröffnet.

Ein Beispiel in COBOL:

```
       IDENTIFICATION DIVISION.
       ...
       DATA DIVISION.
       WORKING-STORAGE SECTION.
       77  RESP         PIC S9(8) COMP VALUE 0.
       77  TD-QUEUE     PIC X(4).
       77  TS-AREA      PIC X(80).
       ...
       PROCEDURE DIVISION.
       ...
      * Es wird ein Satz in eine TD-Queue geschrieben.
      * Der Name der TD-Queue lautet AUFT.
           MOVE 'AUFT' TO TD-QUEUE
      * Der Datenbereich wird mit Daten gefüllt.
           MOVE 'Auftragsdaten Auftragsdaten' TO TD-AREA

           EXEC CICS WRITEQ TD
                         QUEUE (TD-QUEUE)
                         FROM  (TD-AREA)
                         RESP  (RESP)
                     END-EXEC

           IF RESP NOT = DFHRESP(NORMAL) THEN
              .... Fehlerverarbeitung

      * Hier folgt die weitere Verarbeitung im Programm
```

Ein Beispiel in PL/I:

```
DCL  RESP        BIN FIXED(31) INIT(0);
DCL  TD_QUEUE    CHAR(4);
DCL  TD_AREA     CHAR(80);
...
```

```
/* In diesem Beispiel wird ein Satz in eine TD-Queue */
/* geschrieben. Der Name der TD-Queue lautet AUFT.   */
TD_QUEUE='AUFT';
/* Der Datenbereich wird mit Daten gefüllt.          */
TS_AREA='Auftragsdaten Auftragsdaten';
   EXEC CICS WRITEQ TD
                QUEUE (TD_QUEUE)
                 FROM (TD_AREA)
                 RESP (RESP) ;
IF RESP ^= DFHRESP(NORMAL)
THEN    ....  Fehlerverarbeitung
/* Hier folgt die weitere Verarbeitung im Programm   */
```

READQ TD

```
       EXEC CICS READQ TD
                   QUEUE (name)
                   INTO (area) | SET (ptr-ref)
                   LENGTH (area)
                   NOSUSPEND
```

Einen Satz aus einer TD-Queue lesen.

QUEUE	Gibt den maximal vierstelligen Namen der Transient Data Queue an, die gelesen werden soll.
INTO	Gibt den Bereich an, in den eingelesen werden soll.
SET	Der angegebene Pointer wird auf die Adresse des eingelesenen Satzes gestellt.
LENGTH	Gibt in einem binären Halbwort die Länge des zu lesenden Satzes an. Bei INTO muß die Länge des größten Satzes angegeben werden.
NOSUSPEND	Kann die Queue nicht geschrieben werden, so erhält das Anwendungsprogramms die Kontrolle zurück, wobei der Fehler QBUSY gesetzt wird.

Wichtige Ausnahme-Bedingungen

Bedingung	Bedeutung
QIDERR	Die angegebene Queue kann nicht gefunden werden.
LENGERR	Der gelesene Satz ist länger als in LENGTH spezifiziert.
QZERO	Die zu lesende Queue ist leer.
QBUSY	Ein Satz, der gelesen werden soll, wird gerade erst geschrieben, oder die TD-Queue wurde gerade von einer anderen Task gelöscht.
IOERR	IO-Fehler beim Lesen der Queue.
INVREQ	Die angegebene TD-Queue ist Extra-Partitioned und nur zum Schreiben geöffnet.
NOTAUTH	Der Benutzer ist nicht berechtigt, die angegebene TD-Queue zu benutzen.
NOTOPEN	Die Destination ist nicht eröffnet.

Ein Beispiel in COBOL:

```
IDENTIFICATION DIVISION.
DATA DIVISION.
WORKING-STORAGE SECTION.
77   RESP          PIC S9(8) COMP VALUE 0.
77   TD-QUEUE      PIC X(4).
77   TD-AREA       PIC X(80).
PROCEDURE DIVISION.
    ...
* In diesem Beispiel werden Sätze (pro Lesebefehl einer)
* aus einer TD-Queue gelesen. Der Name der TD-Queue lautet
* ZEDA.
     MOVE 'ZEDA' TO TD-QUEUE

   EXEC CICS READQ TD
                 QUEUE (TD-QUEUE)
                  INTO (TD-AREA)
             NOSUSPEND
                  RESP (RESP)
   END-EXEC

    IF RESP NOT = DFHRESP(NORMAL) THEN
       .... Fehlerverarbeitung
* Der Datenbereich ist nun mit Daten gefüllt.
* Hier folgt die weitere Verarbeitung im Programm
```

Ein Beispiel in PL/I:

```
DCL   RESP        BIN FIXED(31) INIT(0);
DCL   TS_QUEUE    CHAR(4);
DCL   TS_AREA     CHAR(80);
...
/* In diesem Beispiel werden Sätze (pro Lesebefehl einer)
   aus einer TD-Queue gelesen. Der Name der TD-Queue lautet
   ZEDA. */
TS_QUEUE='ZEDA';

   EXEC CICS READQ TD
                 QUEUE (TD_QUEUE)
                  INTO (TD_AREA)
             NOSUSPEND
                  RESP (RESP) ;

IF RESP ^= DFHRESP(NORMAL)
THEN
    .... Fehlerverarbeitung

/* Der Datenbereich ist nun mit Daten gefüllt.          */
/* Hier folgt die weitere Verarbeitung im Programm      */
```

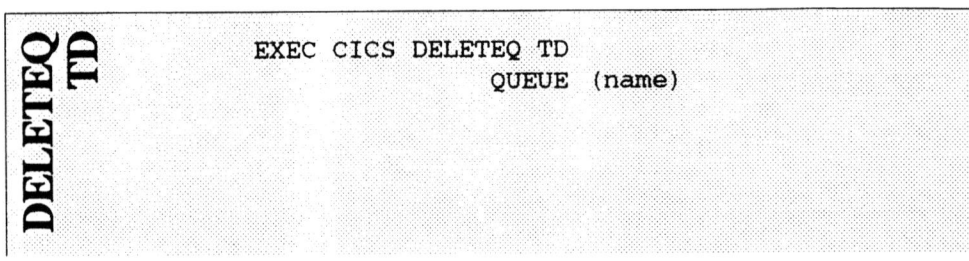

Löschen einer Intra-Partitioned TD-Queue. Eine Extra-Partitioned TD-Queue kann nicht gelöscht werden.

QUEUE   Gibt den maximal vierstelligen Namen der Transient Data Queue an, die gelöscht werden soll.

Wichtige Ausnahme-Bedingungen

Bedingung	Bedeutung
QIDERR	Die angegebene Queue kann nicht gefunden werden.
INVREQ	Der Versuch, eine Extra-Partitioned TD-Queue zu löschen.
NOTAUTH	Der Benutzer ist nicht berechtigt, die TD-Queue zu löschen.

Ein Beispiel in COBOL:

```
       IDENTIFICATION DIVISION.
       ...
       DATA DIVISION.
       WORKING-STORAGE SECTION.
       77  RESP           PIC S9(8) COMP VALUE 0.
       77  TD-QUEUE       PIC X(4).
       ...
       PROCEDURE DIVISION.
           ...
      * In diesem Beispiel wird eine komplette TD-Queue gelöscht.
      * Der Name der TD-Queue lautet INTQ.
           MOVE 'INTQ' TO TD-QUEUE

         EXEC CICS DELETEQ TD
                   QUEUE (TD-QUEUE)
                   RESP  (RESP)
              END-EXEC

           IF RESP NOT = DFHRESP(NORMAL) THEN
              .... Fehlerverarbeitung

      * Jetzt existiert die TD-Queue nicht mehr, kann aber
      * neu angelegt werden.
      * Hier folgt die weitere Verarbeitung im Programm
```

Ein Beispiel in PL/I:

```
DCL     RESP        BIN FIXED(31) INIT(0);
DCL     TD_QUEUE    CHAR(4);
...
/* In diesem Beispiel wird eine komplette TD-Queue */
/* gelöscht. Der Name der TD-Queue lautet INTQ.    */
TD_QUEUE='INTQ';

  EXEC CICS DELETEQ TD
                QUEUE (TS_QUEUE)
                 RESP (RESP) ;

IF RESP ^= DFHRESP(NORMAL)
THEN
    .... Fehlerverarbeitung
/* Jetzt existiert die TD-Queue nicht mehr, kann aber */
/* neu angelegt werden.                               */
/* Hier folgt die weitere Verarbeitung im Programm    */
```

4.4.5 Zeitsteuerung

In vielen Anwendungen spielen das aktuelle Datum und die Uhrzeit eine wichtige Rolle. Das reicht auf der einen Seite von der Uhrzeitanzeige auf dem Bildschirm (damit der Sachbearbeiter weiß, wann Feierabend ist) bis zum Protokollieren von Aktivitäten im System und zur zeitlich korrekten Reproduzierbarkeit von Bearbeitungsvorgängen. Andererseits sind mit diesen Funktionen auch zeitgesteuerte Bildschirmfunktionen möglich, beispielsweise, daß der Bildschirm nur eine gewisse Zeit auf Antwort wartet und dann aus Sicherheitsgründen auf ein neutrales Grundbild schaltet.

Wir beschränken uns an dieser Stelle auf die Funktionen, mit denen sich Datum und Tageszeit ermitteln lassen. Befehle zum zeitgesteuerten Starten einer Anwendung oder zum Abschalten nach gewisser Wartezeit behandeln wir nicht.

Eine der Zeitsteuerung zugeordnete Funktion, der Befehl START, ermöglicht es, aus einer Anwendung heraus einen anderen Transaktionscode zu starten, ohne daß wie bei RETURN TRANSID auf eine Eingabe des Anwenders gewartet wird. Diese Funktion kann beim Steuern komplexer Verfahren eine wichtige Rolle spielen. Zusammen mit diesem Befehl dient der Befehl RETRIEVE der Übergabe von Daten zwischen den Transaktionen.

> Mit START ohne Warten in anderen Transaktionscode verzweigen

ASKTIME

```
        EXEC CICS ASKTIME
                ABSTIME (area)
```

Der Befehl ASKTIME aktualisiert die Felder EIBTIME und EIBDATE, die sonst nur beim Start einer Transaktion bedient werden. Nur dieser Befehl ändert während eines Transaktionsdurchlaufs diese Felder. Ferner kann man sich die absolute Zeit (in Millisekunden) geben lassen, die dann mit dem folgenden Befehl FORMATTIME aufbereitet werden kann.

ABSTIME   Gibt die momentane Zeit zurück, gemessen in Millisekunden seit dem 1. Januar 1900 00:00 Uhr.

Wichtige Felder des EIB

EIB-Feld	Bedeutung
EIBTIME	enthält nach Durchführung die aktuelle Zeit.
EIBDATE	enthält nach Durchführung das aktuelle Datum.

Ein Beispiel in PL/I:

```
DCL  ABSTIME   DEC FIXED(15,0);

/* Beachten Sie das Format des Feldes ABSTIME            */
/* In diesem Beispiel wird lediglich der Wert des        */
/* aktuellen Zeitpunkts in die Variable ABSTIME gestellt.*/
/* Eine Aufbereitung erfolgt erst mit dem                */
/* Befehl FORMATTIME.                                    */
     EXEC CICS ASKTIME
               ABSTIME (ABSTIME)
               RESP    (RESP) ;
```

Ein Beispiel in COBOL:

```
IDENTIFICATION DIVISION.
...
DATA DIVISION.
WORKING-STORAGE SECTION.
```

Zeitsteuerung: ASKTIME / FORMATTIME

```
77  ABSTIME       PIC S9(15) COMP-3.
77  RESP          PIC S9(8) COMP VALUE 0.
...
PROCEDURE DIVISION.
    ...
* In diesem Beispiel wird lediglich der Wert des
* aktuellen Zeitpunkts in die Variable ABSTIME gestellt.
* Eine Aufbereitung erfolgt erst mit dem
* Befehl FORMATTIME.
    EXEC CICS ASKTIME
          ABSTIME (ABSTIME)
             RESP (RESP)
          END-EXEC
```

```
    EXEC CICS FORMATTIME
           ABSTIME (area)
             YYDDD (area)
            YYMMDD (area)
            YYDDMM (area)
            DDMMYY (area)
            MMDDYY (area)
              DATE (area)
          DATEFORM (area)
           DATESEP (value)
          DAYCOUNT (area)
         DAYOFWEEK (area)
        DAYOFMONTH (area)
        MONTHOFYEAR (area)
              YEAR (area)
              TIME (area)
           TIMESEP (value)
```
FORMATTIME

Den mit ASKTIME ermittelten Wert aufbereiten.

ABSTIME	Dient als Eingabe und enthält den mit ASKTIME ermittelten Wert.
YYDDD	Enthält nach Aufruf z.B. das Datum 15. Januar 1993 in der Form 93 015, dem Format des sogenannten Maschinendatums. Zwischen Jahr und Tag steht der in DATESEP angegebene Wert.
YYMMDD	Enthält nach Aufruf z.B. das Datum 15. Januar 1993 in der Form 93 01 15. Zwischen Jahr, Monat und Tag steht der in DATESEP angegebene Wert.
YYDDMM	Enthält nach Aufruf z.B. das Datum 27. März 1993 in der Form 93 27 03. Zwischen Jahr, Monat und Tag steht der in DATESEP angegebene Wert.
DDMMYY	Enthält nach Aufruf z.B. das Datum 27. März 1993 in der Form 27 03 93. Zwischen Jahr, Monat und Tag steht der in DATESEP angegebene Wert.

MMDDYY	Enthält nach Aufruf z.B. das Datum 12. Mai 1993 in der Form 05 12 93. Zwischen Jahr, Monat und Tag steht der in DATESEP angegebene Wert.
DATE	Enthält nach Aufruf das Datum, wie im SIT-Parameter DATFORM spezifiziert. Zwischen Jahr, Monat und Tag steht der in DATESEP angegebene Wert.
DATEFORM	Enthält nach Aufruf sechsstellig die in der SIT spezifizierte Aufbereitung des Datums (entweder DDMMYY oder YYMMDD oder MMDDYY).
DATESEP	Gibt das Zeichen an, das zur Aufbereitung des Datums als Trennzeichen verwendet werden soll. Wird DATESEP weggelassen, so wird das Zeit 6-stellig linksbündig zurückgegeben. Wird der Wert weggelassen, so wird der Doppelpunkt (:) als Default angenommen.
DAYCOUNT	Enthält nach Aufruf in einem binären Vollwort die Anzahl der seit dem 1. Januar 1900 vergangenen Tage.
DAYOFWEEK	Enthält nach Aufruf in einem binären Vollwort den Tag der Woche (0=Sonntag, 6=Samstag).
DAYOFMONTH	Enthält nach Aufruf in einem binären Vollwort den Tag des Monats (1 bis 31).
MONTHOFYEAR	Enthält nach Aufruf in einem binären Vollwort den Monat des Jahres (1=Januar, 12=Dezember).
YEAR	Enthält nach Aufruf in einem binären Vollwort die Jahreszahl (z.B. 1993).
TIME	Enthält nach Aufruf im Format HH MM SS die Uhrzeit zwischen 00:00:00 und 23:59:59. Die Trennungen werden mit TIMESEP bestimmt.
TIMESEP	Gibt das Zeichen an, das zwischen den Stunden, Minuten und Sekunden steht. Wird TIMESEP weggelassen, so wird die Zeit sechsstellig linksbündig zurückgegeben. Wird der Wert weggelassen, so wird der Doppelpunkt (:) als Default angenommen.

Ein Beispiel in PL/I:

```
DCL   ABSTIME    DEC FIXED(15,0);
DCL   DAT8       CHAR(8);
DCL   JAHR       BIN FIXED(15);
DCL   RESP       BIN FIXED(31) INIT(0);
DCL   ZEIT       CHAR(8);
/* Zuerst wird mit ASKTIME das Feld ABSTIME gefüllt.       */
/* Dann bereitet FORMATTIME diesen Wert auf zur Jahres-    */
/* zahl (im Feld JAHR) sowie zum Datum im Format           */
/* YY:MM:DD und zur Tageszeit.                             */
      EXEC CICS ASKTIME
                ABSTIME (ABSTIME)
                   RESP (RESP) ;

      EXEC CICS FORMATTIME
                ABSTIME (ABSTIME)
                   YEAR (JAHR)
                 YYMMDD (DAT8)
                   TIME (ZEIT)
                   RESP (RESP) ;
```

Ein Beispiel in COBOL:

```
IDENTIFICATION DIVISION.
...
DATA DIVISION.
WORKING-STORAGE SECTION.
77   ABSTIME        PIC S9(8) COMP.
77   DAT8           PIC X(8).
77   JAHR           PIC S9(4) COMP.
77   RESP           PIC S9(8) COMP VALUE 0.
77   ZEIT           PIC X(8).
PROCEDURE DIVISION.
* Zuerst wird mit ASKTIME das Feld ABSTIME gefüllt.
* Dann bereitet FORMATTIME diesen Wert auf zur Jahres-
* zahl (im Feld JAHR) sowie zum Datum im Format
* YY:MM:DD und zur Tageszeit.
      EXEC CICS ASKTIME
              ABSTIME (ABSTIME)
                 RESP (RESP)
      END-EXEC

      EXEC CICS FORMATTIME
              ABSTIME (ABSTIME)
                 YEAR (JAHR)
               YYMMDD (DAT8)
                 TIME (ZEIT)
                 RESP (RESP)
      END-EXEC
```

```
        EXEC CICS START
      INTERVAL(hhmmss) | TIME(hhmmss)
             TRANSID (name)
                FROM (area)
              LENGTH (value)
              TERMID (name)
```
START

Startet eine Transaktion auf einem lokalen oder remoten System. Dieser Befehl eignet sich auch dazu, aus einem Programm heraus eine andere Transaktion zu starten (ähnlich wie RETURN mit TRANSID), allerdings ohne daß der Anwender eine Eingabe tätigen muß. Wichtig ist hierbei, daß die Transaktion explizit für das Terminal des Anwenders gestartet wird. Im Anschluß daran muß die laufende Transaktion durch soviele EXEC CICS RETURN beendet werden, wie es der aktuellen Aufrufebene entspricht. Erst dann kann die neue Transaktion starten.

INTERVAL	Hier wird die relative Zeit zum Befehlsdurchlauf angegeben, an der die Transaktion starten soll (105 = 1 Minute 05 Sekunden). INTERVAL (0) startet die Transaktion sobald als möglich.
TIME	Enthält die absolute Zeit, zu der eine Transaktion starten soll (132510 = 13 Uhr 25 Minuten 10 Sekunden).
TRANSID	Enthält vierstellig (in Hochkomma oder als Datenfeld) den zu initiierenden Transaktionscode.
FROM	Datenbereich, der an die zu startende Transaktion mitgegeben werden soll. Diese kann nach einem RETRIEVE-Befehl auf diese Daten wieder zugreifen.
LENGTH	Ein binäres Halbwort, das die Länge des mitgegebenen Bereiches angibt. Dieser Parameter kann bei PL/I und VS COBOL II weggelassen werden. Er wird dann vom Translator entsprechend ersetzt.
TERMID	Muß die vierstellige Bezeichnung des Terminals enthalten, für das die Transaktion gestartet werden soll.

Wichtige Ausnahme-Bedingungen

Bedingung	Bedeutung
IOERR	Bei Start mit Option FROM ist kein Speicher mehr verfügbar.
TERMIDERR	Das in TERMID angegebene Terminal kann in der TCT nicht gefunden werden.
TRANSIDERR	Der in TRANSID angegebene Transaktionscode kann in der PCT nicht gefunden werden.
NOTAUTH	Der Benutzer ist nicht berechtigt, diesen Transaktionscode zu starten.

Wichtige Felder des EIB

EIB-Feld	Bedeutung
in der gestarteten Transaktion:	
EIBTRNID	Name der gestarteten Transaktion.

Ein Beispiel in PL/I:

```
DCL   CA      CHAR(2000);
DCL   TRANS   CHAR(4);
DCL   RESP    BIN FIXED(31) INIT(0);

/* In diesem Beispiel wird mit START für das Terminal    */
/* des Einweisers die Transaktion gespeichert, deren     */
/* Code in dem Feld TRANS eingetragen ist. Die Trans-    */
/* aktion startet, sobald die laufende Transaktion beendet */
/* ist. Mit der Option FROM wird der neuen Transaktion ein */
/* Bereich übergeben, der im Sinne einer Communication   */
/* Area  verwendet werden kann. Beachten Sie hierzu den  */
/* folgenden Befehl RETRIEVE.                            */
```

Zeitsteuerung: START

```
TRANS='LEM';
      EXEC CICS START
               TRANSID  (TRANS)
               INTERVAL (0)
                   FROM (CA)
                 TERMID (EIBTRMID)
                   RESP (RESP) ;
IF RESP=DFHRESP(TRANSIDERR)
THEN DO;
 ....   Fehlerverarbeitung
END;
      EXEC CICS RETURN ;
```

Ein Beispiel in COBOL:

```
IDENTIFICATION DIVISION.
...
DATA DIVISION.
WORKING-STORAGE SECTION.
77  CA              PIC X(2000).
77  RESP            PIC S9(8) COMP VALUE 0.
77  TRANS           PIC X(4).
PROCEDURE DIVISION.
   ...
```

* In diesem Beispiel wird mit START für das Terminal
* des Einweisers die Transaktion gespeichert, deren
* Code in dem Feld TRANS eingetragen ist. Die Trans-
* aktion startet, sobald die laufende Transaktion
* beendet ist. Mit der Option FROM wird der neuen
* Transaktion ein Bereich übergeben, der im Sinne
* einer Communication Area verwendet werden kann.
* Beachten Sie hierzu den folgenden Befehl RETRIEVE.

```
     MOVE 'LEM' TO TRANS
       EXEC CICS START
              TRANSID  (TRANS)
              INTERVAL (0)
                  FROM (CA)
                TERMID (EIBTRMID)
                  RESP (RESP)
              END-EXEC

   IF RESP = DFHRESP(TRANSIDERR) THEN
       ....   Fehlerverarbeitung
     EXEC CICS RETURN
              END-EXEC
```

```
                EXEC CICS RETRIEVE
                     INTO (area) | SET (ptr-ref)
                     LENGTH (area)
```

RETRIEVE

Mit diesem Befehl werden Daten für ein Programm verfügbar gemacht, die bei einem START-Befehl mitgegeben wurden.

INTO	Datenbereich, in den die hinterlegten Daten eingestellt werden sollen.
SET	Gibt den Pointer an, der auf die Adresse des Datenbereiches gesetzt werden soll.
LENGTH	Gibt einen Datenbereich (2 Bytes binär) an, in dem nach der Operation die tatsächliche Länge steht.

Wichtige Ausnahme-Bedingungen

Bedingung	Bedeutung
ENDDATA	Für die gestartete Transaktion sind keine Daten hinterlegt worden.
IOERR	Die Daten können nicht mehr gelesen werden.
LENGERR	Die hinterlegten Daten sind länger als der mit LENGTH angegebene Wert.
NOTFND	Die hinterlegten Daten wurden nicht mehr gefunden (von einer anderen Task gelesen und gelöscht).
NOTAUTH	Der Benutzer ist nicht berechtigt, die Daten zu lesen.

Ein Beispiel in PL/I:

```
DCL    CA      CHAR(2000);
DCL    CALEN   BIN FIXED(15);
DCL    RESP    BIN FIXED(31) INIT(0);

/* In diesem Beispiel wird versucht, einen von der       */
/* mit START aufrufenden Transaktion mitgegebenen Daten- */
/* bereich wiederzufinden.                               */
/* Die Daten werden in den Bereich CA gestellt und       */
/* können dann weiterverwendet werden, zum Beispiel      */
/* im Sinne einer Communication Area.                    */
        EXEC CICS RETRIEVE
                INTO (CA)
                LENGTH (CALEN)
                RESP (RESP) ;
```

Zeitsteuerung: RETRIEVE

```
IF RESP=DFHRESP(ENDDATA)
THEN DO;
 .... Dann war nichts da
END;

/* Hier folgt die weitere Verarbeitung im Programm    */
```

Ein Beispiel in COBOL:

```
IDENTIFICATION DIVISION.
...
DATA DIVISION.
WORKING-STORAGE SECTION.
77  CA          PIC X(2000).
77  CALEN       PIC S9(4) COMP.
77  RESP        PIC S9(8) COMP VALUE 0.
...
PROCEDURE DIVISION.
  ...
* In diesem Beispiel wird versucht, einen von der
* mit START aufrufenden Transaktion mitgegebenen Daten-
* bereich wiederzufinden.
```

Programm 1
```
SEND MAP ('MAP')
MAPSET ('MSET')
ERASE
FROM MAPO

RETURN
TRANSID ('TR2')
```
Eingabe des Anwenders abwarten, dann Transaktion TR2 starten.

Programm 2
```
RECEIVE MAP ('MAP')
MAPSET ('MSET')
INTO MAPI

START
TRANSID('TR3')
TERMID (EIBTRMID)

RETURN
```
Verarbeiten der Eingabe

Die Transaktion, die beim START-Befehl aufgerufen wurde, startet unmittelbar nach Beendigung von Programm 2 für das angegebene Terminal.

Transaktionsname: TR3

Programm 3
```
RETRIEVE
INTO (CA)
```

Abb. 4.18   Beispiel für den Einsatz von START und RETRIEVE.

* Die Daten werden in den Bereich CA gestellt und
* können dann weiterverwendet werden, zum Beispiel
* im Sinne einer Communication Area.

```
        EXEC CICS RETRIEVE
                  INTO   (CA)
                  LENGTH (CALEN)
                  RESP   (RESP)
        END-EXEC

        IF RESP = DFHRESP(ENDDATA) THEN
        ....  Dann war nichts da
```

* Hier folgt die weitere Verarbeitung im Programm

4.4.6 System-Informationen

Eine Anzahl von CICS-Befehlen erlaubt den Zugriff auf System- und Umgebungsvariablen. So lassen sich die Adressen von User-Bereichen ermitteln.

ADDRESS
```
        EXEC CICS ADDRESS
                      CWA      (pointer)
                      TWA      (pointer)
                      TCTUA    (pointer)
                      COMMAREA (pointer)
                      CSA      (pointer)
                      EIB      (pointer)
```

Die Speicheradresse von CICS-Bereichen ermitteln.

CWA	Enthält nach Aufruf die Adresse der CWA.
TWA	Enthält nach Aufruf die Adresse TWA.
TCTUA	Enthält nach Aufruf die Adresse der TCTUA.
COMMAREA	Enthält nach Aufruf die Adresse der COMMAREA.
CSA	Enthält nach Aufruf die Adresse der CSA.
EIB	Enthält nach Aufruf die Adresse des EIB.

Ein Beispiel in COBOL:

```
       IDENTIFICATION DIVISION.
       ...
       DATA DIVISION.
       WORKING-STORAGE SECTION.
       77  RESP           PIC S9(8) COMP VALUE 0.
```

```
...
LINKAGE SECTION.
01   TCTUA-ST.
     05 FELD-1      PIC X(15).
     05 FELD-2      PIC X(20).
...
PROCEDURE DIVISION.
     ...
* In diesem Beispiel wird die Adresse der TCTUA ermittelt.
* Danach kann mit der Struktur TCTUA-ST auf die Inhalte
* der TCTUA zugegriffen werden.

     EXEC CICS ADDRESS
               TCTUA  (ADDRESS OF TCTUA-ST)
                 RESP (RESP)
               END-EXEC
* Hier folgt die weitere Verarbeitung im Programm
```

Ein Beispiel in PL/I:

```
DCL 1 TCTUA_ST BASED(TCTUA_PT),
      2 FELD_1   CHAR(15),
      2 FELD_2   CHAR(20);
DCL    TCTUA_PT PTR;
DCL    RESP     BIN FIXED(31) INIT(0);

/* In diesem Beispiel wird die Adresse der TCTUA ermittelt.
Danach kann mit der Struktur TCTUA-ST auf die Inhalte
der TCTUA zugegriffen werden. */

     EXEC CICS ADDRESS
               TCTUA  (TCTUA_PT)
                 RESP (RESP) ;

/* Hier folgt die weitere Verarbeitung im Programm      */
```

```
     EXEC CICS ASSIGN
               option (area)
```

ASSIGN

Informationen beschaffen, die sich außerhalb des Anwendungsprogramms befinden und die CICS für den Anwender bereithält. Als *option* läßt sich hier eine Vielzahl unterschiedlicher Optionen einsetzen, die wir hier nicht komplett aufführen können. Die wesentlichen nennen wir jedoch im folgenden.

APPLID	Gibt in einem 8 Byte großen Feld die Application Identification des CICS zurück (wird in der TCT definiert und muß mit der Application Definition von VTAM übereinstimmen).
COLOR	Gibt in einem Byte zurück, ob ein mit der Transaktion verbundenes Terminal Farbe unterstützt oder nicht (x00=keine Farbe, xFF=Farbe).
CWALENG	Gibt in einem binären Halbwort die Länge einer CWA zurück (0-3584).
HILIGHT	Gibt in einem Byte zurück, ob ein mit der Transaktion verbundenes Terminal die Darstellungsformen BLINK, REVERSE und UNDERLINE unterstützt (xFF = ja, x00 = nein).
NETNAME	Gibt in einem 8 Byte großen Feld den Netzwerk-Namen der mit der Transaktion verbundenen Einheit an (z.B. den Netzwerk-Namen des Bildschirmes).
OPID	Gibt in einem dreistelligen Feld die Operator Identification des Benutzers an.
SCRNHT	Gibt in einem binären Halbwort die Anzahl Zeilen zurück, die ein Terminal darstellen kann.
STARTCODE	Gibt in einem Feld von 2 Bytes zurück, wie die Transaktion gestartet wurde. Die Rückgabewerte sind: QD für Transient Data Trigger Level, S für START ohne Daten, SD für START mit Daten, TD für Terminaleingabe und U für User Attached Task.
SYSID	Gibt in einem 4 Byte großen Feld die System Identification des CICS zurück.
TCTUALENG	Gibt in einem binären Halbwort die Länge der TCTUA des mit der Transaktion verbundenen Bildschirmes zurück (0-225).
TWALENG	Gibt in einem binären Halbwort die Länge der TWA der zur Transaktion gehörigen TWA zurück (0-32768).
USERID	Gibt in einem 8 Byte großen Feld die Userid des angemeldeten Benutzers an.

Wichtige Ausnahme-Bedingungen

Bedingung	**Bedeutung**
INVREQ	Abfrage SCRNHT bei Task ohne Terminal.

Ein Beispiel in COBOL:

```
IDENTIFICATION DIVISION.
...
DATA DIVISION.
WORKING-STORAGE SECTION.
77  RESP         PIC S9(8) COMP VALUE 0.
77  USERID       PIC X(8).
...
PROCEDURE DIVISION.
...
*  In diesem Beispiel wird die Einweiseridentifikation
*  ermittelt (z.B. um sie in Auftragssätzen zu speichern).    ↘
```

System-Informationen: ASSIGN / Speichersteuerung: GETMAIN

```
        EXEC CICS ASSIGN
                  USERID (USERID)
                    RESP (RESP)
              END-EXEC
* Hier folgt die weitere Verarbeitung im Programm
```

Ein Beispiel in PL/I:

```
DCL   RESP     BIN FIXED(31) INIT(0);
DCL   USERID   CHAR(8);
/* In diesem Beispiel wird die Einweiseridentifikation  */
/* ermittelt (z.B. um sie in Auftragssätzen zu          */
/* speichern.                                           */
        EXEC CICS ASSIGN
                  USERID (USERID)
                    RESP (RESP) ;
/* Hier folgt die weitere Verarbeitung im Programm      */
```

4.4.7 Speichersteuerung

CICS verfügt über eine dynamische Speicherverwaltung. Nur hierdurch kann ein derart umfangreiches Multiprogramming realisiert werden. Um von einem Anwendungsprogramm aus in die Speicherzuteilung eingreifen zu können, sind entsprechende Befehle vorgesehen:

⇨ GETMAIN zur Speicheranforderung während der Ausführungszeit und
⇨ FREEMAIN zur Freigabe des mit GETMAIN angeforderten Speichers.

Mit diesen Funktionen sollten Sie sparsam und überlegt umgehen.

```
        EXEC CICS GETMAIN
                    SET (ptr-ref)
          LENGTH (value) | FLENGTH (value)
                  BELOW | ANY
                  SHARED
                 INITIMG (value)
                NOSUSPEND
```
GETMAIN

Speicheranforderung während der Ausführungszeit. Anfordern und Initialisieren von Speicher aus der CICS-Region.

SET	Setzt den angegebenen Pointer auf die Startadresse des angeforderten Speichers.
LENGTH	Gibt die Größe des angeforderten Speichers an (als binäres Halbwort).
FLENGTH	Gibt die Größe des angeforderten Speichers an (als binäres Vollwort).
INITIMG	Hier wird ein Byte angegeben, mit dessen Inhalt der angeforderte Speicherbereich vorformatiert werden soll.
BELOW	Steuert die Speicherbelegung: Der belegte Speicherbereich liegt unterhalb 16 MB.
ANY	Steuert die Speicherbelegung: Der belegte Speicherbereich kann sowohl unterhalb wie oberhalb der Grenze von 16 MB liegen.
SHARED	Der Speicherbereich wird bei Taskende nicht gelöscht und muß explizit freigegeben werden. Solche Speicherbereiche dienen u.a. zur Kommunikation zwischen mehreren Tasks.
NOSUSPEND	Ist nicht genug Speicher vorhanden, so wird die Transaktion nicht in die Warteschlange (Suspended Queue) des CICS eingereiht, sondern die Kontrolle an das Anwendungsprogramm zurückgegeben.

Wichtige Ausnahme-Bedingungen

Bedingung	Bedeutung
LENGERR	FLENGTH enthielt einen Wert größer als 1 Gigabyte.
NOSTG	CICS kann den angeforderten Speicherbedarf nicht bereitstellen.

Ein Beispiel in PL/I:

```
DCL   CPTR      PTR;
DCL   CLENG     BIN FIXED(15) INIT(2000);
DCL   CSTRING   CHAR(2000) BASED(CPTR);
DCL   RESP      BIN FIXED(31) INIT(0);

/* In diesem Beispiel wird ein Datenbereich von 2000     */
/* reserviert. Die am Pointer CPTR hängende Zeichen-     */
/* kette liegt dann über dem reservierten Bereich.       */
      EXEC CICS GETMAIN
                SET (CPTR)
                LENGTH (CLENG)
                NOSUSPEND
                RESP (RESP) ;
IF RESP^=DFHRESP(NORMAL)
THEN DO;
   .... Fehlerverarbeitung
END;

/* Jetzt können durch Zuweisungen auf CSTRING            */
/* Daten in den Speicherbereich geschrieben werden.      */
CSTRING='Daten Daten Daten Daten Daten Daten';
/* Hier folgt die weitere Verarbeitung im Programm.      */
```

Ein Beispiel in COBOL:

```
IDENTIFICATION DIVISION.
...
DATA DIVISION.
WORKING-STORAGE SECTION.
77  RESP          PIC S9(8) COMP VALUE 0.
...
LINKAGE SECTION.
01  CSTRING.
    05  FELD1     PIC X(2000).
...
PROCEDURE DIVISION.
...
* In diesem Beispiel wird ein Datenbereich von 2000 Bytes
* reserviert, der anschließend über DFHCOMMAREA angesprochen
* werden kann.
        EXEC CICS GETMAIN
                    SET (ADDRESS OF CSTRING)
                FLENGTH (LENGTH OF CSTRING)
                NOSUSPEND
                   RESP (RESP)
                END-EXEC

        IF RESP NOT = DFHRESP(NORMAL) THEN   ....
Fehlerverarbeitung
* Hier folgt die weitere Verarbeitung im Programm
```

FREEMAIN

```
EXEC CICS FREEMAIN
            DATA (area)
```

Einen mit GETMAIN angeforderten Speicherbereich gezielt freigeben. Mit GETMAIN angeforderter Speicher wird sonst spätestens zum Ende der Transaktion freigegeben.

DATA   Der zuvor mit GETMAIN angeforderte Datenbereich.

Wichtige Ausnahme-Bedingungen

Bedingung	Bedeutung
INVREQ	Der freizugebende Bereich wurde nicht mit GETMAIN belegt.

Ein Beispiel in PL/I:

```
DCL    CPTR      PTR;
DCL    CSTRING   CHAR(2000) BASED(CPTR);
DCL    RESP      BIN FIXED(31) INIT(0);

/* In diesem Beispiel wird ein Datenbereich, der zuvor   */
/* mit GETMAIN besorgt wurde, wieder freigegeben.        */
       EXEC CICS FREEMAIN
                 DATA (CSTRING)
                 RESP (RESP) ;
/* Hier folgt die weitere Verarbeitung im Programm       */
```

Ein Beispiel in COBOL:

```
    IDENTIFICATION DIVISION.
    ...
    DATA DIVISION.
    WORKING-STORAGE SECTION.
    77  RESP          PIC S9(8) COMP VALUE 0.
    ...
    LINKAGE SECTION.
    01  CSTRING.
        05  FELD1     PIC X(2000).
    ...
    PROCEDURE DIVISION.
        ...
*   In diesem Beispiel wird ein Datenbereich, der zuvor mit
*   mit GETMAIN besorgt wurde, wieder freigegeben.
        EXEC CICS FREEMAIN
                  DATA (CSTRING)
                  RESP (RESP)
                  END-EXEC
*   Hier folgt die weitere Verarbeitung im Programm
```

4.4.8 Sonstige Befehle

Zum Schluß nennen wir noch einige Befehle, die sich keiner der vorgenannten Gruppen zuordnen lassen, die Sie jedoch trotzdem kennen sollten. Auf die Fehlerbehandlung mit HANDLE CONDITION und IGNORE CONDITION gehen wir in Abschnitt 4.5 ausführlicher ein.

CICS ist ein Realtime-System, das mehrere Benutzer quasi gleichzeitig bedient. Hierbei kann es jedoch durchaus vorkommen, daß gewisse Arbeiten synchronisiert werden müssen: Sei es, daß es Engpässe bei einer Ressource gibt, oder einfach aus organisatorischen Gründen. Da CICS-Programme nur bei einem CICS-Befehl vom eigenen Adreßraum unterbrochen werden können, gibt es die Möglichkeit, ganz gezielt die Kontrolle an eine andere Transaktion zu geben, die eine höhere Priorität hat. Dies wird vor allem bei langlaufenden Hintergrund-Transaktionen empfohlen.

```
EXEC CICS ENQ
    RESOURCE (area)
    LENGTH   (value)
    NOSUSPEND
```

Der Befehl gibt einer Transaktion Exklusiv-Zugriff auf eine Ressource. Eine Ressource ist in diesem Fall die Verarbeitungseinheit von einem ENQ-Befehl bis zu einem DEQ-Befehl oder bis zum Ende der Transaktion.

RESOURCE	Gibt den Namen der Ressource an, die synchronisiert werden soll.
LENGTH	Muß nur angegeben werden, wenn es sich um einen Character-String handelt. In diesem Fall muß LENGTH auch bei DEQ angegeben werden.
NOSUSPEND	Wenn die Ressource momentan anderweitig belegt ist, soll das Anwendungsprogramm wieder die Kontrolle erhalten. In diesem Fall wird die Bedingung ENQBUSY gesetzt. Andernfalls wird die Transaktion in die Suspended Queue eingereiht, bis die angegebene Ressource frei ist.

Wichtige Ausnahme-Bedingungen

Bedingung	Bedeutung
ENQBUSY	Die angeforderte Ressource ist momentan belegt.

Ein Beispiel in COBOL:

```
IDENTIFICATION DIVISION.
...
DATA DIVISION.
WORKING-STORAGE SECTION.
77   RESP         PIC S9(8) COMP VALUE 0.
77   RESRCE       PIC X(8).
...
PROCEDURE DIVISION.
     ...
*  In diesem Beispiel wird die Ressource, deren Name in
*  RESRCE eingetragen ist, reserviert.
```

```
    MOVE 'PRT1' TO RESRCE
        EXEC CICS ENQ
              RESOURCE  (RESRCE)
                LENGTH  (8)
              NOSUSPEND
                  RESP  (RESP)
        END-EXEC
    IF RESP NOT = DFHRESP(NORMAL) THEN
     ....   Fehlerverarbeitung

* Hier folgt die weitere Verarbeitung im Programm
```

Ein Beispiel in PL/I:

```
DCL  RESP    BIN FIXED(31) INIT(0);
DCL  RESRCE  CHAR(8);

/* In diesem Beispiel wird die Ressource, deren Name in  */
/* RESRCE eingetragen ist, reserviert.                   */
RESRCE='PRT1';
        EXEC CICS ENQ
              RESOURCE  (RESRCE)
                LENGTH  (8)
              NOSUSPEND
                  RESP  (RESP) ;

IF RESP^=DFHRESP(NORMAL)
THEN DO;
   ....   Fehlerverarbeitung
END;

/* Hier folgt die weitere Verarbeitung im Programm       */
```

DEQ
```
            EXEC CICS DEQ
                  RESOURCE  (area)
                    LENGTH  (value)
```

Gibt die Exklusiv-Kontrolle, die mit ENQ angefordert wurde, wieder frei.

RESOURCE   Gibt den Namen der Resource an, die synchronisiert werden soll.

LENGTH   Muß nur angegeben werden, wenn es sich um einen Character-String handelt. Siehe auch bei dem Befehl ENQ.

Ein Beispiel in COBOL:

```
IDENTIFICATION DIVISION.
...
DATA DIVISION.
WORKING-STORAGE SECTION.
77  RESP           PIC S9(8) COMP VALUE 0.
77  RESRCE         PIC X(8).
...
PROCEDURE DIVISION.
    ...
*  In diesem Beispiel wird die Ressource, deren Name in
*  RESRCE eingetragen ist, wieder freigegeben. Die Ressource
*  wurde vorher mit ENQ reserviert.
     MOVE 'PRT1' TO RESRCE

         EXEC CICS DEQ
             RESOURCE (RESRCE)
                LENGTH (8)
                  RESP (RESP)
         END-EXEC

*  Hier folgt die weitere Verarbeitung im Programm
```

Ein Beispiel in PL/I:

```
DCL   RESP    BIN FIXED(31) INIT(0);
DCL   RESRCE  CHAR(8);
/* In diesem Beispiel wird die Ressource, deren Name in   */
/* RESRCE eingetragen ist, wieder freigegeben. Die        */
/* Ressource wurde vorher mit ENQ reserviert.             */
RESRCE='PRT1';

         EXEC CICS DEQ
             RESOURCE (RESRCE)
                LENGTH (8)
                  RESP (RESP) ;

/* Hier folgt die weitere Verarbeitung im Programm        */
```

SUSPEND

```
          EXEC CICS SUSPEND
```

Dieser Befehl gibt die Kontrolle an CICS, um eine Transaktion mit höherer Priorität zur Ausführung zu bringen. Die Transaktion selber bekommt erst wieder die Kontrolle, wenn keine Transaktion mit höherer Priorität mehr zur Ausführung ansteht.

Ein Beispiel in COBOL:

```
      EXEC CICS SUSPEND
              RESP (RESP)
          END-EXEC
* Hier folgt die weitere Verarbeitung im Programm
```

Ein Beispiel in PL/I:

```
...
          EXEC CICS SUSPEND ;
/* Hier folgt die weitere Verarbeitung im Programm        */
```

WRITE JOURNALNUM

```
          EXEC CICS WRITE
               JOURNALNUM (value)
               JTYPEID    (value)
               FROM       (area)
               LENGTH     (value)
               PREFIX     (value)
               PFXLENG    (value)
               STARTIO
               WAIT
               NOSUSPEND
```

Einen Satz in eine Journal-Datei schreiben.

JOURNALNUM	Binäres Halbwort zum Identifizieren des Journals.
JTYPEID	Ein 2 Byte großer Identifier, um die Sätze auf dem LOG wieder identifizieren zu können.
FROM	Datenbereich, aus dem heraus der LOG-Satz geschrieben werden soll.

LENGTH	Gibt die Länge der Benutzerdaten des LOG-Satzes an. Wird ein Präfix verwendet, so ist die Präfixlänge hier nicht zu berücksichtigen. Die Länge der in der JCT definierten Puffer-Länge darf nicht überschritten werden.
PREFIX	Der hier spezifizierte Bereich wird als Präfix vor die in FROM angegebenen Daten gestellt.
PFXLENG	Spezifiziert in einem binären Halbwort die Länge des Präfix (mindestens 1. Die Summe von PFXLENG und LENGTH darf die Puffergröße nicht überschreiten).
STARTIO	Der LOG-Satz soll sofort geschrieben werden.
WAIT	Der LOG-Satz soll erst geschrieben werden, wenn der entsprechende Puffer voll ist. Die Task muß so lange warten.
NOSUSPEND	Falls der Puffer der Journal-Datei zu klein ist, um den Journal-Satz aufzunehmen, soll die Kontrolle zurück an das Anwendungsprogramm gehen. Es tritt die Fehlerbedingung NOJBUFSP auf.

Wichtige Ausnahme-Bedingungen

Bedingung	Bedeutung
IOERR	Beim Schreiben des Journal-Satzes trat ein IO-Fehler auf.
JIDERR	Der angegebene Journal-Identifier ist in der JCT nicht definiert.
LENGERR	Die Gesamtlänge des Journal-Satzes ist größer als die in der JCT definierte Puffergröße.
NOJBUFSP	Der Pufferbereich der Journal-Datei ist momentan überlastet, und die Option NOSUSPEND war angegeben.
NOTOPEN	Die Journal-Datei ist nicht eröffnet.
NOTAUTH	Der Benutzer ist nicht autorisiert, diese Journal-Datei zu benutzen.

Ein Beispiel in COBOL:

```
       IDENTIFICATION DIVISION.
       ...
       DATA DIVISION.
       WORKING-STORAGE SECTION.
       77   JAREA          PIC X(80)
       77   JID            PIC S9(4) COMP
       77   JPREF          PIC X(10)
       77   JPLEN          PIC S9(4) COMP
       77   JTYP           PIC X(2)
       77   RESP           PIC S9(8) COMP VALUE 0
       ...
       PROCEDURE DIVISION.
           ...
      * In diesem Beispiel wird ein Satz in den Systemlog
      * geschrieben. Als Prefix des Satzes wird die Terminal-
      * kennung verwendet.
           MOVE 1 TO JID
           MOVE 'AA' TO JTYP
           MOVE EIBTRMID TO JPREF
```

```
         MOVE 4 TO JPLEN
         MOVE 'Daten Daten Daten Daten' TO JAREA
            EXEC CICS WRITE
                 JOURNALNUM (JID)
                    JTYPEID (JTYP)
                       FROM (JAREA)
                     PREFIX (JPREF)
                    PFXLENG (JPLEN)
                       RESP (RESP)
            END-EXEC

      IF RESP NOT = DFHRESP(NORMAL) THEN
         ....  Fehlerverarbeitung

* Hier folgt die weitere Verarbeitung im Programm
```

Ein Beispiel in PL/I:

```
DCL    JAREA    CHAR(80);
DCL    JID      BIN FIXED(15);
DCL    JPREF    CHAR(10);
DCL    JPLEN    BIN FIXED(15);
DCL    JTYP     CHAR(2);
DCL    RESP     BIN FIXED(31) INIT(0);

/* In diesem Beispiel wird ein Satz in den Systemlog    */
/* geschrieben. Als Prefix des Satzes wird die Terminal- */
/* kennung verwendet.                                    */
JID=1;
JTYP='AA';
JPREF=EIBTRMID;
JPLEN=4;
JAREA='Daten Daten Daten Daten';
         EXEC CICS WRITE
              JOURNALNUM (JID)
                 JTYPEID (JTYP)
                    FROM (JAREA)
                  PREFIX (JPREF)
                 PFXLENG (JPLEN)
                    RESP (RESP) ;

IF RESP^=DFHRESP(NORMAL)
THEN DO;
   ....  Fehlerverarbeitung
END;

/* Hier folgt die weitere Verarbeitung im Programm      */
```

4.5 Fehler — und wie man sie behandelt

Fehler lassen sich in der Datenverarbeitung nicht immer vermeiden. Die Qualität einer Software kann man unter anderem auch daran messen, wie sie mit ihnen fertig wird.

Zwei Arten von Fehlern in einem Anwenderprogramm sind zu unterscheiden:

⇨ erwartete Fehler,
⇨ nicht erwartete Fehler.

Erwartete Fehler sollten Sie in jedem Fall abfangen. Zum Beispiel ist es im technischen Sinne ein Fehler, wenn der Anwender die Taste Datenfreigabe drückt, aber kein einziges Feld gefüllt ist (MAPFAIL). Es wäre jedoch unglücklich, wenn wegen eines solchen nicht ungewöhnlichen Vorgangs ein TP-Verfahren abbrechen würde. Sie als Anwendungsprogrammierer sollten also Vorkehrungen treffen, damit es in einem solchen Fall, gegebenenfalls mit entsprechendem Hinweis, gleich weitergehen kann.

Erwartete Fehler

Bei der Beschreibung der CICS-Befehle sind jeweils die wichtigsten zu erwartenden Fehlerbedingungen angeführt und erläutert.

Nicht erwartete Fehler sollten in der Testphase eines Programmes nicht abgefangen werden, da CICS in einem solchen Fall aussagekräftige Fehlermeldungen liefert. Unter dieser Sorte von Fehlern versteht man beispielsweise Störungen in der Leitung oder beim Zugriff auf Datenbanken.

Nicht erwartete Fehler

Im Produktionsbetrieb sollten derartige Fehler nicht mehr auftreten oder durch generelle Fehlerroutinen abgehandelt werden.

Ihr Problem ist es nun, innerhalb Ihres Anwendungsprogrammes festzustellen, ob in CICS ein Fehler aufgetreten ist. Dazu bestehen folgende Möglichkeiten:

⇨ HANDLE CONDITION,
⇨ IGNORE CONDITION,
⇨ die Abfrage des CICS-Parameters RESP.

4.5.1 Handle Condition

Der CICS-Befehl HANDLE CONDITION bestimmt, daß bei Auftreten einer bestimmten Fehler- oder Ausnahmebedingung zu einem Label (einer Sprungmarke) verzweigt wird.

```
HANDLE CONDITION bedingung ((label)) (bedingung ...)
```

Beispiel:

```
EXEC CICS HANDLE CONDITION
          MAPFAIL  (KEING)
          NOTFND   (NDA)
          ERROR    (FEHL)
          LENGERR ;
```

Tritt ein Fehler MAPFAIL auf, so wird zur Marke KEING verzweigt, beim Fehler NOTFND zur Marke NDA, bei allen anderen Fehlern (ERROR) zur Marke FEHL. Nur beim Fehler LENGERR wird die vom auslösenden CICS-Befehl abhängige Systemmaßnahme durchgeführt (Abendcode AEIV), in der Regel der Abbruch der Task.

Eine HANDLE CONDITION-Anweisung muß im Programm durchlaufen worden sein, um wirksam zu werden. Einzelne Schalter für Fehlerbedingungen bleiben wirksam, bis die Task beendet ist, bis in einer weiteren HANDLE CONDITION-Anweisung dieselbe Bedingung erneut genannt ist oder sie mittels IGNORE CONDITION (Abschnitt 4.5.2) ignoriert wird.

Mit einer HANDLE CONDITION-Anweisung können Sie bis zu zwölf Bedingungen bestimmen. Reicht das nicht aus, so verwenden Sie einfach weitere HANDLE CONDITION-Befehle. HANDLE CONDITION ERROR (label) behandelt alle Fehler, die nicht separat abgefangen werden können.

4.5.2 Ignore Condition

Eine Möglichkeit, mit Schwierigkeiten fertigzuwerden, besteht darin, sie zu ignorieren — man kennt das aus dem alltäglichen Leben. Auch CICS bietet dafür ein Mittel:

```
IGNORE CONDITION bedingung (bedingung...)
```

Beispiel:

```
EXEC CICS IGNORE CONDITION
          DUPKEY ;
```

Tritt der Fehler DUPKEY nach Durchlaufen dieses Befehls auf, so wird er ignoriert. Das gilt auch, wenn ERROR durch eine HANDLE CONDITION-Anweisung abgefangen wird.

Zum Gültigkeitsbereich von IGNORE CONDITION gilt das gleiche wie für HANDLE CONDITION. Eine IGNORE CONDITION-Anweisung muß im Programm durchlaufen worden sein, um wirksam zu werden. Dieser Zustand bleibt erhalten bis zum Ende der Task oder bis zu einer weiteren HANDLE oder IGNORE CONDITION-Anweisung für dieselbe Bedingung.

4.5.3 Abfrage des Response-Codes

Nun ist es nicht jedermanns Sache, im Zeitalter strukturierter Programmierung auf Fehler mit einem GOTO zu reagieren. CICS bietet hierzu eine Alternative.

Die Lösung besteht darin, bei jedem CICS-Befehl den zusätzlichen Parameter RESP mitzugeben. Dieser liefert nach Ausführung einen Response-Code in einem vier Bytes großen Feld: Im günstigsten Falle *0*, dann ist alles in Ordnung, ansonsten einen Schlüsselwert. Den Schlüsselwert können Sie mit Ihren eigenen Statements gegen mnemonische Bezeichner vergleichen. Durch die Tatsache, daß RESP als Parameter des CICS-Befehls angegeben wurde, verzichtet CICS weitestgehend auf eigene Fehlermaßnahmen — im vollen Vertrauen darauf, daß der Anwendungsprogrammierer selbst geeignete Maßnahmen ergreift.

Der zurückgegebene Wert wird dem Feld EIBRESP des Execute-Interface-Blocks entnommen. Zur Abfrage der Bedeutung des Rückgabewertes steht ein Präprozessor-Makro zur Verfügung, das den Einsatz mnemonischer Werte erlaubt.

Hier ein Beispiel in PL/I:

```
      EXEC CICS XCTL
           PROGRAM ('PROGB')
             RESP (RESP) ;

  IF RESP^=DFHRESP(NORMAL)
  THEN CALL FEHLER ;
  ELSE DO ;
      normale Verarbeitung
  END ;
```

Unter COBOL sieht das fast genauso aus:

```
EXEC CICS XCTL
     PROGRAM ('PROGB')
        RESP (RESP)
END-EXEC

IF RESP NOT = DFHRESP(NORMAL)
THEN PERFORM FEHLER THRU FEHLER-EX
```

Sie sehen: In der Klammer nach DFHRESP steht die Fehlerbezeichnung, die zu prüfen ist. Hier wird mit DFHRESP(NORMAL) lediglich geprüft, ob alles normal läuft. Ein Test auf den Fehler Invalid Request (INVREQ) lautet:

```
IF RESP=DFHRESP(INVREQ)
THEN ...
```

Kapitel 11 zeigt jeweils ein Beispiel für die Fehlerbehandlung mit HANDLE beziehungsweise IGNORE CONDITION sowie für die Abfrage von RESP. Sie stehen in Abschnitt 1 (PL/I) beziehungsweise 2 (VS COBOL II).

5 Ein erstes Dialog-Verfahren

Bislang haben Sie schon eine ganze Reihe einzelner CICS-Befehle kennengelernt. Wenn auch die Beispiele des letzten Kapitels ansatzweise das Zusammenspiel einzelner Befehle zeigten, geschah dies allerdings stets themenbezogen. So konnten Sie einigen Beispielen entnehmen, in welcher Reihenfolge die verschiedenen Befehle zur Benutzung einer TS-Queue sinnvoll miteinander zu verknüpfen sind.

Doch das Zusammenwirken der einzelnen CICS-Befehle läßt sich erst an einem kompletten TP-System erkennen. Deshalb wagen wir nun den Weg in die Praxis, für manche von Ihnen den Sprung ins kalte Wasser. Wir sprechen jetzt ein kleines Anwendungsbeispiel von Anfang bis zum — vorläufigen — Ende durch.

Sie lernen dabei nicht ausschließlich Überlegungen zum Thema CICS kennen, sondern ebenso ein paar Gedanken, die sich jeder Programmierer machen sollte. Das berührt teilweise den Bereich der Systemanalyse. Zum Thema Systemanalyse gibt es ein umfangreiches Angebot an Literatur und Seminaren, auf das wir hier verweisen möchten.

5.1 Die Aufgabenstellung

Stellen Sie sich vor, Sie gehen nach einem langen, erholsamen Wochenende voller Elan und ausgeruht ins Büro. Sie haben sich gerade einen Kaffee eingegossen, da tritt Ihre Chefin ein. Wohlwissend, daß Sie sich in letzter Zeit mit CICS beschäftigt haben, bittet sie Sie in ihr Büro. »Nehmen Sie die Tasse ruhig mit!« Au weia, das dauert länger.

Nach kurzer Einleitung (»Haben Sie gestern abend auch diesen langweiligen Krimi gesehen?«) kommt sie zum Thema. »Sie kennen doch die Abteilung 367, die immer noch ihre Werkzeuge mit Karteikarten verwaltet.« Der Mund Ihrer Chefin verzieht sich für eine Sekunde zu einem hämischen Grinsen, was Sie pflichtbewußt mit einem leisen »Hä« quittieren. Doch im stillen denken Sie: »Was können die armen Schweine dafür, daß die Geschäftsleitung sie so arbeiten läßt und kein moderneres Verfahren anbietet?« Denn Sie wissen aus einem Gespräch, daß der Leiter jener Abteilung gerne eine EDV-Lösung für das Problem hätte. Schließlich sitzen seine Mitarbeiter sowieso vor Bildschirmgeräten, auf denen allerdings andere TP-Anwendungen laufen.

In der Zehntelsekunde, die Ihre Chefin zur Wiederherstellung ihrer geschäftsmäßigen Miene braucht, ahnen Sie es schon: Sie sollen eine EDV-Lösung für Abteilung 367 erarbeiten. Eine Gefühlsmischung aus persönlicher Wichtigkeit und Überforderung befällt Sie.

| Der Auftrag im Rohtext | »Ich weiß, daß Sie sich gerade mit CICS beschäftigen. Und Sie können sich denken, daß wir heutzutage auf jeden Fall eine TP-Lösung bieten müssen. Machen Sie das mal. Sie können sich damit auch ein bißchen Praxis erarbeiten. Das soll aber nicht als Projekt laufen, mehr unter der Hand. Also investieren Sie nicht zuviel! Und Sie wissen ja, in einer Woche beginnt die Teamarbeit an der Neugestaltung der Vertriebsstatistik. Na, erstmal das eine. Machen Sie einen Entwurf, den sprechen wir dann kurz durch.« |

Etwas benommen wollen Sie das Zimmer Ihrer Chefin verlassen. Das trifft sich gut, weil gerade Ihr Kollege hereinspaziert, mit einem Haufen Papiere unter dem Arm. Ohne Sie weiter zu beachten, brabbelt er los. »Gestern hatten Sie mir den Auftrag gegeben, für die Abteilung 265 ein TP-Verfahren zu erarbeiten. Ich habe zwar die ganze Nacht dafür gebraucht, aber hier ist die Lösung!« Sie wußten schon, warum Sie den Kerl nie leiden konnten. Er breitet seinen Papierwust auf dem Besprechungstisch aus. »Darf ich diese hübsche Tasse mal eben wegstellen?«. Er geht davon aus, daß der Becher der Chefin gehört. Wortlos nehmen Sie den Kaffeepott und gehen. Sie sehen gerade noch, wie Ihr Kollege mit seinem Taschentuch den Kaffeerand vom polierten Tisch wischt.

5.2 Wir erarbeiten eine Lösung

Da sitzen Sie nun mit Ihrem Wissen, Ihrem Auftrag — und der Terminvorgabe. Geht nicht. Gar nicht zu schaffen. Was denkt die sich eigentlich? Ich habe noch nie ein TP-Verfahren geschrieben. Ich weiß ja gar nicht, was die wollen.

Wenn Sie in einer solchen Stimmung sind: Luft holen und anfangen. Aber womit?

| Ziele definieren | Werden Sie sich als erstes klar darüber, was Sie überhaupt erreichen wollen. Ziele zu definieren ist gefordert. Voraussetzung hierzu ist Kenntnis darüber, wie die Arbeit heutzutage läuft. |

Stellen Sie einen Plan für die weitere Vorgehensweise auf:

- ⇨ Herausfinden, wie die heutige Situation ist. Man bezeichnet das auch als Ist-Aufnahme. Dazu gehört unter anderem das Gespräch mit den Betroffenen und den Zuständigen, aber auch das Zusammenstellen aller Dokumente, Formulare und Unterlagen, die den Arbeitsfluß begleiten.
- ⇨ Danach erstellen Sie einen Entwurf, um vielleicht ähnlich in das Büro Ihrer Chefin marschieren zu können wie Ihr Kollege. Die Arbeit, die zu einem solchen Entwurf führt, ist das Erstellen des Grobkonzeptes.
- ⇨ Das Grobkonzept wird abgestimmt mit allen, die vermeintlich oder tatsächlich etwas dazu zu sagen haben.
- ⇨ Nach Abstimmung des Grobkonzeptes wird ein ausführliches Feinkonzept erarbeitet, das letzten Endes auch die detaillierte Anforderung aller benötigten Hilfsmittel wie Programme, Dateien, Tabelleneinträge und Systemressourcen enthält.
- ⇨ Danach geht's an die Realisierung: Sie müssen sich dransetzen und programmieren. Testen nicht vergessen!
- ⇨ Wenn das Produkt dann fertig ist, auch ausreichend getestet, wird es vorgestellt. Auf jeden Fall den Auftraggebern, also Ihrer Chefin, aber natürlich auch den Betroffenen.
- ⇨ Ein Punkt, der allzuleicht unter den Teppich gekehrt wird, betrifft die Dokumentation und die Schulungsunterlagen. Derjenige, der ein solches System entwirft, muß auf jeden Fall alle wichtigen Unterlagen vom Datenflußplan über einen Ablauf des Dialoges bis hin zum Schlüsselverzeichnis zusammenstellen. Sie sind Voraussetzung für problemlose Systemänderungen zu einem späteren Zeitpunkt. Ferner muß für die Anwender ein Dokument zusammengestellt werden, das beschreibt, wie das System zu benutzen ist. Es empfiehlt sich, mit dem Erstellen dieser Unterlage sowie der Anwenderschulung nicht den Programmierer oder Systemplaner zu beauftragen (die haben mitunter so wenig Distanz zu ihrem eigenen Produkt, daß sie es einem Außenstehenden gar nicht verständlich erklären können). Wenn es in Ihrem Haus dafür speziell ausgebildete Personen wie Technische Redakteure gibt, umso besser.

Sie fangen also, wie es sich gehört, mit dem ersten Schritt an: mit der Ist-Aufnahme. Zwar wissen Sie schon in etwa, wie die Abteilung 367 arbeitet, doch Sie schauen es sich noch einmal vor Ort an. Alleine schon deshalb, damit wir das jetzt auch erfahren.

Ist-Aufnahme

Die Abteilung 367 verwaltet Werkzeuge, die immer wieder für bestimmte Zeit an anderen Stellen des Unternehmens eingesetzt werden. Die Vergabe dieser Werkzeuge hält die Abteilung 367 in einer Kartei fest. Der Abteilungsleiter hat freundlicherweise eine der Karten für uns kopiert, damit wir ein Muster haben.

| HEBEØ247 | Spreizschere, pneumatisch |

Werkzeugausgabe-Kartei

Abgabe	Abteilung	Rückgabe	Abgabe	Abteilung	Rückgabe

Kartei 367

Abb. 5.1   Mit Hilfe solcher Karteikarten werden die Werkzeuge verwaltet.

Jedes Werkzeug trägt eine eindeutige, achtstellige Nummer. Die ersten vier Stellen sind Buchstaben und beschreiben den Verwendungszweck, die letzten vier Stellen sind Ziffern und stellen eine laufende Nummer dar. Wichtige Zwischenfrage von Ihnen, um den Platzbedarf abzuschätzen: Um wieviele Werkzeuge handelt es sich? 1525, zunehmende Tendenz. Und wieviele Verleihvorgänge sind es pro Tag? Etwa 50. Man wäre schon zufrieden, wenn man diesen Karteikasten abschaffen könnte. Das System soll eigentlich gar nicht mehr leisten als der Karteikasten, es soll nur über den Bildschirm laufen. Es wundert Sie, daß das tatsächliche Rückgabedatum nicht vermerkt wird. Das ist, wie man Sie aufklärt, gar nicht nötig: Wenn das Werkzeug am Lager ist, ist es eben da. Und ansonsten interessiert nur, wann es wohl zurückkommen wird. Eine Abrechnung über die Nutzung findet derzeit nicht statt.

Sie finden hier übrigens die nicht unbedingt selbstverständliche Situation vor, daß der Anwender von sich aus auf eine Änderung der Arbeitsverfahren drängt. Doch haben wir ja schon gehört, daß der Bildschirm bei diesen Mitarbeitern zum selbstverständlichen Arbeitsgerät gehört. In solchen Fällen möchte man dann meist alle Arbeiten auf den Bildschirm verlegen. Etwas schwieriger kann die Situation bei Arbeitsplätzen und -verfahren sein, denen erstmalig ein Bildschirm »droht«. Hier ist die Ablehnung mitunter recht massiv. Wir wollen hierüber an dieser Stelle jedoch nicht weiter diskutieren, weil das Thema zu umfangreich ist.

Von der Ist-Aufnahme zum Grobkonzept

Sie beschließen, auch aufgrund der engen zeitlichen Grenzen, die Ihre Chefin gesteckt hat, daß Sie erst einmal eine kleine Lösung erarbeiten, und stellen erst einmal zusammen, welche Daten geführt werden:

⇨ Inventarnummer zum genauen Identifizieren eines jeden Stückes,
⇨ Bezeichnung des Werkzeugs im Klartext, damit man weiß, um was für ein Gerät es sich handelt.
⇨ Die Nummer der Abteilung, in der sich das Werkzeug momentan befindet.
⇨ Das Datum, zu dem das Werkzeug in die Abteilung gegeben wurde.
⇨ Das Datum, zu dem das Werkzeug voraussichtlich zurückgegeben wird.

Wenn in den Feldern »Nummer der Abteilung« und den Datum-Feldern keine gültigen Werte eingetragen sind, befindet sich das Werkzeug im Lager und kann gleich ausgegeben werden. Bei der Rückgabe eines Werkzeugs muß der Lagerverwalter also die entsprechenden Felder des Bildschirms einfach löschen.

Nun überlegen Sie, welche Funktionen Ihr TP-Verfahren mindestens bieten müßte. Sie halten fest: | Grobkonzept

⇨ Es müssen Daten für ein Werkzeug zur Neuaufnahme eingerichtet werden können.
⇨ Daten eines Werkzeuges müssen auch wieder gelöscht werden können, beispielsweise, wenn das Werkzeug nicht mehr existiert.
⇨ Vor allem müssen die Daten eines Werkzeugs geändert werden können. Das betrifft nicht so sehr die Werkzeugnummer oder die Bezeichnung, als vielmehr die Daten der Vergabe, also die Abteilung und die Felder Abgabedatum und voraussichtliches Rückgabedatum.

Zum Schluß schreiben Sie noch auf, wer das System benutzen soll. Handelt es sich um viele verschiedene Leute, die alle unterschiedliche Funktionen ausführen? Nein, in unserem Beispiel gestaltet sich die Sache recht einfach: Es gibt vier Leute, die das System benutzen sollen. Jeder der vier übt dieselben Tätigkeiten aus und muß demzufolge auch die Berechtigung zu allen Funktionen haben. Sie brauchen sich nicht mit einer etwaigen Berechtigungsprüfung herumzuschlagen, nur mit der Frage, ob ein Benutzer generell in das System einsteigen darf oder nicht. | Berechtigungen

Bis Sie zu der obigen Aufstellung gekommen sind, dauert es naturgemäß einige Zeit. Denn so zielgerichtet sie im Moment auch erscheint: Sie haben doch einige gedankliche Umwege machen müssen, um dahin zu kommen. Jetzt ist Feierabend. Aber Sie können jetzt das Problem nicht loswerden. Es spukt Ihnen weiter durch den Kopf, während Sie nach Hause fahren, während des Abendessens, während Sie sich im Fernsehen die Nachrichten ansehen. Und — was noch nie passiert ist — Sie setzen sich jetzt hin und zeichnen zu Hause auf, was Ihnen als Lösung vorschwebt (Na gut, dafür träumen Sie dann irgendwann mal während der Arbeitszeit vom nächsten Urlaub).

Sie erinnern sich an die von Ihrer Chefin ausgegebene Devise, so einfach wie möglich vorzugehen. Daher kommen Sie zum folgenden Entwurf.

Das TP-Verfahren »Werkzeugausgabe« wird aufzurufen sein unter dem Transaktionscode WAUS. Es führt zu einem Bild, in dem eine Werkzeugnummer einzugeben ist. Danach wird die Taste »Datenfreigabe« gedrückt. Die Daten des Werkzeuges werden angezeigt, sofern sie in der Datei gespeichert sind.

| Skizzen helfen beim Entwurf |

Falls nicht, erscheint eine leere Maske, in die die Daten des neuen Werkzeuges als Neuzugang eingetragen werden können. Auf jeden Fall lassen sich im zweiten Bild — bis auf die Werkzeugnummer — alle Daten überschreiben. Zur Vermeidung unbeabsichtigter Änderungen werden Daten nur in die Datei geschrieben, wenn im zweiten Bild die Taste PF 5 gedrückt wird. Jede andere Taste führt in das erste Bild zurück, ohne daß Daten geändert werden. Sie fertigen jetzt eine Skizze des geplanten Systems an.

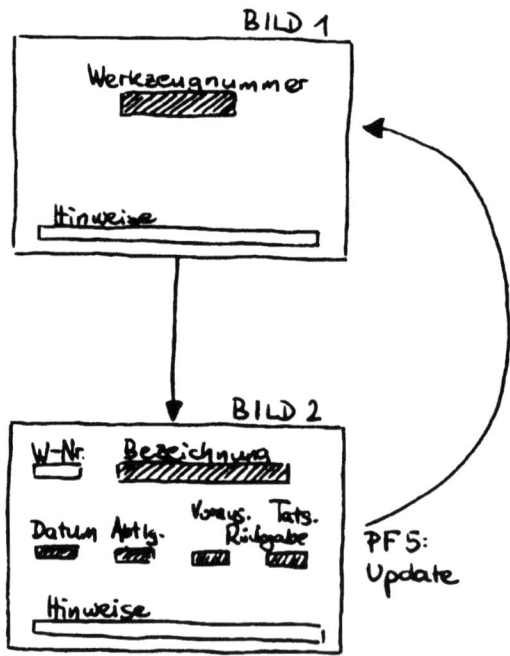

Abb. 5.2   So stellen Sie sich den Ablauf im TP-Verfahren zur Werkzeugausgabe vor.

Bei der Ausgabe werden die empfangende Abteilung, das Abgabedatum sowie das voraussichtliche Rückgabedatum eingetragen, bei der Rückgabe alle drei Felder gelöscht.

Am nächsten Morgen marschieren Sie frohgemut zum Zimmer Ihrer Vorgesetzten. Der Tag fängt gut an. Es stört Sie nicht einmal, daß Ihr Kollege wieder einmal seinen überarbeiteten Entwurf präsentiert (»Also, das ist für mich gar kein Thema. Ich arbeite gerne mal bis Mitternacht...«). Nun präsentieren Sie stolz Ihre Vorstellungen. Vielleicht hatten Sie erwartet, daß jetzt die Glocken läuten oder Sie zum Mitarbeiter des Monats erkoren werden. Doch Sie erhaschen nur ein »Schön. Arbeiten Sie das mal ein bißchen weiter aus. Ich habe im Moment keine Zeit. Sie wissen ja, diese Geschichte für Abteilung 265...«.

Sie füllen Ihren Kaffeebecher, den Sie heute wohlweislich draußen gelassen haben, und gehen daran, Ihren Grobentwurf zu verfeinern.

Zuerst detaillieren Sie die Planung des Ablaufs. Insbesondere fügen Sie ein, welche Tasten und welche Situationen zu welchen Aktionen führen sollen.

| Grobentwurf verfeinern |

Dann entwerfen Sie die beiden Bildschirme: Einmal denjenigen, auf dem die Werkzeugnummer eingegeben wird, und dann denjenigen, auf dem die Daten eingegeben werden. Ob Sie den Entwurf auf einem speziellen Entwurfsblatt vornehmen, hängt davon ab, wie umfangreich die Map ist, ob es vielleicht in Ihrem Hause eine entsprechende Anweisung dazu gibt und nicht zuletzt davon, ob Sie ein penibler Planer sind oder eher ein Faible für den genialen Wurf haben.

Ein Entwurfsblatt hat den Vorteil, daß beim Codieren der Map am Rande sofort die Koordinaten der einzelnen Felder abgelesen werden können. Kariertes Papier reicht aber oftmals auch.

Schließlich ermitteln Sie, welche Daten Sie in der Datei zu den Werkzeugen abspeichern wollen, Sie erstellen einen sogenannten Datenkatalog:

⇨ Werkzeugnummer, 8 Stellen, kann sowohl Ziffern wie Buchstaben enthalten.
⇨ Bezeichnung des Werkzeugs, 30 Stellen, kann sowohl Ziffern wie Buchstaben enthalten.
⇨ Die Nummer der Abteilung, 3 Stellen, kann nur Ziffern enthalten.
⇨ Das Abgabedatum, 8 Stellen, nur Ziffern (Eine Aufbereitung des Datums mit Punkten unterbleibt. Das erleichtert auch die Eingabe.)
⇨ Das voraussichtliche Rückgabedatum (Format wie beim Abgabedatum).

Frohgemut stellen Sie die Papiere zusammen und bewegen Ihre Chefin, um 14 Uhr eine Besprechung abzuhalten, bei der Sie ihr und dem Leiter der Abteilung 367 Ihren Entwurf präsentieren wollen.

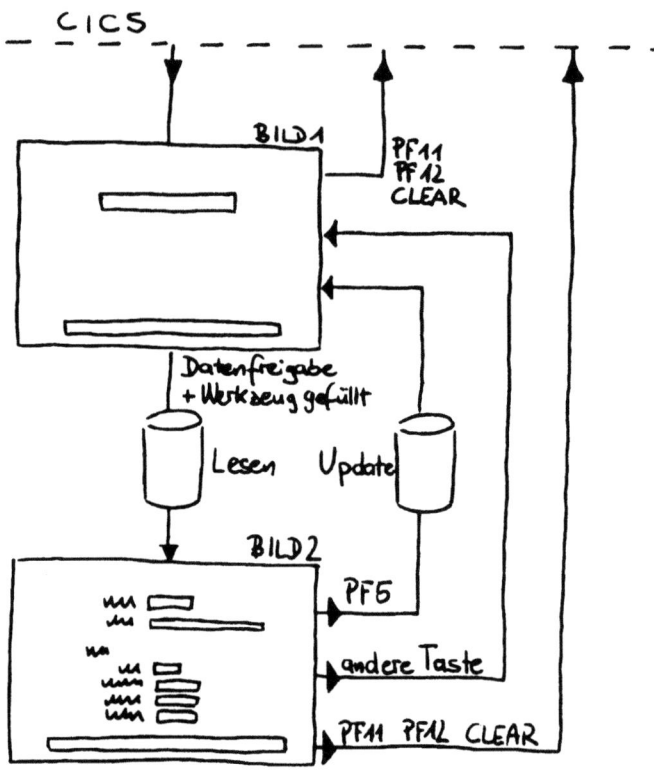

Abb. 5.3   Der verfeinerte Systemplan.

Die Besprechung läuft wie zu erwarten: Fünf Minuten nach dem Termin erscheint der Abteilungsleiter. Sie können die ersten drei Sätze Ihrer Präsentation herausbringen, da klingelt das Telefon. Alle Abteilungsleiter werden von der Geschäftsleitung kurzfristig zu einer Besprechung zusammengeholt. Mit einem aufmunternden »Haben Sie gut gemacht. Weiter so!« überläßt man Sie Ihrem Schicksal. Dabei hatten Sie sich doch so schön vorbereitet! Aber was Sie tröstet: Ihr Kollege wollte auch noch mit der Chefin sprechen und steht nun achselzuckend vor dem leeren Zimmer.

Sie stellen in der Zeit bis zum Feierabend noch zusammen, wie Sie die Lösung ab morgen realisieren werden.

Den Grobentwurf verfeinern

```
┌─────────────────────────────────────────────────────────┐
│  WAUS    Bild 1                                         │
│ ──────────────────────────────────────────────────────  │
│                                                         │
│           Werkzeugnummer: XXXXXXX ⎫                     │
│                                   ⎬  Eingabefeld        │
│                                                         │
│                                                         │
│                                                         │
│                                                         │
│                                                         │
│                                                         │
│                                                         │
│ ──────────────────────────────────────────────────────  │
│           CLEAR /PF11 /PF12: Verfahrensende             │
└─────────────────────────────────────────────────────────┘
```

Abb. 5.4   Der Bildschirm zur Eingabe der Werkzeugnummer.

```
┌─────────────────────────────────────────────────────────┐
│  WAUS    Bild 2                                         │
│ ──────────────────────────────────────────────────────  │
│                                                         │
│        Werkzeugnummer: XXXXXXX  ←── geschütztes Feld    │
│        Bezeichnung: XXXXXXXXXXXXXXXXXXXXXXXXXXX         │
│                                                         │
│        Abgabe                                           │
│        ──────                                           │
│           Abteilung: XXX                                │
│           abgegeben um: XXXXXXX                         │
│           Voraus. Rückgabe: XXXXXXX                     │
│           Tats. Rückgabe: XXXXXXX                       │
│                                                         │
│ ──────────────────────────────────────────────────────  │
│  PF1: Löschen  PF5: Update  CLEAR: Eingabe W-Nr. PF11/12:Ende │
└─────────────────────────────────────────────────────────┘
```

Abb. 5.5   Der Bildschirm zur Eingabe der Werkzeugdaten.

5.3 Die Voraussetzungen

Zur Planung des Ablaufs stellen Sie dem eigentlichen Ablauf der Bilder ein Schema der verwendeten Transaktionscodes und Programme gegenüber. Das geschieht üblicherweise in mehreren Entwicklungsstufen, sooft überarbeitet und revidiert, bis das ganze Ihren Vorstellungen entspricht.

Denken Sie daran: Es gibt immer mehrere Wege nach Rom. Sie sollten also nicht verzweifeln, wenn Sie eine bestimmte Lösung erarbeitet haben und dann jemand daherkommt und sagt, er oder sie würde es ganz anders lösen. Beglückwünschen Sie die Person zu ihrem Einfallsreichtum, und lassen Sie sich den Lösungsansatz erläutern. Eine andere Lösung ist nicht automatisch die bessere. Aber natürlich kann sie es sein. Oder verschiedene Teilaspekte sind besser gelöst.

Programmieren ist ein kreativer Prozeß und sollte es auch immer bleiben. Er lebt davon, daß die damit Beschäftigten stets lernfähig und für neue Wege aufgeschlossen sind.

Wenn der Plan vorliegt, können Sie eine Aufstellung darüber anfertigen, was Sie an Ressourcen benötigen. Ihr Konzept erfordert die folgende »Einkaufsliste«.

Ressource	Bemerkungen
WAUS	Eintrag in der PCT: Transaktionscode, ruft Programm PROG1 auf. Einrichten lassen.
WAU2	Eintrag in der PCT: Transaktionscode, ruft Programm PROG2 auf. Einrichten lassen.
PROG1	Eintrag in der PPT: Programm, aufgerufen von Transaktionscode WAUS. Einrichten lassen.
PROG2	Eintrag in der PPT: Programm, aufgerufen von Transaktionscode WAU2. Einrichten lassen.
WMAP	Eintrag in der PPT: BMS-Mapset. Einrichten lassen.
WZEUG	Eintrag in der FCT: Datei zum Speichern der Werkzeugdaten. Einrichten lassen.
WZEUG	VSAM-Datei, KSDS, zum Speichern der Werkzeugdaten. Anlegen.
PROG1	Programm. Müssen Sie selber schreiben, hilft nichts.
PROG2	Programm. Selber schreiben.
WMAP	BMS-Mapset. Selber schreiben.

Das ist in etwa so, als wollten Sie ein elektronisches Gerät basteln und würden sich jetzt eine Einkaufsliste für die benötigten Transistoren, ICs und anderen Bauelemente schreiben. Nur: Die Ressourcen können Sie nicht in einem Geschäft erwerben, Sie müssen sie — je nach Organisation in Ihrem Hause — entweder selber einrichten oder sich an die entsprechenden Systemprogrammierer wenden.

Die Voraussetzungen 159

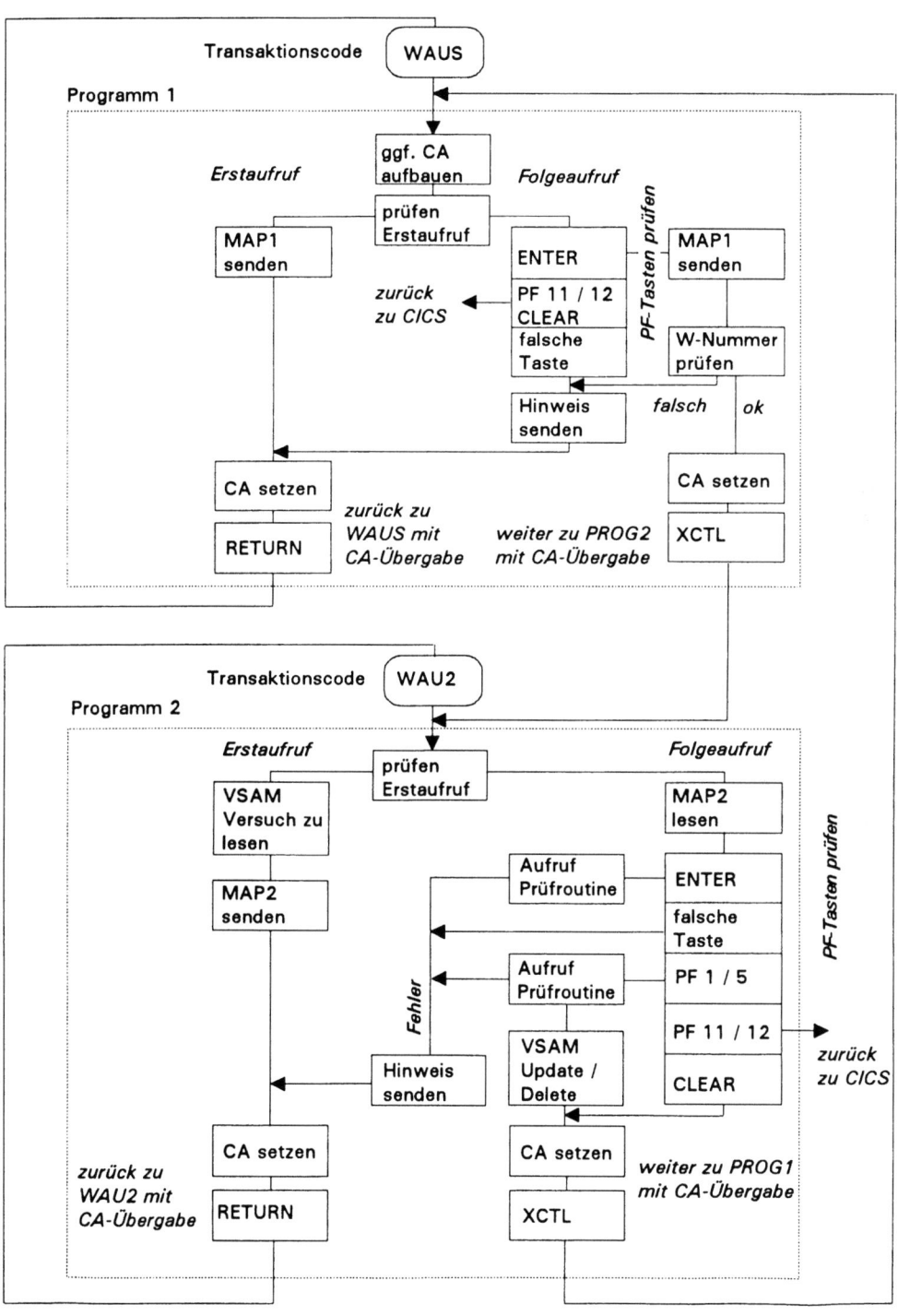

Abb. 5.6   Der Programmablauf Ihres TP-Systems WAUS.

Glücklicherweise erwischen Sie den Systemprogrammierer noch vor Feierabend und können ihm Ihre Wunschliste auf den Tisch legen. Seine etwas arrogante Frage »Seit wann versuchen Sie sich denn an TP-Programmen?« überhören Sie dank Ihres Selbstbewußtseins mit einem smarten Lächeln.

5.4 Die programmtechnische Umsetzung

Am nächsten Morgen sind Sie die Selbstsicherheit in Person. Ihre Chefin grüßen Sie mit »Hallo«, während Ihr Kollege hinter ihr herwieselt. Sie hören gerade noch »...vielleicht doch der erste Entwurf?«, dann haben Sie Ihren Arbeitsplatz erreicht.

Ein Zettel des Systemprogrammierers liegt auf Ihrem Schreibtisch: Er hat die Eintragungen in PCT, PPT und FCT vorgenommen und auch die von Ihnen benötigte Datei eingerichtet. Sie können also jetzt nach Herzenslust in die Praxis vorpreschen.

Sie teilen sich die Arbeit für den Tag ein. Als erstes werden Sie die BMS-Maps erstellen. Danach fangen Sie an, die Programme zu erstellen.

Also zunächst die Maps. Ihrem am Vortag erstellten Entwurf entnehmen Sie deren Aussehen. Sie werden einen Mapset erstellen, der die beiden Maps enthält. Wir gehen davon aus, daß Ihnen kein Maskengenerator zur Verfügung steht. Wenn Sie trotzdem ein solches Mittel benutzen können, umso besser. Das Arbeiten ohne Maskengenerator ist nämlich recht mühselig und zeitaufwendig. Die Anschaffung eines solchen Hilfsmittels macht sich recht schnell dadurch bezahlt, daß die Programmierer von dem leidigen Kodieren befreit werden.

Nun erstellen Sie den Quellcode für den Mapset in Form von Assembleranweisungen. Eine Musterlösung finden Sie in Kapitel 11, Abschnitt 3.

BMS-Maps erstellen	Das Umsetzen des Assemblerlistings in einen funktionierenden Mapset geschieht so, wie wir es in Abschnitt 3.6 beschrieben haben. Eventuelle Eigenheiten des Systems, auf dem Sie arbeiten, hatten Sie ja hoffentlich notiert.
Mit CECI die Map senden	Um zu probieren, ob die Maps Ihren Vorstellungen entsprechen, bringen Sie sie erst einmal auf den Bildschirm. Aber wie, wenn die dazugehörigen Programme noch nicht existieren? CICS bietet die Transaktion CECI. Mit ihr können Sie alle möglichen CICS-Befehle zur Ausführung bringen, also auch ein SEND MAP initiieren, ohne daß hierfür schon ein Programm zur Verfügung steht.

Die programmtechnische Umsetzung

Gönnen Sie sich diesen Augenblick des Triumphes! Gehen Sie ins CICS (wie Sie auf Ihrem System CICS aufrufen, gehört ebenfalls zu den Sachen, die wir so global nicht sagen können, bitte bringen Sie das für Ihr System in Erfahrung). Geben Sie im CECI folgenden Befehl ein:

```
SEN MAP(MAP1) MAPSET(WMAP) ERASE
 STATUS:  ABOUT TO EXECUTE COMMAND                    NAME=
   EXEC CICS  SENd Map( 'MAP1    '  )
```

Abb. 5.7   *Der Aufruf, mit dem Sie Ihre Map betrachten können. Wir gehen davon aus, daß der Mapset WMAP heißt. Wenn er auf Ihrem System anders benannt ist, benutzen Sie den anderen Namen.*

Und auf dem Bildschirm erscheint die erste Map. Ihr Jubel löst ungeahnte Reaktionen aus. Der Kollege wühlt gerade aus dem Papierkorb einen voreilig weggeworfenen Entwurf hervor. Ob Ihres Freudenausbruchs hebt er den Kopf und trifft auch schon die Schreibtischplatte. Normalerweise wäre jetzt Schadenfreude angebracht, doch Sie sind von dem Geschehen auf dem Bildschirm so gefangen, daß Sie sogleich die zweite Map aufrufen.

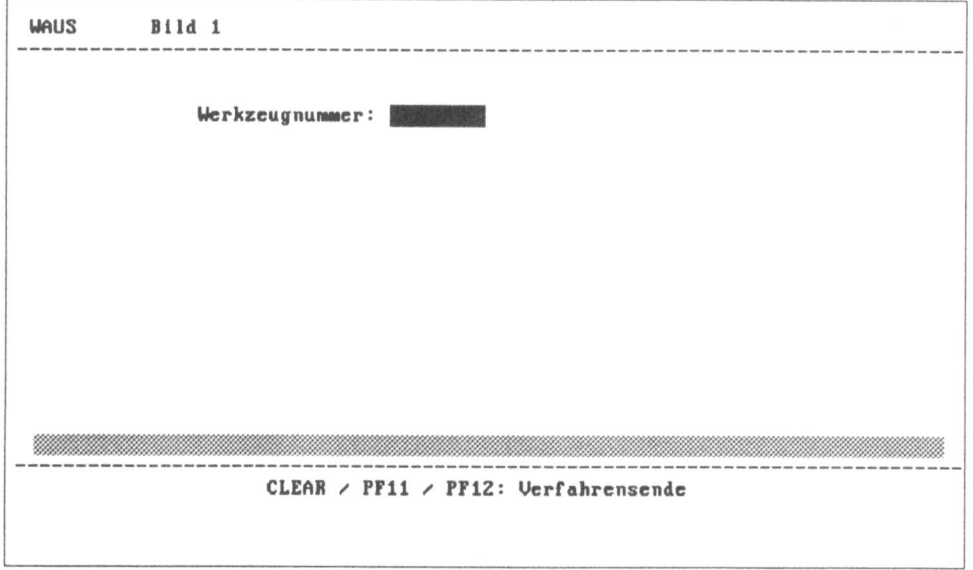

Abb. 5.8   *Die erste Map »auf Sendung«. Das leicht gerasterte Feld ist ein Ausgabefeld, das dunkle Feld dient zur Eingabe.*

| PL/I
| oder
| COBOL

Nachdem Sie das Thema der Maps hinter sich gebracht haben, geht es an die Erstellung der Programme. Wir haben uns jetzt aber noch gar nicht geeinigt, ob Sie nun in PL/I oder VS COBOL II arbeiten. Das müssen Sie am besten für sich selber klären. Es hängt insbesondere von den Gegebenheiten Ihres Hauses ab. Doch welche Sprache Sie auch wählen, der grundsätzliche Ablauf ist sprachunabhängig.

Ihr Entwurf sah den Gebrauch von zwei verschiedenen Transaktionscodes und dementsprechend zwei verschiedenen Programmen vor. Das erste Programm dient — zusammen mit MAP1 des Mapsets WMAP — zur Abfrage der zu bearbeitenden Werkzeugnummer. Das zweite Programm bildet mit MAP2 das Bild zum Eingeben von Daten.

```
SEN MAP(MAP2) MAPSET(WMAP) ERASE
STATUS:  ABOUT TO EXECUTE COMMAND                         NAME=
  EXEC CICS  SENd Map( 'MAP2    ' )
```

Abb. 5.9   So bringen Sie die zweite Map auf den Bildschirm.

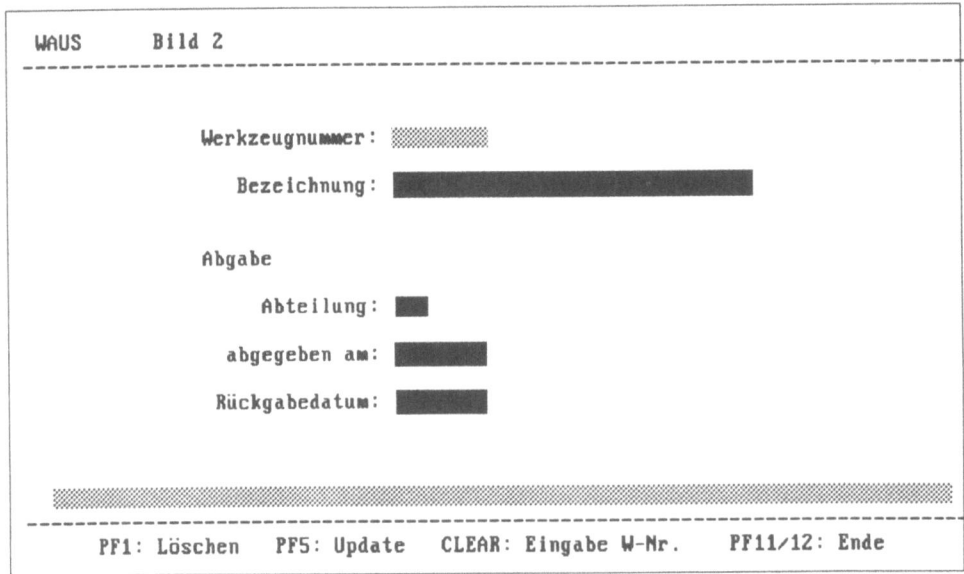

Abb. 5.10   Auch die zweite Map sieht gut aus. Die leicht gerasterten Felder sind Ausgabefelder, die dunklen Felder dienen zur Eingabe.

In beiden Programmen läuft eine Reihe von Plausibilitätsprüfungen ab. Die Regeln für das erste Programm:

⇨ Ein Übergang von MAP1 zu MAP2 ist nur dann möglich, wenn entweder das Werkzeug in der Datei eingetragen ist (dann werden die Daten auf dem Bildschirm angezeigt, damit geändert oder gegebenenfalls das Werkzeug aus der Datei gelöscht werden kann), oder wenn die Werkzeugnummer den Regeln für den Aufbau der Nummern entspricht. Dann wird nach Eingabe der Daten ein neues Werkzeug in der Datei gespeichert.
⇨ Ist die Werkzeugnummer leer oder fehlerhaft (prüfen), erfolgt eine Fehlernachricht.
⇨ Drücken von CLEAR, PF 11 oder PF 12 führt den Anwender zurück auf die CICS-Ebene.

Und hier sind Regeln für das zweite Programm:

⇨ Soll ein vorhandenes Werkzeug aus der Datei gelöscht werden, so ist PF 1 zu drücken. Danach wird wieder das Grundbild aufgerufen. In der Hinweiszeile erscheint eine Nachricht, daß der Datensatz gelöscht ist.
⇨ Drücken von PF 1 bei nicht eingetragenem Werkzeug führt zu einer Fehlermeldung.
⇨ Sollen zu einem vorhandenen oder zu einem neuen Werkzeug Daten aufgenommen werden, so ist PF 5 zu drücken. Hierbei wird der Inhalt der einzelnen Felder geprüft (Bezeichnung gefüllt, Datum entweder leer oder aber mit gültigen Tages-, Monats- und Jahresbezeichnungen etc.). Bei einem Plausibilitätsfehler erfolgt eine entsprechende Fehlermeldung, und der Einweiser hat die Möglichkeit, die Daten zu korrigieren.
⇨ Wenn eine Änderung der Daten erfolgte, erscheint wieder das Grundbild mit einer entsprechenden Erfolgsmeldung.
⇨ Drücken von Datenfreigabe führt nur zu einer Prüfung der eingegebenen Daten. Es erfolgt gegebenenfalls eine Meldung, wenn die Daten fehlerfrei sind.
⇨ Drücken von CLEAR führt auf MAP1 zurück.
⇨ Drücken von PF 11 oder PF 12 führt zurück auf die CICS-Ebene.

Das erste Programm erkennt an der Tatsache, daß ihm keine Communication Area mitgegeben wurde (EIBCALEN=0), daß der Aufruf von der CICS-Ebene erfolgte (Erstaufruf). In diesem Fall besorgt sich das Programm mit GETMAIN einen Speicherbereich, den es mit Daten einer bestimmten Struktur füllt.

Für den Rest der Anwendung wird stets zwischen den einzelnen Programmen und Transaktionen die CA weitergegeben. In ihr sollen zwischen den einzelnen Transaktionen Daten gehalten werden, so zum Beispiel die Werkzeugnummer, mit der gerade gearbeitet wird.

| Die Struktur der CA |

Die Struktur wird identisch im ersten und im zweiten Programm deklariert. Dieses kann man entweder durch akribisches Übertragen erreichen oder durch Verwendung einer sogenannten Include-Struktur (PL/I) beziehungsweise Copy-Strecke (COBOL).

Sie werden im Laufe Ihrer Programmierpraxis immer wieder den Vorteil von Include-Strukturen und Copy-Strecken erkennen, dienen sie doch dazu, Kopierfehler zu vermeiden. Damit wir im Programm die Felder, die per CA weitergegeben werden, von anderen Variablen leicht unterscheiden können, nennen wir sie unter PL/I alle CA_xxxx, unter COBOL vielleicht CA-xxxx.

Sie gießen sich nun noch einmal einen guten Kaffee ein (Tee oder Mineralwasser tun's vielleicht auch) und fangen an, das erste Modul zu programmieren. Wenn Sie damit fertig sind, könnte es so aussehen wie unsere Lösung, die wir in Kapitel 11, Abschnitt 1 (für PL/I) beziehungsweise Abschnitt 2 (COBOL) abgedruckt haben.

Wie man ein lauffähiges Programm erstellt, entnehmen Sie in Kapitel 3 bitte dem Abschnitt 6. Die Besonderheiten auf Ihrem System haben Sie hoffentlich ebenfalls vermerkt. So weit, so gut. Sie haben jetzt die Möglichkeit, schon einmal die Transaktion WAUS zu starten. Was passiert? Hoffentlich erscheint das erste Bild so, wie Sie es sich vorgestellt haben.

| Ein Fehler kann schon mal vorkommen |

Wenn Sie nun jedoch eine Werkzeugnummer eingeben (es muß eigentlich eine neue sein, da unsere Datei ja noch keine Einträge enthält), und dann die Taste Datenfreigabe drücken, passiert's: Ein Abbruch Ihrer Verarbeitung. Wieso dieses? Ganz einfach: Sie haben versucht, die zweite Transaktion aufzurufen, und die ist noch gar nicht funktionsbereit. Das konnte ja auch nicht gutgehen.

Die Putzfrau hat schon um Ihre Hände herum auf dem Schreibtisch gewischt und deutlich zu erkennen gegeben, daß Sie ihren Arbeitsfluß stören. Morgen ist auch noch ein Tag.

Am nächsten Morgen fangen Sie an, das zweite Modul zu schreiben. Auch hierzu finden Sie unseren Vorschlag in Kapitel 11. kurz vor Feierabend stellen Sie dann Ihrer Chefin das System vor. Begeisterung, Jubel, Fanfaren. Wie hoch darf die Gehaltsaufbesserung denn diesmal ausfallen?

Ihr Kollege ist übrigens über seinen Schatten gesprungen (er hantiert wieder mal mit dem Entwurf vom Montag, die Chefin ist immer noch nicht zufrieden). »Wie haben Sie das denn eigentlich so schnell und gut hinbekommen?« fragt er Sie. Verraten Sie ihm das Geheimnis Ihres Erfolges, und holen Sie aus der Schreibtischschublade dieses Buch hervor.

5.5 Beurteilung des Erreichten

Sie haben, wie es zu den Aufgaben gehört, ordnungsgemäß die Dokumentation erstellt und sich auch darum gekümmert, daß die Anwender eine vernünftige Unterweisung erhalten.

Bei der Schulung allerdings kommt Unmut auf. Konnten Sie Ihre Chefin noch begeistern, so finden Sie bei den tatsächlichen Anwendern Ihres Verfahrens echte Kritiker von altem Schrot und Korn. »Alles halber Kram« mosert der eine. Und ein anderer, mit etwas mehr Sinn für das Gefühlsleben einer kreativen Seele, unterhält sich mit Ihnen beim feierabendlichen Bier darüber.

So fehlt ihm eine Möglichkeit, alle Werkzeuge aufzulisten und das dann interessierende auszuwählen. Schön wäre es, auf einen Blick feststellen zu können, welche Werkzeuge sich in einer bestimmten Abteilung befinden. Und sollte nicht eine Kostenabrechnung... »Das war doch eigentlich klar, oder?« So sehen Sie das gar nicht und erinnern daran, daß bei der verunglückten Präsentation davon gar kein Wort sein konnte.

Unser Rat: Nicht aufregen. Aller Erfahrung nach können Sie von Fachabteilungen, die ein TP-System später benutzen werden, nicht zwangsläufig erwarten, daß sie ihre Erwartungen präzise und umfassend formulieren. Es ist Aufgabe eines guten Systemanalytikers, aus den geäußerten Anforderungen, eigenen Beobachtungen und Erfahrungen einen Aufgabenkatalog zu formulieren, der dann konzentriert und möglichst in eingehender Diskussion mit den zukünftigen Anwendern abgestimmt wird.

Zuerst trifft Sie die Kritik sehr, weil Sie so stolz auf Ihr erstes TP-System sind. Doch nach und nach wird Ihnen klar, daß die Einwände nicht unberechtigt sind. Und wenn Sie überlegen, was so alles gewünscht ist, wird deutlich, daß Sie mit den zwei Bildern nicht auskommen, sondern ein weiter abgestuftes System brauchten. Aber dann treten Probleme mit der Struktur des Verfahrens auf.

Wir werden in Kapitel 8 eingehender besprechen, wie Sie ein TP-System von vornherein so konzipieren, daß es sich später leicht um einzelne Funktionen erweitern läßt.

6 Maskengestaltung mit BMS

In diesem Kapitel befassen wir uns mit der Gestaltung von Bildschirmmasken. Zu diesem Thema gibt es neben einem großen Teil technischer Hinweise auf den Basic Mapping Support *BMS* auch einiges zu sagen, das weniger mit Technik als mit organisatorischen und zum Teil ästhetischen Aspekten zu tun hat. In diesen Passagen sprechen wir über Erfahrungen, die wir beim Entwickeln von Verfahren gewonnen haben und aus Kritik, die wir mit diesen Entwürfen geerntet haben, sowie aus kritischer Beobachtung dessen, was sonst so auf Bildschirmen zu sehen ist.

Die Komponenten der Technik heißen *3270-String* und *BMS*. Wie bereits zu Beginn des Buches betont, beschränken wir uns auf Anwendungen, die sich auf sogenannten 3270-Terminals abspielen. Darunter sind hauptsächlich Einheiten aus Bildschirm und Tastatur zu verstehen, wenn man einmal von den Protokolldruckern absieht. Wir geben einen kurzen Einblick in die Technik des 3270-Datenstroms, welche Möglichkeiten sie bietet — und welche Einschränkungen.

Basic Mapping Support ist eine der Komponenten des CICS. Sie bietet dem Programmierer eine komfortable Möglichkeit, weitgehend hardwareunabhängig das Schreiben auf den Bildschirm und das Lesen vom Bildschirm zu programmieren.

6.1 Der 3270-Datenstrom

Beim Arbeiten mit dem 3270-String werden zwischen Rechner und Terminal Daten ausgetauscht. Diese enthalten natürlich die Zeichen, die auf den Bildschirm geschrieben werden sollen, daneben aber auch noch weitere Steuerzeichen und -informationen. Für Daten, die vom Terminal an den Rechner geschickt werden, gilt sinngemäß dasselbe. Der CICS-Befehl SEND bietet die Möglichkeit, einen 3270-String selbst aufzubereiten und dann »unverfälscht« an das Terminal zu schicken. Meist wird eine Aufbereitung des Textes auf dem Bildschirm gewünscht. Darunter verstehen wir:

⇨ Positionierung des Textes an bestimmten Stellen des Bildschirms,
⇨ Setzen unterschiedlicher Darstellungsattribute wie geschützt (protected), frei zur Eingabe (unprotected), hell, normale Helligkeit etc.,
⇨ Gezieltes Positionieren des Cursors nach dem Schreiben der Daten.

Diese Steuerbefehle sind in den Datenstrom eingebettet und werden durch bestimmte Werte dargestellt. Hier einige davon:

Wert	Bedeutung
x1D	*Start Field (SF)* Markiert innerhalb des Datenstroms den Beginn eines neuen Feldes. Das darauffolgende Byte enthält das Darstellungsattribut des Feldes.
x11	*Set Buffer Address (SBA)* Die nächsten beiden Bytes enthalten eine Information darüber, an welcher Stelle des Bildschirms die darauffolgenden Daten geschrieben werden sollen.
x13	*Insert Cursor (IC)* Markiert, daß nach Schreiben der Daten der Cursor an die Position gesetzt wird, die momentan erreicht ist (z.B. der Beginn des gerade beschriebenen Feldes).
x3C	*Repeat to Address (RA)* Soll im Bildschirmaufbau ein Zeichen vielfach direkt hintereinander verwendet werden (beispielsweise für eine Reihe von Sternchen), so wird mit diesem Befehl markiert, daß, von der aktuellen Position bis zu der in den nächsten beiden Bytes vermerkten, das Zeichen wiederholt geschrieben wird, das sich im drittnächsten Byte befindet. Dieses ist eine Möglichkeit, das zwischen Computer und Terminal zu übertragende Datenvolumen zu verringern.

EXEC CICS SEND	Ähnliche Regeln gelten für den String, der vom Terminal an den Rechner zurückgeht. Das ganze mag sich jetzt für Sie recht kompliziert anhören. In einzelnen Fällen gibt es allerdings keine andere Möglichkeit, als sich ganz genau mit dem 3270-String auseinanderzusetzen. Der CICS-Befehl SEND bietet die Möglichkeit, einen selbst aufbereiteten String »pur« auf den Bildschirm zu bringen.
BMS übernimmt Aufbereitung und Analyse des Strings	Doch im Normalfall brauchen Sie sich um diese Details nicht zu kümmern. Das CICS-Subsystem BMS nimmt Ihnen den allergrößten Teil der Arbeit ab. Wenn Sie weitergehende Informationen brauchen, sollten Sie die entsprechende IBM-Literatur lesen. Gerade im Fehlerfall kann es nötig sein, den Datenstrom zu untersuchen. Sofern Sie in die eigentlich darzustellenden Daten — vielleicht unabsichtlich — Werte einbringen, die gemäß 3270-Konventionen als Steuerzeichen interpretiert werden, kann das zu bizarren Ergebnissen führen.

Für Programmierer und Verfahrensplaner sind die Darstellungsmöglichkeiten auf dem 3270-Bildschirm besonders interessant. Folgendes bestimmt die Darstellung:

⇨ Der Bildschirm bietet hardwaremäßig nur eine bestimmte Anzahl von Zeilen und Stellen pro Zeile.
⇨ Jedes Zeichen, das dargestellt wird, belegt eine Stelle des Bildschirms (eine triviale Aussage, aber der Vollständigkeit halber wichtig). Mehrere Zeichen auf einer Position gleichzeitig darzustellen, ist nicht möglich.
⇨ Jeder Wechsel in den Attributen (z.B. von geschützt auf Eingabefeld, von hell auf normale Helligkeit etc.) belegt eine Stelle auf dem Bildschirm, an der nichts dargestellt werden kann.
⇨ Je nach Hardware können sogenannte Extended Attributes wie zum Beispiel zur Farbdarstellung genutzt werden (darauf gehen wir hier nicht weiter ein).
⇨ Es können nur bestimmte Werte der 256 Möglichkeiten eines Bytes zur Darstellung benutzt werden. Dies sind natürlich die Buchstaben (groß und klein), Zeichen und Ziffern. Die Nutzungsmöglichkeit von Umlauten und anderen nationalen Sonderzeichen ist abhängig von der Hardware beziehungsweise der Installation der Steuereinheiten. Das Zeichnen von durchgehenden Linien und Boxen ist nicht generell möglich.

Die Daten werden in einem 3270-String an den Bildschirm gesandt und dort angezeigt. Gehen wir davon aus, daß in dem Datenstrom der Inhalt mehrerer Felder enthalten ist, und daß mehrere davon Ausgabefelder sind.

| Der 3270-String definiert Bildschirmfelder |

Ein Bit des Attributbytes, das sich vor jedem Eingabefeld befindet, ist das sogenannte Modified Data Tag *MDT*. Es hat die Funktion, festzuhalten, ob in einem Feld eine Änderung der Daten durch den Anwender stattgefunden hat oder nicht.

| Modified Data Tag MDT |

Im Normalfall wird auf den Bildschirm geschrieben. Der Anwender verändert beispielsweise den Inhalt des ersten von drei Eingabefeldern, um die anderen Eingabefelder kümmert er sich nicht. Dann drückt er die Taste Datenfreigabe. Das Modified Data Tag des ersten Feldes ist geändert, deshalb enthält der zurückkommende 3270-String nur den geänderten Inhalt des ersten Eingabefeldes. Die Inhalte der unveränderten Eingabefelder werden nicht zurückübertragen; ein Versuch, das zu übertragende Datenvolumen so gering wie möglich zu halten.

Benötigt Ihr Programm jedoch auch bei Nichtänderung die Inhalte der ausgegebenen Felder, so muß beim Heraussenden der Map bereits vor jedem Eingabefeld das Modified Data Tag auf »On« gesetzt werden (das Modified Data Tag ist technisch gesehen im Attributbyte des Eingabefeldes das Bit 7 (Zählweise von 0 bis 7)). Dies kann durch die Wahl einer entsprechenden Attributkonstante erreicht werden, die wir in Abschnitt 6.4 erläutern.

Eine Übertragung der eingegebenen Daten vom Terminal an das Programm findet erst dann statt, wenn der Anwender eine Interrupt-Taste gedrückt hat. Darunter sind eben jene Tasten zu verstehen, die nicht direkt auf den Bildschirm schreiben (wie die Tasten mit den Buchstaben oder den Ziffern) und nicht ausschließlich den Cursor bewegen (wie die Pfeil-Tasten oder die Tabulator-Tasten), sondern die einen Abschluß der Eingabe bewirken:

⇨ Datenfreigabe,
⇨ eine Program-Function-Taste (PF1-24),
⇨ eine Program-Attention-Taste (PA1-3),
⇨ die Löschtaste (CLEAR).

Hierbei ist zu beachten, daß beim Drücken von Datenfreigabe oder einer der PF-Tasten die vorher am Terminal eingegebenen Daten im 3270-String übertragen werden. PA-Tasten oder CLEAR hingegen bewirken ein sogenanntes Short Read: Der zurückgegebene 3270-String ist wesentlich kürzer und enthält neben der Tastenkennung nur ganz wenige Daten, auf jeden Fall keine der möglicherweise vorher eingegebenen Daten.

6.2 BMS erleichtert die Arbeit

BMS unterstützt den Programmierer beim Aufbereiten, Senden und Lesen von Bildschirmdarstellungen. Es nimmt ihm die Arbeit ab, den 3270-String »von Hand« aufbauen oder beim Lesen interpretieren zu müssen. Ferner ist das Subsystem in der Lage, die Hardwaremöglichkeiten des gerade verwendeten Terminals zu erkennen und — ohne Eingriff oder Wissen des Programmierers — den passenden 3270-String zu senden beziehungsweise zu interpretieren. Ferner gibt es Steuerungsmöglichkeiten, das komplette Bild oder auch nur Teilbereiche davon zu senden, was sich im alltäglichen Betrieb als große Hilfe erweist. Aus unserer Sicht sprechen diese Vorteile für die Benutzung von BMS.

| Drei Funktionsstufen | Es gibt verschiedene Funktionsstufen des BMS mit folgenden wesentlichen Leistungsmerkmalen: |

Minimum function BMS
⇨ Befehl SEND MAP,
⇨ Befehl RECEIVE MAP,
⇨ Befehl SEND CONTROL,
   unterschiedliche Bildschirmformate werden unterstützt,
   es werden alle 3270-Bildschirmgeräte und -Drucker unterstützt.

Standard function BMS
⇨ der komplette Befehlsumfang des Minimum function BMS,
⇨ Befehl SEND TEXT,
⇨ Einrichten von Bildschirmbereichen (Partitions),
⇨ es werden alle überhaupt durch BMS zu unterstützenden Peripheriegeräte unterstützt.

Full function BMS
⇨ der komplette Funktionsumfang des Standard function BMS,
⇨ automatische Blättermöglichkeiten,
⇨ kumulativer Seitenaufbau,
⇨ das Schalten von Nachrichten.

Wir werden uns in diesem Buch auf die im Minimum function BMS gebotenen Möglichkeiten beschränken, da sie unserer Erfahrung nach für die allermeisten Anwendungen völlig ausreichen. Auch befassen wir uns nur mit reinen Bildschirm-Terminal-Anwendungen. Im übrigen ist die Entscheidung, welche Art des BMS benutzt wird, nicht von finanziellen Erwägungen abhängig, also dem Umfang der erstandenen Software. Zum Lieferumfang des CICS gehören sie alle. Eine Eintragung in der SIT entscheidet über den Umfang des aktivierten BMS. Sprechen Sie im Zweifelsfall mit Ihrem Systembetreuer darüber. Die Auswahl kann von Kapazitätserwägungen abhängen.

Wesentlich am BMS ist, daß es sich bei dem verwendeten Mapset um ein separates Programm handelt, erstellt aus einer Reihe von Assembler-Makros, das als eigenständiges Modul in der PPT eingetragen sein muß und bei Bedarf wie ein Anwendungsprogramm geladen wird.

| Mapset als separates Modul |

Der Mapset enthält die Definition(en) der einen oder mehrerer Maps, ihre Ein- und Ausgabefelder und den Map-Text. Das eigentliche Anwendungsprogramm, das diesen Mapset verwendet, bleibt frei von derartigen Definitionen. Allein zur Kommunikation zwischen BMS, Anwendungsprogramm und Mapset ist es erforderlich, daß im Anwendungsprogramm eine Struktur zur Übergabe der variablen Daten an die verwendete Map eingesetzt wird. Bei Änderungen des Mapsets ist es ebenso wie bei Programmen erforderlich, die neueste Version zu aktivieren. Wir haben in Kapitel 3 dargestellt, wie das funktioniert.

Alle zusätzlich nötigen Informationen (SFs, SBAs, Adressen u.ä.) werden vom BMS zur Ausführungszeit eingefügt — und zwar terminalspezifisch. Jedes Terminal (im Sinne eines Ausgabemediums) wird dem BMS bekanntgemacht, so daß BMS die jeweils notwendigen beziehungsweise überflüssigen Informationen hinzufügen oder entfernen kann. Das erhöht natürlich die Flexibilität der Verfahren.

6.3 Erstellen und Benutzen einer BMS-Map

Damit Sie einen BMS-Mapset benutzen können, muß er — wie oben erwähnt — als eigenständiges Programm bestehen. Wichtig ist auch der Eintrag des Modulnamens in der PPT als Mapset.

Bei Maskenänderungen, die keinen Einfluß auf Reihenfolge, Ausdehnung und Anzahl der Felder haben, bleiben die entsprechenden Strukturen unverändert, so daß das zugehörige Anwenderprogramm nicht neu umgewandelt werden muß.

Wir zeigten Ihnen bereits mehrfach die Verwendung von BMS-Mapsets: einmal in Kapitel 4, wo wir zur Demonstration der Befehle zwei Muster-Mapsets angelegt haben. In Kapitel 5 arbeiteten wir mit einem Mapset namens WMAP. Und zuvor hatten wir Ihnen in Kapitel 3 gezeigt, wie Sie einen BMS-Mapset umwandeln und zur Ausführung bringen können, respektive: Sie hatten es sich selber notiert, da wir die Gegebenheiten in Ihrem Hause ja nicht so genau kennen wie Sie.

6.3.1 Codieren des Mapsets

Sie haben bereits erfahren, daß es sich bei den Mapsets um eigenständige, in Assembler-Makros geschriebene Module handelt. Keine Angst — um BMS-Mapsets zu kreieren, brauchen Sie nicht Assembler zu lernen. Wir zeigen Ihnen hier alles, was erforderlich ist, und das ist nicht allzuviel.

Arbeit ohne Map-Generator	Wir gehen davon aus, daß Sie auf Ihrem System keinen sogenannten Map-Generator haben, Sie also Zeile für Zeile der Mapset-Definition von Hand eintippen müssen (oder dieses zumindest aus Sportsgeist tun).

Beim Schreiben Ihrer BMS-Mapsets — ebenso wie beim Programmieren überhaupt — erweisen Sie sich selber und eventuellen Erben Ihrer Programme einen großen Gefallen, wenn Sie den Quelltext um Kommentare bereichern. Bei Assembler geschieht das, indem Sie zu Anfang der Zeile einen Stern * setzen und dann den Rest der Zeile Platz für freien Text haben.

Die folgenden drei Arten von Makros sind wichtig zum Erstellen eines Mapsets:

⇨ DFHMSD als Definition eines Mapsets,
⇨ DFHMDI als Definition einer Map innerhalb des Mapsets,
⇨ DFHMDF als Definition eines Feldes innerhalb der Map.

DFHMSD

Mit dem Makro DFHMSD beginnen Sie die Definition des Mapsets. Folgender Aufbau ist in der Zeile erforderlich:

```
name    DFHMSD
        TYPE=type,TERM=3270,MODE=mode,LANG=lang,STORAGE=AUTO
```

name gibt den Namen des Mapsets an. Dieser Name sollte dem Modulnamen entsprechen und muß zum Gebrauch des Mapsets in der PPT vermerkt sein.

type kennzeichnet, was jetzt geschieht: TYPE=DSECT bewirkt, daß die symbolische Map erstellt wird (die in Ihrem Programm einzusetzende Struktur), TYPE=MAP bewirkt das Erstellen der physischen Map. Bei den meisten Prozeduren zum Erstellen von Mapsets brauchen Sie nur die Angabe TYPE=DSECT zu verwenden, in einem einzigen Arbeitsgang werden sowohl die symbolische wie die physische Map erstellt.

mode steuert, ob der Mapset ausschließlich zur Ausgabe (MODE=OUT) gedacht ist, ausschließlich zur Eingabe (MODE=IN), oder ob er sowohl zur Aus- wie zur Eingabe (MODE=INOUT) verwendet werden kann. Wir empfehlen der Einfachheit halber grundsätzlich die dritte Möglichkeit. Diese Angabe hat nur Auswirkungen auf die Erstellung der symbolischen Map.

| Ausgabe |
| Eingabe |
| Ein- und Ausgabe |

lang ist eine Aussage über die Programmiersprache des Anwendungsprogramms, das den Mapset aufrufen soll. LANG=PLI bedeutet, daß das aufrufende Programm in PL/I geschrieben ist, COBOL dementsprechend in der Sprache COBOL. Diese Angabe hat nur Auswirkungen auf Erstellung der symbolischen Map, die sich ja nach der Syntax einer der Sprachen richten muß. Sie können beim Erstellen des Mapsets jeweils nur eine einzige Sprache angeben. Als erste Zeile Ihrer Mapset-Definition könnten Sie also schreiben, wenn der Mapset MAPT2 heißt und die verwendete Sprache COBOL ist:

```
MAPT2   DFHMSD
        TYPE=DSECT,TERM=3270,MODE=INOUT,LANG=COBOL,STORAGE=AUTO
```

Für die Sprache PL/I sähe das so aus:

```
MAPT2   DFHMSD
        TYPE=DSECT,TERM=3270,MODE=INOUT,LANG=PLI,STORAGE=AUTO
```

Nun beginnt mit DFHMDI die Definition der einzelnen Map des Mapsets.

DFHMDI
Mit dem Makro DFHMDI beginnen Sie die Definition der Map. Folgender Aufbau ist in der Zeile erforderlich:

```
name     DFHMDI SIZE=(zz,ss)
```

name gibt den Namen der Map an. Dieser Name muß einmalig im gesamten Mapset sein (falls Sie im Mapset mehrere Maps definieren). Wenn Sie in Ihrem Anwendungsprogramm mehrere Mapsets verwenden, so muß der Mapname auch eindeutig innerhalb all der verwendeten Mapsets sein.

zz gibt die Anzahl der in der Map benutzen Zeilen an, *ss* die Anzahl der in der Map benutzten Stellen pro Zeile. Im Normalfall kann *SIZE* komplett entfallen.

Die erste Zeile der Map MAP1 könnte also derart aussehen:

```
MAP1     DFHMDI
```

DFHMDF
Mit dem Makro DFHMDF definieren Sie ein Feld innerhalb der Map eines Mapsets. Wir kennen zwei verschiedene Arten von Feldern: Einmal diejenigen, die im Anwendungsprogramm angesprochen werden, um ihnen einen Wert zuzuweisen oder um nach dem Einlesen der Map deren Inhalt abzufragen. Hierzu muß das Feld einen Namen haben. Folgender Aufbau ist in der Zeile erforderlich:

```
name     DFHMDF POS=(zz,ss),LENGTH=ll,         *
               ATTRB=(attrb),                  *
               INITIAL=initial
```

Die Definition eines Feldes kann sich über mehrere Zeilen erstrecken. In solchem Fall müssen Sie in der Zeile, die fortgesetzt wird, mit einem Komma kennzeichnen, daß es weitergeht. Ein Zeichen ungleich Blank (wir verwenden hierfür einen Stern *) in Stelle 72 kennzeichnet für den Assembler, daß eine Fortsetzungszeile folgt.

name gibt den Namen des Feldes an. Hierbei gelten folgende Regeln:
- ⇨ Der Feldname wird in den einzelnen Strukturen der symbolischen Map noch um Anhängsel ergänzt, sogenannte Suffixes. Wenn Sie ein Feld FELD nennen, lautet der Name in der symbolischen Ausgabemap FELDO, in der symbolischen Eingabemap FELDI. Wählen Sie den Namen der Felder nicht länger als 7 Stellen.
- ⇨ Der Name muß innerhalb der Map eindeutig sein.
- ⇨ Der Name muß innerhalb des kompletten Mapsets eindeutig sein.
- ⇨ Falls Sie in einem Programm mehrere Mapsets verwenden und in unterschiedlichen Mapsets gleiche Feldnamen verwendet haben, müssen Sie die Felder jeweils qualifiziert ansprechen (also unter Nennung des Strukturnamens).

zz stellt die Zeile dar, in der das Feld steht.

ss stellt die Stelle innerhalb der Zeile zz dar, in der das Attribut des Feldes steht. Das Attribut steht immer eine Stelle vor dem Beginn des eigentlichen Feldes. Bedenken Sie das beim Umsetzen Ihres Entwurfs in die Makros.

ll bedeutet die Länge des Feldes. Bei der Feldlänge sind folgende Punkte wichtig:

⇨ Die Feldlänge muß größer als 0, also mindestens 1 sein.
⇨ Die Feldlänge ist so zu wählen, daß das Ende des Feldes nicht über das Ende der Bildschirmzeile hinausreicht. Obwohl das nach den Konventionen des 3270-Strings möglich wäre, ist es unter BMS nicht zulässig.
⇨ Die Länge des Feldes gilt natürlich auch für Eingabefelder. Allerdings trifft BMS von sich aus keine Maßnahme dafür, daß der Anwender diese Längenbegrenzung bemerkt. Wenn ein dreistelliges Eingabefeld auf dem Bildschirm erscheint, kann der Anwender dort beliebig viele Zeichen hintereinander schreiben, ohne daß er auf irgendeine Weise das Ende des Eingabefeldes registriert. Hierfür muß der Programmierer selber sorgen, indem er im direkten Anschluß an das Eingabefeld ein geschütztes Feld setzt, ein sogenanntes Stop-Feld.

Stop-Felder

attrb kennzeichnet eines oder mehrere Attribut-Kennzeichen. Diese besagen, wie das Feld auf dem Bildschirm erscheint und ob sein Inhalt geschützt ist oder überschrieben werden kann. Folgende Angaben sind möglich:

Attribut	Bedeutung
UNPROT	Ein ungeschütztes Feld (Eingabefeld). Dessen Inhalt kann vom Anwender überschrieben werden.
PROT	Ein geschütztes Feld (Ausgabefeld).
ASKIP	Ein geschütztes Feld (Ausgabefeld). ASKIP ist die Abkürzung für AUTOSKIP. Trifft der Anwender mit dem Cursor auf dieses Feld, so springt der Cursor automatisch weiter zum nächsten Eingabefeld.
NORM	Kann sowohl bei Ein- wie bei Ausgabefeldern angewandt werden und steuert, daß der Inhalt des Feldes mit normaler Helligkeit dargestellt wird.
BRT	Kann sowohl bei Ein- wie bei Ausgabefeldern angewandt werden und steuert, daß der Inhalt des Feldes mit intensiver Helligkeit dargestellt wird.
DRK	Kann sowohl bei Ein- wie bei Ausgabefeldern angewandt werden und steuert, daß der Inhalt des Feldes dunkel dargestellt wird, anders gesagt: nicht erscheint. So etwas kann wichtig sein, wenn sicherheitsrelevante Daten wie ein Codewort abgefragt werden und jemand dem Einweiser über die Schulter gucken könnte.
IC	Kann sowohl bei Ein- wie bei Ausgabefeldern angewandt werden und steuert, daß nach dem Schreiben der Map der Cursor auf dem Beginn dieses Feldes steht, sofern beim Befehl SEND MAP die Option CURSOR ohne weitere Angabe steht.

Hier ein paar Beispiele für gebräuchliche Kombinationen von Attributen:

ATTRB=(UNPROT,NORM)	Eingabefeld mit normaler Helligkeit.
ATTRB=(UNPROT,BRT)	Eingabefeld mit intensiver Helligkeit.
ATTRB=(UNPROT,DRK)	Eingabefeld, bei dem die eingegebenen Zeichen nicht zu sehen sind (z.B. für Passwortabfrage).
ATTRB=(ASKIP,NORM)	Ausgabefeld mit normaler Helligkeit.
ATTRB=(ASKIP,BRT)	Ausgabefeld mit intensiver Helligkeit.

initial schließlich bietet die Möglichkeit, sowohl Ein- wie Ausgabefeldern von vornherein einen Inhalt mitzugeben. So kann das ein Standardwert sein, aber auch bei einem Eingabefeld eine entsprechende Anzahl von Punkten, die dem Anwender kennzeichnen, wieviel Platz er für seine Eingabe zur Verfügung hat. Die Angabe eines Initialwertes ist nicht zwingend erforderlich.

Die Definition eines Eingabefeldes EIN21, dessen Inhalt hell angezeigt wird, könnte lauten:

```
EIN21     DFHMDF POS=(07,25),LENGTH=20,            *
          ATTRB=(UNPROT,BRT)
```

Ein Eingabefeld EIN22, mit normaler Helligkeit und von vornherein mit Punkten unterlegt, wäre so zu definieren:

```
EIN22     DFHMDF POS=(11,10),LENGTH=5,             *
          ATTRB=(UNPROT,NORM),INITIAL='.....'
```

Und ein Ausgabefeld, dem im Anwendungsprogramm Werte unter dem Namen AUS22O zugewiesen werden können, definieren wir so:

```
AUS22     DFHMDF POS=(21,10),LENGTH=5,             *
          ATTRB=ASKIP
```

Felder ohne Namen	Nun gibt es in einer Bildschirmmaske auch Bereiche, die zwar Text enthalten, aber niemals vom Anwendungsprogramm aus angesprochen werden müssen. Wir haben also Datenfelder, die keinen Namen brauchen. Diese Art der Felddefinition eignet sich eigentlich nur für Ausgabefelder mit Initialtext und wird häufig verwendet.

Ein Beispiel dafür:
```
          DFHMDF POS=(01,01),LENGTH=23,            *
              ATTRB=ASKIP,                         *
              INITIAL='CFP     MAPT2      MAP1'
```

Reicht die Länge der Zeile nicht aus zum Darstellen des Initialwertes, kann eine Fortsetzung auf der nächsten Zeile erfolgen. Hier das Beispiel einer Reihe von Strichen, um den Bildschirm zu unterteilen.

```
        DFHMDF POS=(01,80),LENGTH=79,         *
               ATTRB=ASKIP,                   *
               INITIAL='―――――――――――――*
               ―――――――――――――'
```

Sie erinnern sich noch an die Notwendigkeit, im Anschluß an die Eingabefelder eine Begrenzung zu schaffen. Sofern nicht sowieso ein Ausgabefeld oder das Attribut eines neuen Eingabefeldes dahintersteht, sollten Sie sogenannte Stop-Felder einsetzen. Hier die Kombination eines Eingabefeldes und des Stop-Feldes:

> Stop-Feld

```
EIN21   DFHMDF POS=(07,25),LENGTH=20,         *
               ATTRB=(UNPROT,BRT)
* Stop-Feld
        DFHMDF POS=(07,46),LENGTH=1,          *
               ATTRB=ASKIP
```

Enthält die einzelne Map mehrere Felder, so ist zu beachten, daß sich die einzelnen Felder nicht überschneiden dürfen. Verstöße gegen diese Regel werden schon beim Assemblieren des Mapsets erkannt. Die Felder sollten aus Performancegründen so angelegt werden, daß ihre Definitionen entsprechend ihrer Lage auf dem Bildschirm hintereinander liegen. Sie können allerdings von dieser Regel abweichen, was sich beispielsweise empfiehlt, wenn Sie bestimmte Felder in Tabellenform behandeln wollen. Wir sprechen das Thema am Ende von Abschnitt 6.4 noch einmal an.

> Felder dürfen sich nicht überschneiden

Wenn Sie nun alle Felder der Map definiert haben, bestehen die folgenden Möglichkeiten:

⇨ Mit einem weiteren DFHMDI wird die nächste Map des Mapsets definiert, oder
⇨ mit dem Makro
   DFHMSD TYPE=FINAL
   END
   wird die Definition des Mapsets beendet.

Komplette Listings von Mapsets finden Sie in Kapitel 11, Abschnitt 3. Das Assemblieren des Mapsets haben wir in Kapitel 3 beschrieben, in Kapitel 5 hatten wir gezeigt, wie Sie mit Hilfe der Transaktion CECI eine Map auf den Bildschirm bringen können, ohne daß sie von einem Anwendungsprogramm aufgerufen wird.

6.3.2 Die Benutzung der Map im Programm

Sie wollen in der Regel den Mapset im Zusammenhang mit einem Anwendungsprogramm benutzen. Der Aufruf mit CECI ist ja nur eine Testhilfe, damit Sie sehen können, ob die Map das bietet, was Sie sich vorgestellt haben.

physische Map	Wie Sie wissen, entsteht beim Einrichten eines Mapsets zum einen die physische Map. Das ist das Modul, dem BMS beim Senden oder Lesen der Map unter anderem den Aufbau der Map entnimmt.
Strukturen der symbolischen Map	Aber auch die Datenübergabe zwischen Anwendungsprogramm und Mapset muß geregelt sein. Die Daten werden in einer Struktur übergeben, deren Deklaration mit COPY-Strecken (in COBOL) oder %INCLUDE-Membern (in PL/I) auf einfache Weise in das Anwendungsprogramm geholt werden kann.

Gehen wir von einem Mapset mit dem Namen MAPT1 aus. Unter COBOL wären die Strukturen einzubinden mit dem Befehl:

```
...
DATA DIVISION.
WORKING STORAGE SECTION.
COPY MAPT1.
...
```

Unter PL/I:

```
...
%INCLUDE MAPT1;
```

Nun stehen im Anwendungsprogramm selber die Strukturen zur Verfügung, mit deren Hilfe die Inhalte der Mapfelder vor der Ausgabe verändert werden können und über die nach dem RECEIVE MAP der Inhalt der einzelnen Eingabefelder abgefragt werden kann. Sofern Sie den Mapset mit STORAGE=AUTO vereinbart haben, was üblich ist, brauchen Sie sich über den Speicherplatz für die Strukturen keine Gedanken zu machen.

Gehen wir weiterhin davon aus, daß der Mapset MAPT1 zwei Maps enthält: MAP1 und MAP2. MAP1 mit den Feldern FELD11 und FELD12, MAP2 mit den Feldern FELD21 und FELD22. Bei all diesen Feldern handelt es sich um ungeschützte Felder, also Eingabefelder. Durch das Einbeziehen der COPY-Strecke beziehungsweise des %INCLUDE-Members stehen pro Map je zwei Strukturen zur Verfügung.

Da gibt es die Struktur MAP1I. Sie dient zum Abfragen der eingegebenen Daten von MAP1 und enthält die Felder FELD11L (es gibt Auskunft über die Länge der Eingabe in FELD11), FELD11F (es hat in der Regel den Wert x00. x80 sagt aus, daß das Feld gelöscht wurde), und FELD11I, in dem die vom Anwender eingegebenen Daten des Feldes FELD11 stehen. Desgleichen gibt es die Felder FELD12L, FELD12F und FELD12I, die für FELD12 demselben Zweck dienen. Auch für Ausgabefelder, die bei der Definition der Map mit Namen versehen wurden, stehen die entsprechenden Felder in der Eingabestruktur zur Verfügung.

Ferner existiert die Struktur MAP1O. Sie kann im Anwendungsprogramm vor dem Senden der Map gefüllt werden, um in die Ausgabefelder die passenden Werte zu stellen, dient aber auch zum Vorfüllen der Eingabefelder mit bestimmten Werten. Sie enthält die Felder FELD11A (in ihm wird das Attribut des Feldes geführt) und FELD11O (für den darzustellenden Wert). Desgleichen gibt es die Felder FELD12A und FELD12O, die für FELD12 denselben Zweck erfüllen.

Jetzt stehen Ihnen die Schnittstellen zwischen Anwendungsprogramm und BMS-Mapset zur Verfügung. Wie Sie mit BMS eine Map schreiben oder lesen, ist im folgenden beschrieben.

6.4 BMS schreibt

Um aus einem Anwendungsprogramm mit einer BMS-Map schreiben zu können, sind im Anwendungsprogramm folgende Schritte erforderlich:

⇨ Einbinden der Datenstruktur,
⇨ Löschen des Ausgabe-Datenbereichs,
⇨ gegebenenfalls Verändern der Daten und / oder Attribute,
⇨ Senden der Map durch den Befehl SEND MAP.

Wir wollen die einzelnen Schritte detailliert durchgehen.

Einbinden der Datenstruktur
Das Einbinden der Datenstruktur geschieht unter COBOL als COPY-Strecke, unter PL/I als %INCLUDE-Member. Die Vorgehensweise und die Strukturen, die dabei zur Verfügung gestellt werden, haben wir eben geschildert.

Löschen des Ausgabe-Datenbereichs
Grundsätzlich sollten Sie die Ausgabebereiche mit Werten x00 löschen. Das geschieht unter PL/I durch folgende Anweisungen:

```
DCL STR BASED CHAR(32767);
SUBSTR(ADDR(MAP1O)->STR,1,STG(MAP1O))=LOW(STG(MAP1O));
```

Hierbei ist der Name der Map MAP1.

In COBOL sieht nicht ganz so abenteuerlich aus:

```
MOVE LOW-VALUES TO MAP1O
```

Verändern der Daten und / oder Attribute
In den allermeisten Fällen werden Sie den Inhalt einiger oder mehrerer Ausgabefelder (oder auch Eingabefelder) der Map verändern, bevor Sie die Map auf den Bildschirm schreiben. So können Sie für jedes Feld zwei Veränderungen vornehmen: Das Attribut und der darzustellende Inhalt des Feldes.

Beschäftigen wir uns zuerst einmal mit dem Feldinhalt. Wenn Sie sich die Definition der einzelnen Felder ansehen, werden Sie erkennen, daß alle Felder im Format CHAR(x) (bei PL/I) oder PIC X(x) (bei COBOL) sind. Es gibt zum Beispiel in einer Map keine gepackten Felder. Sie müssen also bei der Zuweisung des darzustellenden Wertes an das Feld der Ausgabestruktur selbst für die geeignete Darstellungsweise sorgen.

Wenn Sie einem 10stelligen Characterfeld eine 20stellige Zeichenkette zuweisen, kann man sich noch vorstellen, daß eben nur die ersten 10 Stellen angezeigt werden und der Rest des Inhalts einfach abgeschnitten wird. Um hier bei Bedarf einen intelligenteren Mechanismus einzusetzen, müssen Sie ihn selber programmieren. Interessant wird es jedoch bei der Darstellung numerischer Werte. Hier müssen Sie durch geeignete Formen der Zuweisung dafür sorgen, daß die Umformung des Wertes vom numerischen oder gepackten Format in die Zeichen-Darstellung nach Ihren Vorstellungen erfolgt. Interessant sind dabei folgende Fragen:

⇨ Wie groß ist der größte darzustellende Wert?
⇨ Sollen Zahlen links- oder rechtsbündig dargestellt werden?
⇨ Soll eine Abtrennung der Dezimalstellen, zum Beispiel bei Beträgen, erfolgen?
⇨ Sollen bei großen Zahlen Tausender-Trennungen erfolgen?
⇨ Welches Darstellungsformat: Das amerikanische (Dezimaltrennung mit Punkt, Tausenderteilung mit Komma) oder das europäische (Dezimaltrennung mit Komma, Tausenderteilung mit Punkt)?

Und allgemein stellt sich die Frage, ob in Eingabefeldern vielleicht die Leerstellen mit Punkten unterlegt werden, damit der Einweiser die Länge des Feldes erkennt.

Wenn Sie sich an unsere Schilderung der Ausgabestruktur erinnern, wissen Sie vielleicht auch noch, daß es neben den Feldern mit dem Suffix O auch solche mit dem Suffix A gibt. Diese Felder enthalten den Attributwert. Lassen Sie sie unbeachtet, dann verbleibt in ihnen der Wert, der beim Definieren des Mapfeldes als Attributkombination angegeben wurde.

Sie können jedoch auch vor dem Senden der Map durch Zuweisung spezieller Werte die Attribute verändern. So können Sie beispielsweise dynamisch, also vielleicht in Abhängigkeit von bestimmten Datenbeständen, ein Feld hell anzeigen, das eigentlich nur mit normaler Helligkeit definiert ist. Oder Sie können ein als UNPROTECTED gedachtes Feld schließen, indem Sie ein entsprechendes Attribut zuweisen.

Attribute verändern

Über die COPY-Strecke beziehungsweise das %INCLUDE-Member DFHBMSCA steht eine Anzahl von Konstantendefinitionen zur Verfügung, die jeweils unterschiedliche Attributwerte für verschiedene Zwecke bieten. Wir stellen hier einige der wichtigsten dar. Es gibt noch mehr davon. Sie können sie auch dem Application Programmer's Reference Manual entnehmen.

Konstante	Bedeutung
DFHBMASK	Ausgabefeld normaler Helligkeit mit Autoskip
DFHBMASB	Ausgabefeld hell mit Autoskip
DFHBMPRO	Ausgabefeld normaler Helligkeit ohne Autoskip
DFHPROTN	Ausgabefeld, Anzeige unterdrückt
DFHBMASF	Ausgabefeld, Autoskip und MDT an
DFHBMPRF	Ausgabefeld, MDT an
DFHBMUNP	Eingabefeld normaler Helligkeit
DFHBMFSE	Eingabefeld normaler Helligkeit, MDT an
DFHUNIMD	Eingabefeld hell, MDT an

Das Einstellen von Attributen geschieht durch einfache Zuweisung. Wollten wir das Eingabefeld FELD jetzt schließen, so daß keine Eingabe mehr möglich ist, würde das in PL/I so lauten:

FELDA=DFHBMPRO;

Für COBOL lautet das:

MOVE DFHBMPRO TO FELDA

Noch eine Besonderheit des Schreibens von Daten: Wenn bei SEND MAP die Option DATAONLY verwendet wird (wir gehen im nächsten Abschnitt weiter darauf ein), werden nur die Felder berücksichtigt, bei denen das erste Byte des Feldinhaltes ungleich x00 ist. Auf diese Weise können Sie steuern, welche Bereiche des Bildschirms überschrieben werden und welche nicht.

Cursor-Position

Nach dem Schreiben der Map soll der Cursor meist an einer ganz bestimmten Position auf dem Bildschirm stehen. Das ist in der Regel die erste Stelle eines Feldes. Ihnen als Programmierer ist es möglich, dynamisch den Cursor zu positionieren. Dazu gibt es drei verschiedene Wege:

⇨ Sie können beim SEND MAP die Option CURSOR mit Angabe eines Wertes verwenden. Dieser Wert gibt die Cursorposition an. Die Cursorposition wird rechnerisch nach der Formel gebildet:

```
((Zeile - 1) * Zeilenlänge ) + Position - 1
```

⇨ Verwenden Sie beim SEND MAP die Option CURSOR ohne Angabe eines Wertes. In diesem Fall wird der Cursor nach dem Schreiben der Map auf den Beginn des ersten Feldes gestellt, dessen Längenfeld den Wert -1 enthält. Den Wert -1 stellen Sie vor dem Schreiben der Map in das Längenfeld (in der Eingabestruktur) des Feldes, auf dessen Beginn der Cursor landen soll. Wollten wir erreichen, daß nach Schreiben der Map der Cursor auf dem Beginn des Eingabefeldes FELD steht, wäre in PL/I folgendes Statement erforderlich:

```
FELDL=-1;
```

Für COBOL lautet das:

```
MOVE -1 TO FELDL
```

Das darauffolgende SEND MAP benötigt die Option CURSOR ohne Angabe eines Wertes.

⇨ Wenn Sie in der Definition der Map eines der Felder mit dem Attribut IC versehen haben, können Sie beim SEND MAP ohne die Option CURSOR verwenden. In diesem Fall wird der Cursor nach dem Schreiben der Map auf den Beginn des mit IC gekennzeichneten Feldes gestellt.

Senden der Map durch den Befehl SEND MAP
Wir kommen jetzt zum Kern der Angelegenheit: Die mit den vorigen Schritten vorbereitete Map wird geschrieben. Das geschieht mit dem Befehl SEND MAP, wie wir ihn in Kapitel 4 bereits erläutert haben.

Wie dort bereits besprochen, bietet der Befehl SEND MAP drei Alternativen:

⇨ Herausschreiben sowohl der Map mit ihren unveränderlichen Daten als auch der variablen Daten in den Feldern (die Standardsituation),
⇨ Herausschreiben nur der Map mit ihren unveränderlichen Inhalten, ohne variable Daten (Option MAPONLY),
⇨ Herausschreiben nur der variablen Daten an der ihnen bestimmten Position. Die unveränderlichen Inhalte der Map werden nicht geschrieben (Option DATAONLY).

Üblicherweise bietet es sich an, wenn die vorherige Bildschirmsituation unklar oder der Bildschirm leer ist, zu Anfang sowohl die Map als auch die variablen Daten herauszuschreiben und dabei die Option ERASE einzusetzen. Sind dann Inhalte der Map neu zu schreiben, wird lediglich SEND MAP DATAONLY ohne ERASE verwendet. Oder soll in eine bestehende Map ein Fehlerhinweis eingeblendet werden (das Feld für die Hinweiszeile ist Bestandteil der Map), so kommt auch hier SEND MAP DATAONLY ohne ERASE zum Einsatz. Da lediglich das Feld für den Hinweistext mit »normalen« Werten, nämlich einem Text versehen ist, während sich in den anderen Feldern x00-Werte befinden, erscheint lediglich der Hinweistext an der vorgesehenen Stelle. Der restliche Aufbau des Bildschirms bleibt unverändert.

Hier noch einmal der Befehl SEND MAP mit seinen Optionen:

```
EXEC CICS SEND MAP   (name)
          MAPSET     (name)
          MAPONLY  | DATAONLY
          FROM       (area)
          LENGTH     (value)
          CURSOR   | CURSOR (area)
          ERASE    | ERASEUP
          ALARM
          FREEKB
          FRSET
```

SEND MAP

MAP	Kann entweder als Konstante in Hochkommata oder als 8 Byte großes Feld alphanumerisch angegeben werden.
MAPSET	Hier gelten die gleichen Regeln wie für die Angabe von MAP. Sind der Name der Map und des Mapsets gleich, so braucht der Name des Mapsets nicht angegeben zu werden.
MAPONLY	Schließt die Angabe FROM aus, da in diesem Fall nur die Map — ohne Daten vom Anwendungsprogramm — an den Bildschirm geschickt wird. Die Verwendung von MAPONLY schließt DATAONLY aus.
DATAONLY	Es werden nur die Variablen aus dem Anwendungsprogramm, die ungleich x00 sind, auf den Bildschirm gebracht. Die Verwendung von DATAONLY schließt MAPONLY aus.

FROM	Hier wird der Datenbereich angegeben, aus dem heraus die Daten zur Mapaufbereitung genommen werden sollen. Nicht erforderlich bei MAPONLY.
LENGTH	Diese Option braucht nur spezifiziert zu werden, wenn die Länge des Ausgabebereiches kürzer ist als der vorgesehene Datenbereich.
CURSOR	Gibt mit dem Wert in *area* die absolute Cursor-Position auf dem Bildschirm an. Ohne Angabe des Wertes wird die symbolische Cursor-Positionierung von BMS aktiv (entweder das Feld mit *IC* oder das erste Längenfeld mit dem Wert -1 (xFFFF)).
ERASE	Löschen des Bildschirms vor dem SEND der neuen Map. Positionieren des Cursors nach links oben (1,1). Wird der Cursor in der neuen Map nicht richtig positioniert, so bleibt er oben links stehen.
ERASEUP	Alle ungeschützten (zur Eingabe freien) Felder werden vor der Ausgabe-Operation gelöscht.
ALARM	An der Datenstation wird die Akustik-Einrichtung beim Senden der Map aktiviert.
FREEKB	Die Tastatur wird für die Dateneingabe entriegelt (»X System« erlischt). Wird dies vergessen, so muß die Taste »GRUNDSTELLUNG« betätigt werden, damit erneut Daten eingegeben werden können.
FRSET	Es werden alle Modified Data Tags zurückgesetzt, d.h. bei der nächsten Bildschirm-Eingabeverarbeitung werden nur die tatsächlich modifizierten Felder zum Host-Rechner übertragen. (Dabei werden Leerstellen genauso übertragen wie Daten, die überschrieben wurden.)

Wir haben Ihnen bereits die Möglichkeiten genannt, mehrere Maps miteinander auf dem Bildschirm zu mischen. Hierzu rufen wir uns noch einmal den Mapset MAPT1 in Erinnerung, den wir bereits Kapitel 4 kennengelernt haben. Er besteht aus insgesamt drei verschiedenen Maps. Die Kombination der beiden Maps erzeugt den Eindruck einer einzigen, in sich geschlossenen Map. Unter normalen Umständen kommt der Anwender nicht auf den Gedanken, daß es sich um zwei verschiedene Maps handeln könnte.

Mapsets sinnvoll zusammenstellen — Diese Kombinationen können Sie nutzen, wenn Sie in einem komplexen TP-Verfahren aus mehreren Bildern den Kopf- und Fußbereich des Bildes immer gleich gestalten und stets ein- und dieselbe Map benutzen, um diese beiden Bereiche zu schreiben. Der je nach Funktion unterschiedliche Rumpf des Bildes wird dann von jeweils einer anderen Map gestaltet. Auf diese Weise können dann generelle Änderungen im Bildkopf oder -fuß mit einem einzigen Eingriff durchgeführt werden.

Ein Mapset enthält mindestens eine Map, kann aber auch bis zu sieben Maps enthalten. Im laufenden Betrieb wird, wenn auch nur eine einzige Map des Mapsets benutzt werden soll, stets der ganze Mapset geladen. Befinden sich viele Maps im Mapset, die vielleicht gar nicht benötigt werden, kann der Aufruf einer einzigen,

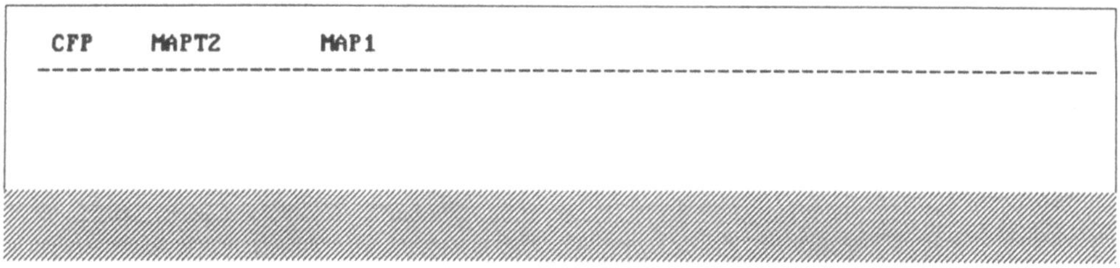

Abb. 6.1   Das Erscheinungsbild der MAP1 aus MAPT2.

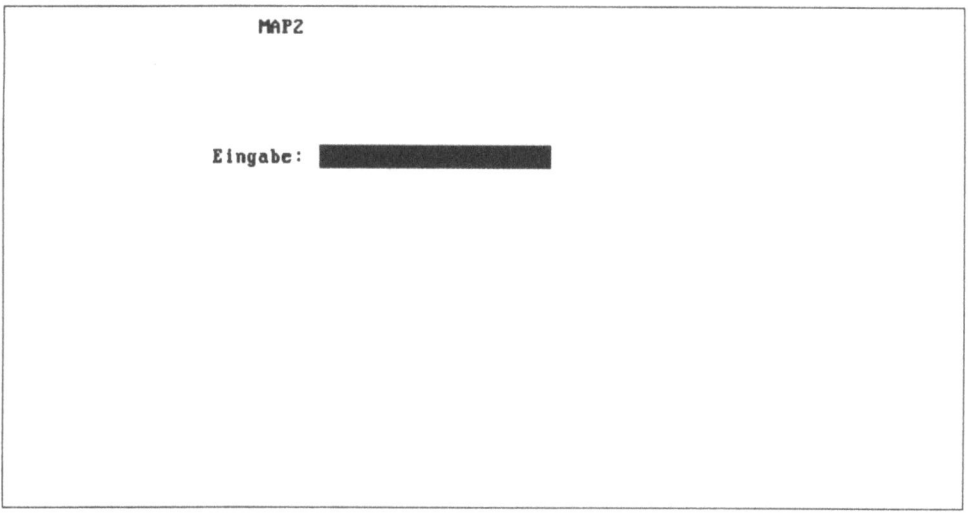

Abb. 6.2   Das Erscheinungsbild der MAP2 aus MAPT2.

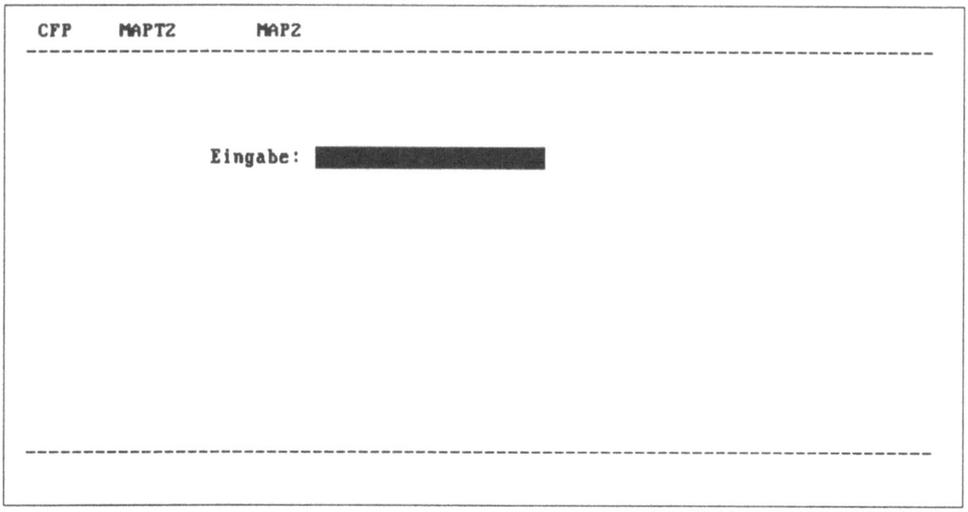

Abb. 6.3   Die Kombination von MAP1 und MAP2.

kleinen Map einen enormen Ladevorgang bewirken. Finden Sie hier also das richtige
Mittelmaß, und kombinieren Sie solche Maps in einem Mapset, die auch gemeinsam
benötigt werden.

Listenbilder

Auf eine Besonderheit wollen wir an dieser Stelle noch eingehen:
Auf Listenbilder. Das sind Bilder, in deren Bildrumpf sich
mehrere Zeilen mit ständig wiederkehrendem Aufbau befinden.
Mit solchen Bildern werden häufig größere Datenbestände aus
beliebig vielen Einzelposten dargestellt, wobei in der Regel pro
Posten eine Bildschirmzeile belegt wird.

```
Auftrag                         Bild 9300                   Seite 1 von 10
------------------------------------------------------------------------
Kundennummer: 1027 000
Vertrag     : 11
------------------- F-180 Sequentiell ----------------------------------
     ISN  AA  AB      AF       AG      AH     BA        BB  BC
      2   5   88021   9782105  90160   1357   0001027   00  BM0000
     21   5   88022   9782103  90160   0720   0001027   00  BM1000
     22   5   88023   9782105  90160   0720   0001027   00  BM1000
     23   5   88024   9782105  90161   0721   0001027   00  BM1000
     76   9   00000   9782104  90161   1519   0001028   10  B00620
     78   9   00000   9782104  90161   0818   0001028   10  B00630
     80   9   00000   9782105  90161   0845   0001028   10  B00600
     81   9   00000   2232104  90161   0848   0001028   10  B00600
     82   9   00000   2734104  90161   0850   0001028   10  B00600
     83   9   00000   9782104  90161   0852   0001028   10  B00600
     95   9   00000   4322104  90161   1014   0001028   10  B00600
     97   9   00000   9784104  90161   1015   0001028   10  B00600
Infos: . A uswWt/ Q BBQ/ I nfo/ G roßk
------------------------------------------------------------------ Fort  -
              PF: 1(Kdnr) 2(Name) 4(vB) 7(BPK) 9(TAW) 10(Hilf) 11(TA) 12(Umm)
     Bild: ....
```

Abb. 6.4   Ein typisches Listenbild.

Beim Erstellen der Map haben Sie beispielsweise die Felder der ersten Zeile benannt
mit FELD011, FELD012, FELD013 etc. Die Felder der zweiten Zeile heißen
FELD021, FELD022, FELD023, die Felder der dreizehnten Zeile heißen FELD131,
FELD132, FELD133. Stellen Sie sich die programmtechnischen Verrenkungen vor,
die Sie nun machen müssen, um im Programm die richtigen Werte den richtigen
Feldern zuzuweisen, und zwar in Abhängigkeit von der Zeile, die gerade gefüllt
wird. Hier wäre es sehr schön, eine Tabelle benutzen zu können.

Deklarieren Sie zusätzlich zur COPY-Strecke (COBOL) beziehungsweise zum
%INCLUDE-Member (PL/I) eine Tabelle, deren Struktur genau auf den Bereich der
Ausgabestruktur paßt, der die Ausgabezeilen enthält. Diese Struktur muß per Pointer
genau auf die Adresse des Ausgabebereiches der Map gelegt werden. Beachten Sie
beim Deklarieren der Struktur auch die Zwischenfelder (2 Bytes für das Längenfeld,
1 Byte für das Attribut, gegebenenfalls je 1 Byte für Farbe und Highlighting), die
zwischen den einzelnen Feldern liegen. Achtung: Bei dieser Vorgehensweise ist

höchste Präzision erforderlich. Wenn die Struktur genau stimmt und auch exakt auf dem ersten Feld des Tabellenteiles beginnt, können Sie durch Füllen der zusätzlich angelegten Tabelle die einzelnen Zeilen der Map indexgesteuert füllen. Diese Vorgehensweise erfordert:

⇨ Die Tabelle muß ganz genau ausgerichtet werden (Startpunkt der Tabelle).
⇨ Die Länge der einzelnen Datenelemente muß ganz genau auf die Struktur der Map angepaßt werden.
⇨ Sie müssen ganz genau die Maximalanzahl der Tabellenelemente beachten. Wenn Sie die Tabellengrenzen überschreiten, können Sie kritische Datenbereiche verändern und so höchste Verwirrung im System stiften.

```
------------------- F-180  Sequentiell         -------------------
ISM    AA  AB     AF       AG      AH    BA       BB  BC
       2   5   88021    9782105   9016θ  1357   0001027  00  BM0000
       21  5   88022    9782103   90160  0720   0001027  00  BM100
       22  5   88023    9782104   90160  0720   0001027  00  BM10
    0  23  5   88024    9782105   90161  0721   0001027  00  BM1
   00  76  9   00000    9782104   90161  1519   0001028  10  B0
  620  78  9   00000    9782104   90161  0818   0001028  10  B
 0630  80  9   00000    9782105   90161  0045   0001028  10
00600  81  9   00000    2232104   90161  0848   0001028  10
```

Abb. 6.5   So könnte es aussehen, wenn die Länge der Tabellenelemente nicht genau auf die Struktur der Map paßt. Hier ist es noch einmal gutgegangen: Nur der Bildaufbau wurde verschoben. In anderen Fällen kann es Störungen bis hin zum Absturz des CICS geben.

6.5 BMS liest

Das Lesen einer Map geschieht mit dem Befehl RECEIVE MAP. Hier noch einmal der Befehl mit seinen Optionen:

```
EXEC CICS RECEIVE MAP (name)
              MAPSET (name)
         INTO (area) | SET (ptr-ref)
                FROM (area)
              LENGTH (value)
```
RECEIVE MAP

MAP	Konstante oder als 8 Byte großes Feld.
MAPSET	Wie MAP.
INTO	Datenbereich für die aufbereiteten Daten.
SET	Anfangsadresse in Pointer stellen.
FROM	Alternativer Datenbereich, aus dem die Map gelesen wird.
LENGTH	Länge des Datenbereichs für FROM.

Eine häufige Fehlerbedingung nach dem Lesen der Map ist MAPFAIL. Sie tritt auf, wenn der Anwender kein einziges Datenfeld gefüllt und gleich die Eingabe beendet hat. Sie sollten in Ihrem Programm diesen Fehler also abfragen und nötigenfalls mit einer gehörigen Nachricht beantworten. Er darf aber keineswegs zu einem Abbruch des Programms führen.

| Eingegebene Daten |

Nach dem Lesen stehen in der Struktur mit dem Namen *mapI* die eingegebenen Werte in separaten Feldern zur Verfügung. Für jedes Eingabefeld der Map stehen in dieser Struktur drei Felder:

⇨ Eines mit dem Namen *feldL*. Es enthält die Länge des in diesem Feld eingetragenen Wertes. 0 besagt, daß in diesem Feld keine Änderung vorgenommen wurde (wenn feldF auf x00 steht).

⇨ Eines mit dem Namen *feldF*. Es enthält normalerweise den Wert x00. Der Wert x80 besagt, daß der Wert des Eingabefeldes zwar verändert (gelöscht) wurde, trotzdem das Längenfeld auf 0 steht.

⇨ Eines mit dem Namen *feldI*. Es enthält den Eingabewert. Sofern der Feldwert mit angeschaltetem MDT-Bit herausgeschrieben wurde und die MDT-Bits nicht zwischenzeitlich ausgeschaltet wurden, steht der ursprünglich ausgegebene Wert wieder zur Verfügung. Wenn die MDT-Bits ausgeschaltet waren, so steht hier nur ein Wert, wenn der Anwender tatsächlich eine Änderung vorgenommen hat.

Wenn Sie es sich zur Angewohnheit gemacht haben, Eingabefelder mit besonderen Zeichen, beispielsweise Punkten, zu unterlegen, so dürfen Sie nicht vergessen, beim Interpretieren der Eingabe diese Sonderzeichen wieder aus den einzelnen Feldern zu entfernen, sofern sie keine besondere Bedeutung haben. Bei der Verwendung des Attributes UNDERLINE treten derartige Probleme nicht auf, jedoch wird es nicht von allen Terminals unterstützt.

Es hängt nicht direkt mit dem Lesen der Map zusammen: Den EIB-Feldern EIBAID und EIBCPOSN können Sie wichtige Informationen entnehmen. In EIBAID steht verschlüsselt die Taste, mit welcher der Anwender die Eingabe beendete. CICS bietet Konstanten zum Vergleich. Sie stehen in der Copy-Strecke beziehungsweise dem %Include-Member DFHAID.

Konstante	Entspricht der Taste
DFHENTER	Datenfreigabe
DFHCLEAR	CLEAR- oder Löschtaste
DFHPA1	PA 1, 1 Seite vorblättern
DFHPA2	PA 2, 1 Seite zurückblättern
DFHPF1	PF 1 bis ...
DFHPF12	PF 12 bis ...
DFHPF24	PF 24

Wenn Sie darauf Wert legen, die Position des Cursors auszuwerten, ist dies möglich, sofern der Anwender nicht CLEAR, PA1 oder PA2 gedrückt hat. In diesem Fall ist nämlich das Feld EIBCPOSN nicht richtig gefüllt. In allen anderen Fällen entspricht der Wert in EIBCPOSN der Position des Cursors auf dem Bildschirm.

6.6 Stilfragen

Wir befassen uns jetzt noch einmal mit nicht-technischen Aspekten der Bildgestaltung. Hierbei handelt es sich um Ratschläge, die kaum mehr als globale Empfehlungen darstellen können, aber letzten Endes unserer Erfahrung beim Gestalten von TP-Verfahren entspringen.

Ein allgemeiner Rat besagt, daß Sie die Bedeutung des von Ihnen geschaffenen Verfahrens für den Anwender nicht überschätzen dürfen. Geben Sie sich bitte soviel Mühe wie möglich, TP-Bilder ordentlich zu gestalten. Doch hüten Sie sich davor, um jeden Preis originell sein zu wollen. Das mag gefordert sein, wenn Sie sich als Maler mit Pinsel und Farbe der Freien Kunst nähern. Doch TP-Bilder sind, um bei diesem Vergleich zu bleiben, vor allem als Gebrauchsgrafik einzuordnen und unterliegen daher bestimmten Erfordernissen.

Keine Originalität um jeden Preis

Ganz wichtig ist, daß der Anwender schnell erkennen muß, was das TP-Bild aussagt beziehungsweise welche Eingaben es von ihm fordert. Das läßt sich zum einen dadurch erreichen, daß man ein Durcheinander auf dem Bildschirm vermeidet und logisch zusammenhängende Felder gruppiert.

Wichtiges schnell erkennen können

Klären Sie, mit welchen TP-Verfahren der Anwender noch arbeitet. Ein Anwender, der ausschließlich mit Ihrem TP-Verfahren arbeitet, wird sich wahrscheinlich schnell daran gewöhnen. Doch viele TP-Anwender arbeiten in kurzem zeitlichem Abstand mit mehreren Verfahren nacheinander. Dann ist es nützlich, wenn zumindest die Verfahren innerhalb eines Betriebes grundsätzliche Gemeinsamkeiten bieten. Das fängt an bei der durchgängigen Belegung der PF-Tasten und führt über die konsequente Gestaltung von Kopf- und Fußbereich aller TP-Bilder. Es ist zum Beispiel sinnvoll, Fehlermeldungen generell in eine bestimmte Zeile zu schreiben, die möglichen PF-Tasten an einer ganz bestimmten Stelle des Bildschirms aufzuführen, oder den Namen des gerade aktiven Verfahrens immer links oben anzuzeigen. Auf jeden Fall sollten Sie sich trotz aller Kreativität in die bestehende TP-Welt einfügen — zum Nutzen des Anwenders.

Welche Verfahren benutzt der Anwender noch?

Standards

```
Auftrag                     Bild 9300
-----------------------------------------------------------------
Kundennummer: 1027 000
Vertrag     : 11
-----------------------------------------------------------------

Kontrolle F-180         I           ISN
                        S           Sequentiell nach ISN
Schlüssel: ..           Z1  AA,AB   Stat, Datum
                        Z2  AF,AA   Einw, Stat
                        Z3  AA,BA,BB   Stat, Kdnr, Vt
                        Z4  AA,AF,BA   Stat, Einw, Kdnr
                        Z5  BC,BA,BB,AA  Struk, Kdnr, Vt, Stat

              ----+----1----+
Wert: von     ................    H bei Suche über Zx: Histogramm
      bis     ................

Infos: .   A uswVt/ Q BBQ/ I nfo/ G roßk
-----------------------------------------------------------------
           PF: 1(Kdnr) 2(Name) 4(vB) 7(BPK) 9(TAW) 10(Hilf) 11(TA) 12(Umm)
     Bild: ....
```

Abb. 6.6   *Bedienungsanweisungen als Bestandteil des Maptextes. Diese Map ist ausschließlich für Spezialisten gedacht, denen die aufgeführten Begriffe bekannt sind.*

Führen Sie durch gestalterische Maßnahmen den Blick des Anwenders über das TP-Bild. Nehmen Sie gegebenenfalls ausdrückliche Bedienungsanweisungen direkt in den Maptext auf. Hier noch einmal der dringende Rat, logisch zusammengehörende Daten zu gruppieren. Auch das trägt zur Übersichtlichkeit bei.

| Sortierkriterium in Listenbildern | Bei Listenbildern geht es in der Regel darum, eine Vielzahl von Daten darzustellen. Diese liegen in einer irgendwie gebildeten Reihenfolge vor. Bei der Auswahl der Felder für das Bild sollten Sie darauf achten, das für den Datenbestand verwendete Sortierkriterium auch auf dem Bildschirm anzuzeigen. Bei der Anzeige von Kundendaten in der Reihenfolge der Kundennummern ist die Sache recht eindeutig, da die Kundennummer aller Wahrscheinlichkeit nach zu den angezeigten Daten gehört. |

Bei einem anderen Beispiel könnten bestimmte Kundendaten angezeigt werden, und zwar ausschließlich die Kundennummer und der Name des Kunden. Da der Außendienstler für seine Tourenplanung aber eine Sortierung in Reihenfolge von Postleitzahl, Zustellbereich und Straßenname wünscht, ist es jetzt wichtig, diese Daten auch mit anzuzeigen. Beschränkt man sich auf die Anzeige von Kundennummer und Name, so ist die Sortierung am Bildschirm nicht nachzuvollziehen und scheint daher unsinnig.

Bei Maps mit Eingabemöglichkeit sollten Sie die Eingabefelder kennzeichnen, indem Sie sie in voller Länge mit Punkten auffüllen. Das lenkt den Blick des Anwenders

```
L E M      Einweisen eines neuen Artikels        Bild 1110
--------------------------------------------------------------------------------
XULI 1.......         > KUGELSCHREIBER...............
--------------------------------------------------------------------------------
> Ka: 010 > Mg: 02 > Bea: 1      > Lag: 1 .....      AnlDat: 30.06.92
                                                     Länd:   12.09.92
   ZBst,Art: > 97789 1 ? 92682 3 ? 73342 1 ? 73342 1  Storno:
             ? ..... . ? ..... . ? ..... . ? ..... .
   Ktr,Ant%: > 91 100  ? .. ...  ? .. ...  ? .. ...  ? .. ...  Lösch Art  ZBst
   Kto,Ant%: > 6330 .88    ? 4331 .12   ? .... ...         ? . (J) > .....

 > Mindbest:     ...100000 01 ? TG: ..      ? Lz in Tagen: ...
 ? AusgLimit:   ......... 01 ? Berecht Bst: ..... ..... ..... .....
 ? Packinh:     ......... 01

   Verknüpf.Art: ? KOP......... 1 ? ............. ? .............
   Schlagwort:  ? .......... ? .......... ? ..........   ? Aktm: ...

 ? Länd f Ddat: 99999          ? ÄndMm f Ab: .    Invdat: 12.08.92
   LDdat: NOV92 Vfb:   Lief: 104                  Invbest:     1400 01
--------------------------------------------------------------------------------
E: ....         PF: 1(UPD) 3(LÖ) 4(VB) 5(MEM) 6(LB) 10(HILF) 11(UF) 12(UMM)
```

Abb. 6.7 *Ein Bild mit logischer Gruppierung der Felder. Außerdem sind alle Pflichtfelder mit einem > gekennzeichnet, alle Kannfelder mit einem ?*

automatisch auf die wesentlichen Stellen. Eine noch bessere Möglichkeit ist es, bei entsprechenden Terminals das Extended Attribute UNDERLINE zu verwenden. Allerdings wird es nicht von allen Terminals unterstützt. Wenn es sich bei den Einweisungsfeldern zum Teil um sogenannte Pflicht-, zum Teil um Kannfelder handelt, sollten Sie eine möglichst für das ganze Haus geltende Regelung zur Kennzeichnung solcher Felder treffen: Zum Beispiel mit einem > vor jedem Pflichtfeld und einem ? vor jedem Kannfeld. Pflichtfelder sind solche, die für die weitere Verarbeitung der Daten mit einem Wert ungleich Blank oder Null gefüllt sein müssen, während Kannfelder bei Bedarf mit Werten gefüllt sein können, die für die weitere Verarbeitung aber nicht zwingend erforderlich sind. Welche der Felder Pflicht- und welche Kannfelder sind, ergibt sich aus den Notwendigkeiten der Anwendung und liegt in der Verantwortung des Programmierers.

Beleben Sie das Bild. Nichts ist schlimmer und ermüdender für das Auge als eine Einheitssoße von gleichmäßig hellen Buchstaben und Zeichen auf dem Bildschirm. Die allermeisten Terminals gestatten zumindest die Verwendung zweier unterschiedlicher Helligkeitsstufen, wenn nicht sogar den Einsatz von Farbe. Das muß allerdings sehr sorgsam erfolgen.

Setzen Sie in Ihren TP-Bildern Akzente durch gezielte Verwendung von intensiv hellen Feldern auf normal hellem Untergrund. Gehen Sie dabei aber mit System vor. So kann es empfehlenswert sein, alle Eingabefelder generell intensiv zu senden, den restlichen Text der Map in normaler Helligkeit. Sie können auch Helligkeit dazu verwenden, bestimmte Tatbestände hervorzuheben, zum Beispiel eine Sollstellung in einem Konto. Doch verlassen Sie sich nicht darauf, daß alle Anwender ihre Terminals so einstellen, daß sie den Helligkeitsunterschied tatsächlich wahrnehmen können (auch Sehfehler verhindern dies möglicherweise). Sofern sich eine wichtige Information dahinter verbirgt, müssen Sie daneben immer noch mit einem tatsächlich gesetzten Zeichen (vielleicht einem Stern) garantieren, daß die Besonderheit des Tatbestandes ins Auge fällt.

Wenn Ihre Anwender Bildschirme mit Positiv-Darstellung verwenden (dunkle Schrift auf weißem Untergrund), so beachten Sie bitte, daß möglicherweise Felder mit intensiver Helligkeit in diesem Fall grau statt weiß unterlegt sind. Prüfen Sie die Maps auf einem Positivbildschirm, da diese grauen Felder das Erscheinungsbild gegenüber der Normaldarstellung stark verändern können.

Nicht zu voll stopfen	Stopfen Sie den Bildschirm nicht allzu voll. Natürlich ist es für den Anwender schöner, wenn er alle gewünschten Daten auf einem Bild sehen kann, als wenn er extra für jede Auskunft blättern müßte (letztlich eine Zeitfrage). Andererseits hat jeder Bildschirm nur eine begrenzte Anzahl von Spalten und Zeilen, und die Attribute zwischen den einzelnen Feldern belegen auch noch einmal nicht nutzbare Stellen, so daß für eigentliche Daten mitunter gar nicht genügend Platz vorhanden ist.

Dem Systemgestalter obliegt es hier, für die Bildschirmentwürfe die genau richtige Auswahl von Feldern zu treffen, die jeweils in einem Bildschirm vereinigt sein sollen. Dies erfordert mitunter eine intensive Ist-Aufnahme, um einerseits festzustellen, welche Daten im Zusammenhang benötigt werden, andererseits aber auch Durchschnittswerte für die Anzahl von Daten zu ermitteln, die im Normalfall eine Rolle spielen.

Schlüssel im Klartext	Wenn Sie in Ihren Bildern Schlüsselwerte darstellen, versuchen Sie möglichst, sie in Klartext zu übersetzen, sofern das für den Anwender irgendwie von Vorteil sein kann.
Farbe — nicht zu bunt	Beim Entwerfen von Maps für Farbbildschirme sollten Sie sich zurückhalten. Nichts ist schlimmer, als wenn jedes Bild die ganze Farbpalette des Bildschirms herauszukitzeln versucht. Dem Anwender wird es im wahrsten Sinne des Wortes zu bunt.

Beschränken Sie sich auf eine bestimmte Farbgruppe. Verwenden Sie eine hervorstechende Farbe nur für außergewöhnlich wichtige Nachrichten. So könnten Sie bei einer allgemeinen Blaustimmung des Bildes Fehlernachrichten auf einem roten Hintergrund (einem Balken in roter Farbe) senden. Denken Sie auch an Farbenblinde, denen bestimmte Farbkombinationen nichts als eine einheitlich graue

Fläche bescheren, auf der sie nichts erkennen können. Hier können jedoch meist hardwaremäßig an den Terminals Farbänderungen eingestellt werden.

Im Interesse einer effizienten Systemnutzung, insbesondere bei Remote-Systemen, sollten Sie die Menge der für die Bildschirmdarstellung notwendigen Daten gering halten. Lassen Sie bei Bildwechseln daher, wenn es möglich ist, die unveränderten Teile des Bildes stehen und blenden Sie die veränderten Teile darüber, ohne vorher den Bildschirm zu löschen.

Versuchen Sie, den Bildaufbau möglichst ruhig zu halten. Wir hatten bereits früher in diesem Kapitel darauf hingewiesen, daß die Segmentierung des Bildschirms und das partielle Überschreiben für ein ruhiges Erscheinungsbild sorgen können. Auch wenn es für den eigentlichen Bildaufbau keinen Unterschied macht, ob vorher der Bildschirm zweimal geflackert hat, so ist es doch ein Kennzeichen für die Ausgereiftheit des Systems, wenn der Übergang einigermaßen glatt vonstatten geht.

Der Wechsel zwischen den Bildern, insbesondere, wenn sie zum selben TP-Verfahren gehören, sollte möglichst ruhig ablaufen. Ein ständiges Bildschirmlöschen bei jedem Bildwechsel erzeugt den Eindruck von Unruhe.

Zwar stellt die Prüfung der Eingabedaten nicht unbedingt ein Problem des RECEIVE MAP dar, doch gehört sie zum Thema der Bildgestaltung, da sie für den Anwender untrennbar mit dem TP-Bild verbunden ist. Eine Prüfung der Eingabedaten sollte generell derart erfolgen:

Prüfen der Eingabe

⇨ Fehlerfreie Eingabe braucht nicht zu gesonderter Nachricht zu führen, kann es im Einzelfall aber.
⇨ Wenn in Ihrem System nur zwischen 12 PF-Tasten unterschieden wird, jedoch die Terminals generell über 24 PF-Tasten verfügen, sollten Sie per Programmlogik die entsprechenden Tasten gleich behandeln (PF 13 = PF 1, PF 14 = PF 2 etc.). Sorgen Sie durch geeignete Meldungen dafür, daß der Anwender genau weiß, ob seine Eingaben verarbeitet wurden oder nicht. So können nach erfolgter Verarbeitung der Daten die Eingabefelder gelöscht werden, auf jeden Fall muß eine »Verarbeitet«-Meldung erfolgen.
⇨ Bei Auftreten eines Eingabefehlers in einem Feld sollte eine möglichst eindeutige Fehlernachricht an der dafür reservierten Stelle des Bildschirms erscheinen. Außerdem sollte der Cursor auf die als fehlerhaft erkannte Stelle springen. Ob Sie in dieser Situation auch einen Alarmton erklingen lassen, hängt von den allgemeinen Gewohnheiten in Ihrem Hause ab.
⇨ Bei mehreren zu prüfenden Eingabefeldern sollten die Fehlernachrichten gegebenenfalls in der Reihenfolge von links oben nach rechts unten erscheinen (bei jedem Vorgang kann in der Regel ja nur ein Fehler markiert und gemeldet werden).

Gestalten Sie die Interpretation der Eingabedaten durch entsprechenden Aufwand in der Verarbeitungslogik Ihres Programms intelligent. Hierzu zählt beispielsweise, daß bei Betragsfeldern eine Stellengebundenheit unsinnig ist und oftmals zu Erfassungsfehlern führt (1000 statt 10). Es darf für den interpretierten Wert keine Rolle spielen, ob der Anwender den Wert direkt an den Anfang des Feldes oder an dessen Ende geschrieben hat. Andererseits könnten Sie bei der Eingabe von Beträgen generell fordern, daß die Zahl mit einem Komma und genau zwei Stellen nach dem Komma eingegeben wird, um sicherzugehen, mit welchem Stellenwert der Betrag (als DM oder Pfennige?) zu interpretieren ist.

Wir haben beim Definieren der Mapsets alle Felder stets als String-Felder eingesetzt. Zwar bietet BMS auch die Möglichkeit, Felder für rein numerische Werte zu vereinbaren. Doch bringt diese Vereinbarung keine praktischen Vorteile, sie bietet auch keinen Schutz gegen Eingabe von Buchstaben in solche numerischen Felder. Wenn Sie in Ihrem Programm eine Gültigkeitsprüfung vornehmen, können Sie die Reaktion des Systems nach eigenen Wünschen steuern. Verwenden Sie aus diesem Grunde stets nur String-Felder.

Als Einweiserhilfe dargestellte Punkte müssen von einer intelligenten Eingabeprüfung eliminiert werden.

Letztlich können wir hier keine Richtlinie zur Gestaltung von Maps geben. Wichtig ist eben, daß Sie sich an die in Ihrem Hause gebräuchlichen Standards halten (zumindest, solange sie tatsächlich sinnvoll sind). Firmenübergreifend könnten Sie sich an dem von IBM gerne als Standard angesehenen SAA CUA (System Applications Architecture, Common User Access) orientieren. Er läßt sich, was die Bildschirmgestaltung betrifft, auf den etwas ungelenken 3270-Bildschirmen jedoch nur zum Teil verwirklichen.

Wir hoffen, Ihnen auf diese Weise ein paar Anhaltspunkte für das Gestalten von Bildschirmanwendungen gegeben zu haben. Doch letzten Endes ist Ihr Fingerspitzengefühl gefragt, damit aus den Einflußfaktoren Anwendungserfordernis, Standards im Hause und Sehgewohnheiten des Anwenders ein angenehm und effizient zu nutzendes TP-Verfahren entsteht.

7 Dateizugriffe

Die meisten TP-Verfahren haben die Aufgabe, in der einen oder anderen Form den Inhalt von Dateien und Datenbanken anzuzeigen. Damit wollen wir uns in diesem Kapitel befassen.

Doch wissen wir nicht, welche Form der Datenspeicherung in Ihrem Haus verwendet wird, welches Datenbankverfahren zum Einsatz kommt. Und daraus entsteht auch das Problem, daß wir nur grundsätzliche Aspekte des Dateizugriffes unter CICS behandeln können. Eine eingehende Erläuterung beispielsweise des Zugriffs unter DB2 würde all jene nicht interessieren, die mit DL/I arbeiten, und wer ADABAS im Einsatz hat, bräuchte noch eine zusätzliche Abhandlung. Auch wäre eine grundsätzliche Einführung in Arbeitsweise und Einsatzmöglichkeiten der jeweiligen Datenbank Thema eines eigenen Buches. Deshalb fassen wir uns an dieser Stelle recht kurz.

| Viele unterschiedliche Arten der Datenführung |

7.1 Dateierfordernisse im Dialogbetrieb

Es versteht sich wohl von selbst, daß unter TP der Zugriff auf die Datenbestände wahlfrei erfolgen muß. Das direkte Verarbeiten von Dateien auf Band unter TP ist nicht praktikabel, da man ja nicht von vornherein sagen kann, nach welchem Ordnungsbegriff in welcher Reihenfolge abgefragt wird.

| Nur mit wahlfreiem Zugriff |

Die verwendete Dateizugriffsmethode muß die Möglichkeit bieten, mit einem Suchbegriff an die Datenbestände heranzugehen und dann eine begrenzte Anzahl von Datensätzen zurückzuerhalten. In der Regel bietet jeder Aufruf den Inhalt eines einzigen Satzes. Anhand entsprechend gewählter Befehle erkennt die Dateizugriffsmethode, ob jetzt eine neue Suche gestartet oder ein weiterer Satz aus einem vorher ermittelten Ergebnis zurückgegeben werden soll.

Häufig besteht nicht nur die Notwendigkeit, die Daten eines einzelnen Falles aufzufinden (z.B. die Daten eines Werkzeugs), sondern eine ganze Reihe von Fällen zu lesen, etwa um listenartig alle Werkzeuge aufzuführen, deren Werkzeugnummer mit KLEM beginnt. Hier arbeiten die einzelnen Verfahren unterschiedlich in der Art und Weise, wie eine solche Vielzahl von Sätzen ermittelt wird, und in der Unterstützung des Blätterns in Listenbildern. Das sind Bilder, in denen eine gewisse Anzahl von Daten zu einer Vielzahl von Ordnungsbegriffen dargestellt wird. Bleiben wir bei unseren Werkzeugdaten: In einem als Werkzeugkatalog konzipierten TP-Bild werden pro Werkzeug die Werkzeugnummer und die Bezeichnung angezeigt. Das paßt sehr gut in jeweils eine Bildschirmzeile. Ein Bildschirm bietet Platz für etwa 15 solcher Zeilen. Sie haben jedoch mehr als 15 Werkzeuge. Um weitere Werkzeuge zu sehen, müssen Sie blättern können. Das sollte sowohl vorwärts wie rückwärts funktionieren. Der Anwendungsprogrammierer muß dafür sorgen, daß dieses Blättern auch die Datensätze in der richtigen Reihenfolge aus dem Datenverfahren abfordert.

Unterschiedliche Schlüsselbegriffe	Häufig besteht in einem TP-Verfahren die Notwendigkeit, unter verschiedenen Aspekten auf ein- und denselben Datenbestand zuzugreifen. Bleiben wir bei den Werkzeugdaten. Die meisten Zugriffe geschehen über die Werkzeugnummer: Wer etwas zu einem Werkzeug wissen will, gibt dessen Nummer ein. Sie ist der Haupt-Schlüsselbegriff. Wird nun zusätzlich noch eine Auswertung nach Abteilungen erforderlich (beispielsweise eine Suche, welche Werkzeuge die Abteilung 243 hortet), so muß für diese Abfrage bei den meisten Dateizugriffsmethoden ein zusätzlicher Deskriptor oder ein zusätzlicher Index eingerichtet werden.
Besondere Probleme beim Update	Eine weitere Problematik tritt auf, wenn das TP-Verfahren nicht nur Daten anzeigt, sondern auch ein Update ermöglicht. Dann muß gewährleistet sein, daß ein einziger Satz nur von jeweils einem Anwender bearbeitet werden kann. Alle anderen Anwender sind solange von der verändernden Verarbeitung des Satz ausgeschlossen. Man spricht hier auch von Sperren eines Satzes.

Anwender 1 möchte die Bezeichnung des Werkzeuges FEIL0020 ändern. Das Programm liest die momentanen Daten des Satzes und sperrt gleichzeitig den Satz gegen Update-Zugriffe anderer Anwender. Während Anwender 1 noch die Daten des Satzes betrachtet und gerade seine Änderung eintippt, hat Anwender 2 dieselbe Idee: Auch er will FEIL0020 umbenennen.

Doch das Datensystem läßt ihn nicht an die Daten dieses Satzes heran (aufgrund der Art des Zugriffs ist dem Datensystem bekannt, daß auch er eine Änderung durchführen möchte). Nun muß das Anwendungsprogramm auf diese Situation angemessen reagieren. Anwender 2 sollte die Kontrolle über sein TP-Bild wiedererhalten mit der Nachricht »Daten dieses Werkzeugs zur Zeit gesperrt« o.ä.

Manche Verfahren bieten auch die Möglichkeit, solche Datenzugriffe »in Wartestellung« zu legen, wenn ein Satz gesperrt ist. Davon raten wir ab. Zum ersten ist es für den Anwender nicht unbedingt zu durchschauen, warum sich sein Bildschirm soviel Zeit für die Antwort läßt (es können ja auch andere Gründe vorliegen, etwa eine Systemstörung). Dann könnte es für den Anwender eine wichtige Information sein, daß ein anderer gerade den Fall bearbeitet, den er ändern will. Und außerdem gilt es, mögliche Deadlock-Situationen zu vermeiden. Das sind Situationen, in denen jeder Anwender zu einem TP-Bild mindestens zwei Sätze im gesperrtem Zugriff benötigt. Anwender 1 hat schon Satz 1 gelesen und braucht für sein TP-Bild noch Satz 2. Anwender 2 hat als erstes Satz 2 gelesen und benötigt noch Satz 1. Jeder hat den schon gelesenen Satz für den Zugriff anderer bereits gesperrt. An den zweiten benötigten Satz kommen sie aber nicht heran, weil der schon durch den jeweils anderen gesperrt ist. Diese Situation bleibt dann ohne Folgen, wenn auf die »Wartestellung« verzichtet wird und beim Zugriffsversuch auf einen gesperrten Satz sofort die Kontrolle an das Anwendungsprogramm zurückgeht. Sorgen Sie auch dafür, nicht mehr benötigte Sätze, die Ihre Anwendung gesperrt hat, wieder freizugeben.

Recovery- und Restartmethoden sorgen zusammen mit entsprechenden Maßnahmen der Programmierer dafür, daß die Daten auch bei Updateverfahren im Falle des Abbruchs konsistent bleiben, d.h. keine Zustände eintreten, daß nur halb verarbeitete Fälle in der Datenbank abgespeichert werden. Hierfür muß der Anwendungsprogrammierer ebenfalls etwas tun, indem er die vorgesehenen Methoden zur Datenintegrität sinnvoll einsetzt (siehe Logical Unit of Work). Außerdem wird versucht, im Falle eines Abbruchs sowenig Eingaben des Anwenders wie möglich verloren geben zu müssen, damit sich der Umfang der zu wiederholenden Eingaben in begrenztem Rahmen hält.

Recovery Restart

7.2 Dateizugriffe unter Standardmethoden

CICS-Anwendungen können auf verschiedene Datenbestände beziehungsweise Datenbanken zugreifen. Hierbei unterscheiden wir generell drei Gruppen:

⇨ Datenbestände, auf die standardmäßig zugegriffen werden kann. Hierbei sind zu unterscheiden:

— BDAM (Basic Direct Access Method) und
— VSAM (Virtual Access Method).

⇨ Datenbanksysteme der IBM, auf die CICS zugreifen kann, die aber als eigenständige Programmprodukte angemietet und bezahlt werden müssen. Dies sind die Systeme

— IMS/VS (Information Management System / Virtual Storage) und
— DB2 (Database 2).

⇨ Datenbanksysteme, die auf dem freien Markt angeboten werden, wie

— ADABAS von der Software AG oder
— IDMS von Cullinet.

Wir gehen davon aus, daß die Systemspezialisten Ihres Hauses unter CICS den Zugriff auf eine Form der Datenbestände ermöglichen. Daher sollten Sie mit den zuständigen Stellen Ihres Hauses darüber reden, welche Möglichkeiten Ihnen zur Verfügung stehen.

| Der Zugriff auf Datenbestände unter CICS | Um unter CICS auf Datenbestände zugreifen zu können, müssen diese dem CICS bekannt sein. Hierzu gibt es die FCT (File Control Table) für VSAM und BDAM Dateien. In der FCT werden die Zugriffsmethode (VSAM, BDAM) und die Zugriffsarten (Lesen, Schreiben, Ändern) je Datei festgelegt. |

Bei IMS-Datenbanken wird für jede Datenbank ein FCT-Eintrag benötigt. Außerdem muß jeder DBD in der DMB-Directory (DDIR) dem CICS bekannt gemacht werden. Für den Zugriff auf IMS-Datenbanken benötigt jedes Anwendungsprogramm einen PSB. Die PSBs werden in der PSB-Directory (PDIR) verzeichnet. DDIR und PDIR werden mit CICS-Macros definiert. Bei diesen beiden Verarbeitungsformen obliegt der Zugriffsschutz (konkurierender Zugriff auf dieselben Datenbestände aus dem CICS-Adreßraum) dem CICS, ebenso das Logging.

7.2.1 VSAM und CICS

Wir wollen uns in diesem Abschnitt mit dem Zugriff auf VSAM-Dateien — der verbreitetsten Standard-Zugriffsmethode — beschäftigen. Bei VSAM unterscheiden wir drei Organisationformen, die aus CICS heraus verarbeitet werden können:

⇨ ESDS   Entry Sequenced Data Set,
⇨ KSDS   Keyed Sequenced Data Set und
⇨ RRDS   Relative Record Data Set.

Der Befehlsaufbau ist unter CICS für alle Organisationformen gleich, lediglich über entsprechende Optionen erfährt CICS, um welche Organisationsform es sich handelt.

KSDS
Die einzelnen Sätze in der Datei werden durch einen eindeutigen Schlüssel identifiziert. Dadurch ist es möglich, die Datei entweder direkt über einen Schlüssel oder logisch sequentiell aufsteigend oder absteigend zu verarbeiten. Eine Verarbeitung über RBA ist möglich.

CICS unterstützt ebenfalls die Zugriffsmöglichkeit über einen Alternate Key. Hieraus ergeben sich interessante Möglichkeiten, eine VSAM-Datei aus verschiedenen Gesichtspunkten heraus zu verarbeiten. Primär-Key oder auch eindeutiger Schlüssel ist die Werkzeugnummer, ein weiterer Begriff, nach dem gesucht werden kann, ist der Werkzeugname. Als Sekundär-Key kann über diesen Begriff auf die VSAM-Datei zugegriffen werden.

Innerhalb eines VSAM-Datenbestandes werden die einzelnen Sätze über die RBA (Relative Byte Address) identifiziert. Bei einer Satzlänge von 80 Bytes hat der erste Satz die RBA 0, der zweite die RBA 80, der dritte die RBA 160 usw.).

ESDS
Hier werden die Sätze in Zugangsfolge abgespeichert. Jeder Satz ist durch seine RBA identifiziert. In einer ESDS können keine Sätze gelöscht werden. Auch kann bei variabler Satzlänge die Satzlänge nicht vergrößert werden.

RRDS
Hier können nur Sätze fester Länge verarbeitet werden. Identifiziert werden die Sätze durch ihre relative Satznummer innerhalb der Datei.

Das Blättern ist unter VSAM sehr einfach gelöst. Sie können den logisch nächsten beziehungsweise den vorhergehenden Satz lesen. Dadurch ist das Blättern in einem Datenbestand von der Zugriffsmethode her direkt unterstützt und recht einfach zu programmieren.

	Blättern

Ein Anwendungsbeispiel in PL/I:

```
DCL   ARTAREA  CHAR(80) INIT(' ');
DCL   ARTKEY   CHAR(8) INIT(' ');
DCL   ARTNUM   PIC'(8)9' INIT(0);
DCL   RESP     BIN FIXED(31) INIT(0);

/* In diesem Beispiel wird aus einer als ARTIKEL in der    */
/* FCT eingetragenen Datei mit Schlüssel gelesen.          */
/* Die erste Suche erfolgt exakt nach dem Schlüsselwert.   */
```

```
ARTKEY = 'WAUG0067';
        EXEC CICS READ
                DATASET ('ARTIKEL')
                   INTO (ARTAREA)
                 RIDFLD (ARTKEY)
                   RESP (RESP) ;
IF RESP=DFHRESP(NOTFND)
THEN DO;
   .... Verarbeitung, wenn Artikel nicht gefunden
END;

/* Hier folgt die weitere Verarbeitung im Programm      */
/* Die Daten des Artikels stehen im Feld ARTAREA bereit */
/* Die nächste Suche erfolgt nach verkürztem Schlüssel  */
ARTKEY = 'WAUG';

        EXEC CICS READ
                DATASET ('ARTIKEL')
                   INTO (ARTAREA)
                 RIDFLD (ARTKEY)
              KEYLENGTH (8) GENERIC
                   RESP (RESP) ;
IF RESP=DFHRESP(NOTFND)
THEN DO;
   .... Verarbeitung, wenn Artikel nicht gefunden
END;

/* Hier folgt die weitere Verarbeitung im Programm      */
/* Die Daten des Artikels stehen im Feld ARTAREA bereit */
/* Nun noch ein Beispiel für das Lesen nach Relative    */
/* Record Number (RRN)                                  */
ARTNUM = 1234;

        EXEC CICS READ
                DATASET ('ARTIKEL')
                   INTO (ARTAREA)
                 RIDFLD (ARTNUM)
              KEYLENGTH (8)
                    RRN
                   RESP (RESP) ;
IF RESP=DFHRESP(NOTFND)
THEN DO;
   .... Verarbeitung, wenn Artikel nicht gefunden
END;

/* Hier folgt die weitere Verarbeitung im Programm      */
/* Die Daten des Artikels stehen im Feld ARTAREA bereit */
```

Und ein Anwendungsbeispiel in COBOL:

```cobol
IDENTIFICATION DIVISION.
...
DATA DIVISION.
WORKING-STORAGE SECTION.
77  ARTAREA        PIC X(80) VALUE ' '.
77  ARTKEY         PIC X(8) VALUE ' '.
77  ARTNUM         PIC 9(8) VALUE IS ZERO.
77  RESP           PIC S9(8) COMP VALUE 0.
...

PROCEDURE DIVISION.
   ...

* In diesem Beispiel wird aus einer als ARTIKEL in der
* FCT eingetragenen Datei mit Schlüssel gelesen.
* Die erste Suche erfolgt exakt nach dem Schlüsselwert.

      MOVE 'WAUG0067' TO ARTKEY

         EXEC CICS READ
               DATASET ('ARTIKEL')
                  INTO (ARTAREA)
                RIDFLD (ARTKEY)
                  RESP (RESP)
         END-EXEC

      IF RESP = DFHRESP(NOTFND) THEN
      ....  Verarbeitung, wenn Artikel nicht gefunden

* Hier folgt die weitere Verarbeitung im Programm
* Die Daten des Artikels stehen im Feld ARTAREA bereit

* Die nächste Suche erfolgt nach verkürztem Schlüssel
      MOVE 'WAUG' TO ARTKEY

         EXEC CICS READ
               DATASET ('ARTIKEL')
                  INTO (ARTAREA)
                RIDFLD (ARTKEY)
             KEYLENGTH (8) GENERIC
                  RESP (RESP)
         END-EXEC

      IF RESP = DFHRESP(NOTFND) THEN
      ....  Verarbeitung, wenn Artikel nicht gefunden

* Hier folgt die weitere Verarbeitung im Programm
* Die Daten des Artikels stehen im Feld ARTAREA bereit
```

```
* Nun noch ein Beispiel für das Lesen nach Relative
* Record Number (RRN)
      MOVE 1234 TO ARTNUM
         EXEC CICS READ
               DATASET ('ARTIKEL')
                  INTO (ARTAREA)
                RIDFLD (ARTNUM)
             KEYLENGTH (8)
                   RRN
                  RESP (RESP)
         END-EXEC
     IF RESP = DFHRESP(NOTFND) THEN
       .... Verarbeitung, wenn Artikel nicht gefunden
* Hier folgt die weitere Verarbeitung im Programm
* Die Daten des Artikels stehen im Feld ARTAREA bereit
```

Unserer Meinung nach ist die Bedeutung von unter CICS verteilten VSAM-Dateien durch das Angebot an echten DB-Systemen wie IMS, DB2, ADABAS oder IDMS zurückgegangen.

7.2.2 DL/I und CICS

Wir greifen hier ganz kurz die grundsätzlichen Möglichkeiten auf, mit denen IMS-Datenbanken bearbeitet werden können.

Die Datenbankzugriffe erfolgen mit dem Befehl

```
EXEC DLI funktion [option (argument)]
```

Es gibt folgende Funktionen. Durch Setzen entsprechender Optionen und Argumente können auch mehrere Segmente angesprochen werden.

GET UNIQUE	GU
	Lesen eines bestimmten Segments.
GET NEXT	GN
	Lesen des nächsten Segments von der derzeitigen Datenbankposition.
GET NEXT IN PARENT	GNP
	Lesen des nächsten Segments von der derzeitigen Datenbankpositon innerhalb eines Parents.
INSERT	ISRT
	Einfügen eines Segments in der Datenbank.

REPLACE	REPL
	Ändern eines Segments in der Datenbank.
DELETE	DLET
	Löschen eines Segments in der Datenbank.
SCHEDULE	Aufbau einer Verbindung zu IMS durch den PSB.
TERMINATE	TERM
	Beenden der Arbeit mit einem PSB und Setzen eines Sync-Points.

Beim Einsatz von IMS-Datenbanken obliegt die Backout-Fähigkeit von Transaktionen und CICS-Abstürzen zwar auch dem CICS-Adreßraum, für Recovery-Aktivitäten stehen jedoch IMS-Funktionen bereit. Nicht zuletzt kann unter CICS auch DBRC eingesetzt werden, das in entsprechenden Crash-Situationen kräftige Unterstützung bietet.

IMS-Datenbanken bieten also bei konsequentem Einsatz alle Möglichkeiten des Restarts und Recovery — auch wenn die Datenbestände nicht täglich gesichert werden. Diese Verfahren sind zugegebenermaßen sehr komplex und sollten sorgfältig ausgetestet werden (was mangels Zeit oft vernachlässigt wird). Sollte es jedoch einmal zu einem Hardware-Problem kommen (Plattencrash o.ä.), zahlt sich ein funktionierendes — weil vorher getestetes — Recovery-Verfahren aus.

7.2.4 DB2 und CICS

Das Datenbanksystem DB2 der IBM bietet vielfältige Zugriffsmöglichkeiten auf fast beliebig große Datenbestände. Wir wollen an dieser Stelle nicht das Hohelied des DB2 singen, aber doch erwähnen, daß es sich um ein äußerst leistungsfähiges System handelt.

Die Befehle an das Datenbanksystem werden in Structured Query Language (SQL) formuliert. Dieser Befehlssatz bietet den großen Vorteil, grundsätzlich normiert zu sein. Sie können also die selben Befehlen einsetzen, unabhängig davon, ob Sie nun mit einer DB2-Datenbank arbeiten oder einer beliebigen anderen, die sich ebenfalls über SQL ansteuern läßt. Es versteht sich natürlich von selbst, daß auch diese Gleichheit ihre Grenzen hat.

DB2 verfügt über sehr leistungsfähige Mechanismen für Restart und Recovery. Befragen Sie hierzu Ihren zuständigen Datenbankadministrator, sofern in Ihrem Hause DB2 im Einsatz ist.

Die SQL-Befehle zum Zugriff auf den DB2-Datenbestand müssen von einem Präprozessor aufgelöst werden. Das geschieht ähnlich wie das Auflösen der CICS-

Befehle (wir haben das in Kapitel 3 beschrieben). Zuerst werden die SQL-Befehle aufgelöst, danach die CICS-Befehle. Die Syntax lautet:

```
EXEC SQL funktion [option (argument)]
```

Für *funktion* ist das an dieser Stelle von der Anwendung her notwendige SQL-Statement einzusetzen. Es gibt ihrer so viele, daß wir hier nicht weiter darauf eingehen. Das Formulieren von Abfragen mit Hilfe des SQL ist grundsätzlich zwar einfach zu verstehen, würde jedoch Thema für ein eigenständiges Buch abgeben.

DB2-Tabellen können mit Indizes versehen werden, damit sich für die voraussehbaren Abfragen optimale Antwortzeiten ergeben. Es sind allerdings auch SQL-Zugriffe gestattet, die sich nicht nach einem der bestehenden Indizes richten. Der Optimizer des DB2 versucht, auch für solche Zugriffe den schnellstmöglichen Weg zu finden. Für ein ausgereiftes TP-Verfahren sollten jedoch entsprechende Vorkehrungen getroffen sein. Dazu gehört auch, daß beim Umwandeln des Programms der entsprechende Plan für den BIND-Prozeß gebildet wird.

Denken Sie daran, daß den Anwendern des Verfahrens mit GRANT der Zugriff auf die Resourcen des Verfahrens gestattet werden muß.

7.2.3 Das Arbeiten mit Transient Data

Die Einrichtung Transient Data bietet unter CICS die Möglichkeit einer generellen Warteschlangenverwaltung. Dadurch kann ein Synchronisieren von Verarbeitungen erreicht werden.

Es gibt unterschiedliche Arten von Destinations:

⇨ Extra Partitioned und
⇨ Intra Partitioned.

Extra Partitioned Destination	Extra Partitioned Destinations befinden sich außerhalb von CICS. Sie können jeweils nur in einer Richtung verarbeitet werden, also entweder geschrieben (der so erzeugte Datenbestand kann also außerhalb von CICS weiterverarbeitet werden) oder gelesen (die Daten werden also außerhalb von CICS erzeugt und nun eingelesen).

Jede dieser Destinations wird in der DCT definiert. Im CICS-Startup-Job muß für jede dieser Destinations ein DD-Statement vorhanden sein.

Intra Partitioned Destinations befinden sich innerhalb von CICS. Die Daten werden in der VSAM-Datei mit dem DD-Namen DFHINTRA abgespeichert. Dort können von jedem Anwendungsprogramm aus Daten in eine solche Destination eingestellt werden. Ein anderes Programm liest diese Datensätze wieder ein. Denken Sie bitte auch daran, daß Transient Data Queues gelöscht werden müssen.

Intra Partitioned Destination

Für Intra Partitioned Destinations gibt es noch die Einrichtung der ATI (Automatic Task Initiation). Dabei wird eine Intra Partitioned Destination mit einem Transaktionscode verknüpft. Wird nun ein Satz in die Destination geschrieben, so startet automatisch die mit der Destination verknüpfte Transaktion. Ein weiterer Steuermechanismus ist der Triggerlevel. Diese Zahl legt fest, wie viele Sätze in der Destination stehen müssen, bevor die Transaktion automatisch initiiert wird. Bei 1 startet die zugehörige Transaktion sofort, bei 10 müssen vor dem Start der Transaktion erst 10 Sätze geschrieben werden. Die so gestarteten CICS-Programme laufen ähnlich wie Stapelprogramme.

Wie zu Anfang dieses Kapitels bereits erläutert, ist das Thema der Dateiverarbeitung sehr komplex, aber auch je nach verwendetem Datenbankverfahren sehr unterschiedlich. Deshalb müssen wir Sie auf spezielle Literatur zu dem Verfahren verweisen, das auf Ihrem System Anwendung findet.

8 Ein umfangreiches Dialog-Verfahren planen

Vielleicht erinnern Sie sich noch an unsere »Geschichte aus dem wahren Leben«, die in Kapitel 5 geschilderte Entwicklung des kleinen TP-Verfahrens. Klein? Seien Sie nicht enttäuscht. Sicher war es schon etwas Gewaltiges, selbst entworfene Bilder auf den Bildschirm zu bringen und einem System aus zwei Bildern und einer Datei zum Funktionieren zu verhelfen. Doch vielleicht haben Sie ja auch noch die kritisierenden Worte der Anwender im Ohr, die eine wesentliche Erweiterung des Verfahrens forderten.

Wie wir zu Beginn dieses Buches anführten, sind die Erwartungen der Anwender in Leistungsfähigkeit und Komfort der TP-Verfahren enorm gestiegen. Und so verwundert es nicht, daß heutzutage kaum noch wirklich kleine TP-Verfahren entwickelt werden, die tatsächlich nur aus einem Bild bestehen.

8.1 Das Dialog-Verfahren wird überarbeitet

Lassen Sie uns das Beispiel aus Kapitel 5 noch einmal durchgehen und sehen, was Sie daraus gemacht haben.

Dies sind die Daten, die Sie abspeichern:

⇨ die Werkzeugnummer,
⇨ die Bezeichnung des Werkzeugs,
⇨ die Nummer der Abteilung,
⇨ das Abgabedatum und
⇨ das voraussichtliche Rückgabedatum.

Prüfen Sie einmal, welchen Informationsvorteil unser TP-System gegenüber der Karteikarte bietet. In einem Punkt gleichen sich die beiden Systeme: Im Karteikasten können Sie eine Karte ziehen und sich die Eintragungen darauf ansehen. Im TP-System geben Sie die Nummer des Werkzeugs ein, dessen Daten Sie sehen wollen, und dann werden die Daten des Werkzeugs angezeigt. Hört sich doch sehr ähnlich an, oder?

> Das TP-Bild sagt weniger aus als die Karteikarte

Aber genau betrachtet bietet das TP-System weniger Informationen als die Karteikarte. So lassen sich zu jedem Zeitpunkt immer nur die Daten zum letzten Ausleihvorgang anzeigen. Wenn das Werkzeug neu vergeben wird, überschreiben die Daten dieses Vorgangs die alten.

Haben wir etwa zu wenig Datenfelder angelegt? Das wäre nur dann der Fall, wenn wir mit unserem TP-Verfahren einen Karteikasten 1:1 abbilden wollen. Doch unser Ziel ist es, die in der EDV üblichen und möglichen Vorteile zu nutzen.

Natürlich könnte man unserem Problem abhelfen, indem man nicht nur einen einzigen Ausleihvorgang auf dem Bild wiedergibt, sondern entsprechend viele Datenfelder anlegt und so die Karteikarte originalgetreu abschreiben kann. Diese Vorgehensweise stieße allerdings dann an ihre Grenze, wenn ein Werkzeug so gefragt ist, daß die begrenzte Anzahl Felder auf dem »Karteikartenbild« gefüllt ist und trotzdem weitere Ausgaben erforderlich sind.

Eine flexiblere Lösung wäre durch eine geeignete Organisationsform der Datenspeicherung möglich.

Werkzeug-Nr.	Bezeichnung	Nr. Abteilung	Abgabe-Datum	Vorauss. Rückgabe
ABKL 0004	Abgreifklammer	342	19920104	19921201

Abb. 8.1 So könnte ein Datensatz unseres Verfahrens WAUS aussehen, wenn wir nur die Karteikarte abbilden wollen.

1. Satz

Werkzeug-Nr.	Satzart	Bezeichnung
ABKL 0004	0	Abgreifklammer

2. Satz

Werkzeug-Nr.	Satzart	Nr. Abteilung	Abgabe-Datum	Vorauss. Rückgabe
ABKL 0004	1	137	19910517	19910825

3. Satz

Werkzeug-Nr.	Satzart	Nr. Abteilung	Abgabe-Datum	Vorauss. Rückgabe
ABKL 0004	1	141	19910901	19911217

n. Satz

Werkzeug-Nr.	Satzart	Nr. Abteilung	Abgabe-Datum	Vorauss. Rückgabe
ABKL 0004	1	347	19920201	19930101

Abb. 8.2 Derartig organisiert könnte eine praktisch unbegrenzte Anzahl von Ausleihvorgängen pro Werkzeug gespeichert werden.

Doch gehen wir weiterhin von dem aus, was unser Datentopf uns noch bieten kann. Schließlich sollen unsere bislang enttäuschten Anwender noch zu überzeugten Fans werden. Was hatte unser Gesprächspartner noch gefordert:

⇨ Eine Auswahlliste der Werkzeuge,
⇨ eine Übersicht über die zur Zeit ausgeliehenen Werkzeuge nach Abteilungen,
⇨ eine Kostenabrechnung.

Machen wir uns einmal klar, was das bedeutet. Diese so mit wenigen Worten vorgebrachten Wünsche führen zu einer Reihe von Erfordernissen.

Wir benötigen eine Systemstruktur, die es ermöglicht, mehrere unterschiedliche Bilder aufzurufen. Entgegen der bisherigen Vorgehensweise wird auch eine Abstufung der Berechtigungen erforderlich. Nicht jeder Anwender, der generell das System aufrufen darf, soll auch alle Bilder sehen können. Vielleicht ist es nur zweien der vier Mitarbeiter gestattet, die Kostenabrechnung anzuschauen. Warum? Zum einen gibt es in vielen Betrieben solche Anforderungen, und außerdem wollen wir anhand dieses Beispiels darstellen, wie man derartige Probleme löst.

| Flexible Systemstruktur |

Was keiner der Anwender bisher gefordert hat, aber dennoch nötig ist: Eine Online-Hilfefunktion. Beim Druck auf eine bestimmte PF-Taste werden Informationen zur Bedienung des Systems auf den Bildschirm geschrieben. Ideal wäre es, wenn das Hilfesystem die Klemme erkennt, in der der Anwender gerade steckt. Es kann zum Beispiel erforderlich sein, zu jedem Bild andere Hilfsinformationen zu senden. Oder es sollen neben generellen Informationen gezielte Hinweise zu einzelnen Eingabefeldern geschrieben werden.

| Hilfefunktion |

Welches der Eingabefelder gerade von Interesse ist, kann ein intelligentes Hilfesystem auf unterschiedlichen Wegen erfahren:

⇨ Die Position des Cursors beim Drücken der für die Hilfefunktion zuständigen PF-Taste wird ermittelt. Aus der Position wird dann auf ein bestimmtes Eingabefeld geschlossen.
⇨ Wenn der Anwender zu einem Feld eine Frage hat, muß er in diesem ein Fragezeichen eingeben und dann die PF-Taste für Hilfe drücken.
⇨ Im System wird festgehalten, bei welchem Feld zuletzt ein Fehler ermittelt wurde. Solche Daten lassen sich sehr günstig in der CA speichern, auch über mehrere Transaktionen hinweg. Ein intelligentes Hilfesystem könnte auch darauf Bezug nehmen.

Welche Bilder brauchen wir nun in einem kompletten System? Wenn die Anwender ein Sortiment von etwa eineinhalbtausend Werkzeugen zu betreuen haben, können sie nicht alle Werkzeugnummern im Kopf haben. Sie als Systemplaner werden die Möglichkeit bieten müssen, aus einer Vielzahl von Werkzeugen das gesuchte herauszufinden.

Von der Istaufnahme wissen Sie noch, daß die ersten vier Buchstaben der Werkzeugnummer etwas über den Verwendungszweck aussagen. Wer auf der Suche nach einer bestimmten Zange war, konnte im Karteikasten nach dem Reiter »Z« suchen und, ab der Karteikarte beginnend, solange durchblättern, bis das gesuchte Stück gefunden war. Diese Möglichkeit bietet Ihr Klein-System nicht, da Daten nur jeweils für eine Werkzeugnummer auf dem Bildschirm erscheinen.

Als Lösung bietet sich ein sogenanntes Listenbild an, das alle Werkzeuge sortiert nach Werkzeugnummer darstellt. Doch wenn stets alle Werkzeuge beginnend ab »AAAA0000« angezeigt werden, kann das den Anwender zur Weißglut treiben. Merke: Auch gut gemeinte Lösungen können ihre Tücken haben.

Ein durchschnittliches TP-Bild bietet im Bildrumpf Platz für etwa 18 Zeilen, entsprechend 18 Werkzeugen. Bei 1525 Werkzeugen beginnen vielleicht die letzten 200 mit dem Buchstaben »Z«. Um diese zu erreichen, müssen Sie also 73mal blättern — eine Tätigkeit für stille Genießer.

Sie sollten bei der Planung eines solchen Verfahrens vorsehen, daß der Anwender die Suche verkürzen kann. Hierzu fallen uns im Moment drei verschiedene Lösungen ein:

⇨ In einem sogenannten Vor-Bild gibt der Anwender zuerst soviel von der Werkzeugnummer ein, wie er zur Einschränkung braucht. Interessiert er sich also für die Zangen, so gibt er »ZANG« ein und erhält alle Werkzeuge von ZANG0000 bis zu ZANG9999. Die Suche nach »ZANG11« grenzt das Spektrum erheblich ein: es kommen nur ZANG1100 bis ZANG1199 in die engere Wahl.
⇨ Eine andere Möglichkeit bietet das schnelle Blättern. Hierbei kann der Anwender in einem gesonderten kleinen Eingabefeld bestimmen, welche Seite des Bestandes er jetzt ansteuern möchte.
⇨ Ebenfalls denkbar ist es, im Bild eine Eingabemöglichkeit für den Anfang der Werkzeugnummer zu schaffen. Sofern hier eine Eingabe erfolgt, wird an die entsprechende Stelle der Liste geblättert.

Sie erkennen an den Überlegungen, die wir jetzt anstellen: Der Systementwickler sollte versuchen, die Anwendung aus der Sicht des Anwenders zu sehen. Gelingt dies nicht, kann das zu Unlust bei den Anwendern bis hin zur völligen Ablehnung der ganzen Entwicklung führen.

Das Dialog-Verfahren wird überarbeitet

```
Material                       Bild M1
-------------------------------------------------------------------


        Geben Sie den Bereich von Werkzeugnummern an: ZANG....


```

Abb. 8.3   Das Vor-Bild...

```
Material                       Bild M2                Seite 1 von 9
-------------------------------------------------------------------
Werkzeugnummer      Bezeichnung                       Lager

ZANG0001            Abisolierzange, Fernmelde         015
ZANG0002            Abisolierzange, Fernmelde         016
ZANG0003            Kombizange 30mm                   351
ZANG0100            Kombizange 50mm                   145
ZANG0101            Kombizange 50mm                   043
ZANG0102            Kombizange 30mm                   235
ZANG0203            Kombizange, isoliert              351
ZANG0300            Seitenschneider, Fernmelde        023
ZANG0302            Seitenschneider, Fernmelde        052
ZANG0320            Seitenschneider                   255
ZANG0321            Seitenschneider                   180
ZANG0400            Gripzange                         231
ZANG0420            Gripzange                         110
ZANG0421            Gripzange                         231
ZANG0430            Gripzange                         343
-------------------------------------------------- Weiter ---
         PF: 1(KDNR),2(NAME),3(AUFT),4(VB),7(BPK),10(HILF),11(TA),12(UMM)
KAP/TA: ....
```

Abb. 8.4   ... und das Ergebnis der Eingabe.

```
Material                       Bild M2                Seite 1 von 9
-------------------------------------------------------------------
          Werkzeugnummer: ZANG....

===================================================================
Werkzeugnummer      Bezeichnung                       Lager

ZANG0001            Abisolierzange, Fernmelde         015
ZANG0002            Abisolierzange, Fernmelde         016
ZANG0003            Kombizange 30mm                   351
ZANG0100            Kombizange 50mm                   145
ZANG0101            Kombizange 50mm                   043
ZANG0102            Kombizange 30mm                   235
ZANG0203            Kombizange, isoliert              351
ZANG0300            Seitenschneider, Fernmelde        023
ZANG0302            Seitenschneider, Fernmelde        052
ZANG0320            Seitenschneider                   255
ZANG0321            Seitenschneider                   180
ZANG0400            Gripzange                         231
-------------------------------------------------- Weiter ---
         PF: 1(KDNR),2(NAME),3(AUFT),4(VB),7(BPK),10(HILF),11(TA),12(UMM)
KAP/TA: ....
```

Abb. 8.5   Eine komfortable Möglichkeit ist es, wenn der Anwender den Beginn des jeweiligen Suchbegriffes eingeben kann und das System dann an diese Stelle des Bestandes blättert.

| Nicht alle Wünsche sind sinnvoll zu realisieren. | Nun ist es nicht so, daß kritiklos alle möglichen Wünsche der Anwender realisiert werden müssen. Dieses ist zum Teil deswegen schwierig, weil manchen Anwendern der Überblick über den Gesamtzusammenhang fehlt (hoffen wir, daß der Systementwickler ihn besitzt). Auch kann die Realisierung manch eines Anwenderwunsches zu — im Verhältnis zum Nutzen — unvertretbar hohem Aufwand führen. Diesen Punkten in allen Konsequenzen nachzugehen, ist eine ebenso wichtige wie mitunter heikle Aufgabe. Sie gehört aber vorrangig in das Gebiet der Systemanalyse. |

Haben wir Sie jetzt soweit gebracht, daß Sie das erste Verfahren aufgeben und ganz von vorne anfangen? Wenn ja, freuen Sie sich! Da es sich hier um ein Buch und nicht ums wahre Leben handelt, haben Sie jetzt die einmalige Gelegenheit, den Schaffensprozeß zu wiederholen.

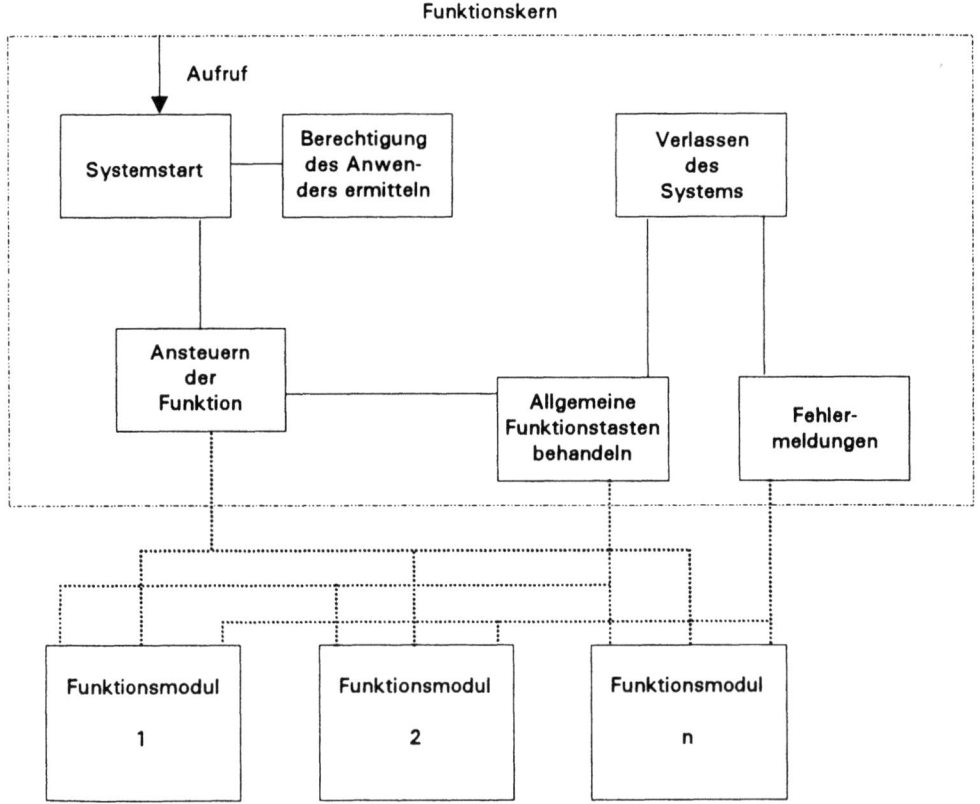

Abb. 8.6 *Schematische Darstellung von Funktionskern und Einzelfunktionen.*

8.2 Ein Königreich für ein Konzept

In Kapitel 5 haben Sie im Überschwang der Gefühle und voller Unschuld eine Lösung geplant, die zwei direkt aufeinander abgestimmte Module umfaßt, aber beim Erweitern Schwierigkeiten bereitet. Ihr zweiter konzeptioneller Ansatz wird hoffentlich so flexibel, daß Ihr System bei Erweiterungen nicht völlig umgekrempelt werden muß.

Zunächst setzen wir voraus, daß Sie anders als in Kapitel 5 Ihr Konzept ausführlich mit dem Anwender abstimmen. Lassen Sie sich auch durch sogenannte widrige Umstände nicht davon abbringen, alle gewünschten Funktionen festzulegen, bevor Sie an die weitere Realisierung des Verfahrens gehen.

Schön wäre ein Konzept, das es gestattet, um einen Kern von grundsätzlichen Funktionen herum je nach Bedarf weitere Funktionen hinzubauen oder auch entnehmen zu können, ohne daß dazu jeweils in den einzelnen Funktionen etwas geändert werden müßte. Können Sie sich so etwas vorstellen? Ein Anbauregal, um eine zentrale Kommode herum errichtet, wäre ein anschaulicher Vergleich. Oder ein Vergleich aus der Unterhaltungselektronik: Denken Sie an eine Stereoanlage mit der zentralen Komponente des Verstärkers und den Boxen. Sie schließen einen Tuner und einen Plattenspieler an den Verstärker an — das entspricht vielleicht einem TP-System mit zwei Bildern.

Nun wollen Sie das System um eine Komponente erweitern: einen CD-Spieler anschließen (oder ein weiteres TP-Bild zulassen). Nichts einfacher als das: Sie schließen, sofern Sie haben, das Gerät an. Und, was wir mit diesem Vergleich zum Ausdruck bringen wollen: Die einzigen erforderlichen Änderungen fallen in der zentralen Einheit an, dem Verstärker, und dem neu anzuschließenden Gerät. An den bisher schon vorhandenen Komponenten (vergleichsweise die beiden bisherigen TP-Bilder) braucht nichts geändert zu werden.

Der Anwender hat zwei Möglichkeiten, sich aus den Funktionen die passende auszuwählen: zum einen kann er in sogenannten Menübildern die gewünschte Funktion auswählen. So kommt auch ein unerfahrener Anwender zurecht, doch ist für den Erfahrenen dieser Weg mitunter zu langwierig. Deshalb kann er im Bild auch die Nummer der neuen Funktion angeben und diese so direkt aufrufen.

Im folgenden Plan eines umfangreicheren TP-Verfahrens sind sowohl Menübilder wie auch sogenannte Funktionsbilder enthalten. Dieses ist der Plan eines tatsächlich in einem Großunternehmen eingesetzten Verfahrens zur Bearbeitung von Zahlungseingängen. Es bietet nicht einmal alle insgesamt notwendigen Funktionen. Besondere Funktionen, zu denen auch nur ein ganz spezieller Personenkreis Zugang hat, sind in weiteren spezialisierten Verfahren untergebracht.

Wir möchten Ihnen diese Denkweise zu Ihrem eigenen Nutzen nahebringen. Sorgfältige konzeptionelle Planung beim Erstellen eines Verfahrens mindert späteren Aufwand beim Ändern und Anpassen eines Systems. Sie können also letzten Endes Arbeit sparen, wenn Sie zu Anfang ein wenig mehr investieren. Ist das nicht ein überzeugendes Argument?

```
 Inkasso                         Bild 01
 ------------------------------------------------------------
 Kundennummer: .... ...
 Vertrag      : ..
 ------------------------------------------------------------



 Sie haben folgende Auswahlmöglichkeiten:

     1    Allgemeine Änderungen
     2    Inkasso-Aufträge
     3    Buchungen
     4    Briefe
     5    Aufträge
     6    Großkunde




 ------------------------------------------------------------
              PF: 1(Kdnr) 2(Name) 4(vB) 7(BPK) 9(TAW) 10(Hilf) 11(TA) 12(Umm)
 Auswahl: ....
```

Abb. 8.7   Ein typisches Menübild.

8.3 Teile und herrsche

Hoffentlich teilen Sie unsere Auffassung, daß ein Neukonzept Bausteine zur Verfügung stellen sollte, die wir je nach Bedarf zusammenstellen können. Dieses Vorgehen sichert uns als Programmierern zum einen die nötige Flexibilität. Andererseits führt eine Trennung allgemeingültiger Funktionen von den Einzelfunktionen dazu, daß die einzelnen Programmodule kleiner werden. Das System kann dann sparsamer mit seinen Ressourcen haushalten.

In unseren Vergleichen sprachen wir immer wieder von einem Funktionskern, also von Funktionen, die jedes TP-Verfahren benötigt, unabhängig davon, wieviele TP-Bilder darüber gesteuert werden sollen. Hier eine Aufstellung der Funktionen, die von einem solchen Funktionskern zu erwarten sind:

Die Funktionen des Funktionskerns:

⇨ Verfahrenseinstieg und Berechtigungsumfang des Anwenders ermitteln,
⇨ Ansteuern der gewünschten Funktion (des gewünschten Bildes),
⇨ Verarbeitung der allgemein gültigen Funktionstasten,
⇨ Senden von Fehlermeldungen,
⇨ Verlassen des Systems.

**Verfahrenseinstieg und
Berechtigungsumfang des Anwenders ermitteln**
Wenn ein Transaktionscode von der CICS-Ebene heraus aufgerufen wird, müssen erst einmal verschiedene Tätigkeiten durchgeführt werden, damit wir im weiteren Verlauf des Verfahrens von einer geordneten Situation ausgehen können. Da ist zum Beispiel eine Communication Area einzurichten, die, solange das Verfahren benutzt wird, von Programm zu Programm weitergegeben wird und mit Daten einer allen Programmen gemeinsamen Struktur gefüllt ist. Die Felder der CA werden gemäß der Struktur, die empfehlenswerterweise bei COBOL über eine Copy-Strecke eingebracht, bei PL/I mit einer %Include-Direktive geholt wird, mit Standardwerten gefüllt.

Welche Felder sollten in einer Communication Area enthalten sein? Auch hier gibt es eine Trennung nach allgemein notwendigen Feldern und solchen, die nur für spezielle Anwendungen von Interesse sind.

Wir bringen im folgenden die Liste einer typischen CA-Struktur, wie sie in einem umfangreichen TP-System Verwendung findet. Sie ist hier in PL/I formuliert. Das sollte aber die COBOL-Programmierer nicht irritieren, da es hier nicht um sprachspezifische Deklarationen geht, sondern mehr um die Felder und ihre inhaltliche Bedeutung.

Von den oben dargestellten Feldern der CA wollen wir auf einige mit allgemeiner Bedeutung eingehen. Die Reihenfolge der Gruppierung ist relativ frei gewählt. Die Namen wurden unter dem Aspekt kurzer Schreibweise gebildet.

CA_FNR	Die Fehlernummer, zu der das Fehlertextmodul den Text schreiben soll.
CA_CADR	Die Position auf dem Bildschirm, auf der der Cursor nach Schreiben des Fehlertextes stehen soll.
CA_FVAR	Bei einigen Fehlertexten werden variable Textelemente eingesetzt, die im Anwendungsprogramm in dieses Feld gesetzt und dann im Fehlertextmodul in den Text aufgenommen werden.
CA_MOD, CA_PROC	Hier trägt sich beim Einstieg jedes Modul und jedes Unterprogramm ein. Im Fehlerfalle kann dann die Ursache lokalisiert werden.
CA_LFNR	Dieses Feld enthält nicht die aktuelle, sondern die letzte Fehlernummer. Diese kann in einer Hilfefunktion zum Ermitteln des interessierenden Punktes herangezogen werden.

CA_LLFLD	Dieses Feld enthält einen Schlüssel für das Datenfeld, bei dem der in CA_LFNR eingetragene Fehler auftrat. Dieser kann in einer Hilfefunktion zum Ermitteln des interessierenden Punktes herangezogen werden.
CA_TRAN	In diesem Feld wird jeweils die aktuell laufende Transaktion (aus EIBTRNID) festgehalten. Diese Information dient zur Ablaufsteuerung.
CA_PF4	In diesem Feld wird die letzte Funktion vermerkt, in der der Anwender sich befand. Wenn dann PF4 zur Rückkehr in das vorherige Bild gedrückt wird, bezieht sich das System auf diese Information.
CA_SWI	Es ist immer nützlich, eine Reihe von Bitschaltern zum Festhalten unterschiedlichster Tatbestände zur Verfügung zu haben.
CA_BILD	Enthält die Nummer des aktuellen Bildes. In ihm wird in den einzelnen Bildern die Nummer des anzusteuernden Bildes eingetragen, die dann vom Bildsteuerungsmodul ausgelesen wird.
CA_SIST	Sehr wichtig beim Aufbau von Listenbildern: die aktuelle Seitenzahl.
CA_SMAX	Und hier die maximal darzustellende Anzahl Seiten. Sie kann einmal beim ersten Aufbau des Bildes ermittelt werden. Aus ihr heraus wird die Information auf den Bildschirm geschrieben, und beim Blättern kann geprüft werden, ob es überhaupt noch eine Folgeseite gibt.
CA_SISN	In dieser Tabelle kann für Listenbilder für jede darzustellende Seite der Ordnungsbegriff des ersten Falles festgehalten werden. Das kann je nach verwendetem Datenbestand die Satznummer oder tatsächlich der Ordnungsbegriff wie die Kundennummer sein. Diese Tabelle hat nur eine begrenzte Anzahl Elemente, entsprechend einer begrenzten Anzahl von Seiten. Dieser Grenze müssen Sie sich bewußt sein und durch technische Maßnahmen dafür sorgen, daß sie nicht überschritten wird.
CA_KDNR	Dieses Feld enthält den Ordnungsbegriff, zu dem gerade eine Verarbeitung stattfindet. Das kann, wie in diesem Fall, eine Kundennummer sein. Bei anderen Verfahren wäre es vielleicht eine Hypotheken- oder Kontonummer oder eine Artikelbezeichnung.
CA_EINWEISER	Zur Handhabung der Berechtigungsprüfungen ist es stets günstig, die Einweiser-Identifikation parat zu haben. Wenn sie in der CA gespeichert wird, braucht sie nur einmal ermittelt zu werden und läßt sich bei jedem Gebrauch der CA entnehmen.
CA_BBER	Eine Bitkette, in der für jedes Bild, das der Anwender aufrufen darf, das entsprechende Bit angeschaltet ist.
CA_UBER	Eine Bitkette, in der für jedes Bild, in dem der Anwender ein Update durchführen darf, das entsprechende Bit angeschaltet ist.

Sie haben gesehen, daß sich die letzten Felder der gezeigten CA mit der Berechtigung befassen, auf einzelne Bilder zuzugreifen. Nun ist die Berechtigungsprüfung ein Thema, das von Unternehmen zu Unternehmen unterschiedlich gehandhabt wird. Deshalb können wir hier auch nur eine Lösung beispielhaft besprechen, in der Hoffnung, daß sie Ihnen nütze.

Die Struktur einer Communication Area

```
/* ENTWURF EINER CA                              */
DCL     CASTRING        CHAR (600) BASED (CA_PTR);
DCL 1 CA_STRK           BASED (CA_PTR),
      2  CA_FEHLER,
      3    CA_FNR       BIN FIXED (15),
      3    CA_CADR      BIN FIXED (15),
      3    CA_FVAR      CHAR (10),
      3    CA_MOD       CHAR (8),
      3    CA_PROC      CHAR (8),
      3    CA_LFNR      BIN FIXED (15),
      3    CA_LLFLD     BIN FIXED (15),

      2  CA_TRAN        CHAR (4),
      2  CA_PF4         CHAR (4),

      2  CA_SWI,
      3    CA_TRACE     BIT (1),
      3    CA_HILFE     BIT (1),
      3    CA_KOPF      BIT (1),
      3    CA_FREI1     BIT (1),
      3    CA_FREI2     BIT (1),
      3    CA_FREI3     BIT (1),
      3    CA_FREI4     BIT (1),
      3    CA_FREI5     BIT (1),

      2  CA_BILD        CHAR (4),
      2  CA_SIST        BIN FIXED (15),
      2  CA_SMAX        BIN FIXED (15),
      2  CA_SISN (30)   BIN FIXED (31),

      2  CA_KDNR        CHAR (7),

      2  CA_BERECHT,
      3    CA_EINWEISER CHAR(7),
      3    CA_BBER      BIT (100),
      3    CA_UBER      BIT (100);
```

Abb. 8.8   Eine typische CA-Struktur, hier in PL/I formuliert.

Wir gehen davon aus, daß unser System in der höchsten Ausbaustufe maximal 100 verschiedene Funktionsbilder bietet (was in der Regel vollkommen ausreicht). Die große Zahl bietet die Möglichkeit, die tatsächlich vorhandenen Bilder sinnvoll zu gruppieren.

| **Notwendigkeit der Berechtigungsabstufung** | Vielleicht erscheint Ihnen aus heutiger Sicht eine derart vielstufige Absicherung als übertrieben. Doch wissen wir aus eigener Erfahrung, daß Sie stets besser dran sind, wenn Sie grundsätzlich Möglichkeiten vorsehen, jedoch nicht nutzen, als wenn Sie im Falle des Falles solche Berechtigungsabstufungen nachträglich in das System einbauen müssen. |

| **Revision in die Planung einbeziehen** | Wenn in Ihrem Hause eine kompetente Revisionsabteilung von vornherein an der Planung eines solchen Systems mitarbeiten kann, sollten Sie derartige Punkte frühzeitig mit ihr abstimmen. Auch wenn jetzt vielleicht die Reaktion kommt: »Ach, das spielt doch keine Rolle«, kann es schnell Situationen geben, in denen gesagt wird: »Ach hätten wir doch«. |

Sie sollten als verantwortungsvoller Systementwickler die kritischen Stellen des Verfahrens prüfen. Seien Sie insbesondere auf der Hut, wenn es sich um Geld dreht. Doch auch die Verbuchung von Material oder das Ermitteln der Gleitzeit der Mitarbeiter kann Geld bedeuten. Letzten Endes gibt es kaum eine büromäßige Betätigung, die nicht in irgendeiner Form finanzielle Konsequenzen hat — und bei deren Manipulation sich Mitarbeiter Vorteile verschaffen könnten.

Nun schreibt nicht jedermannfrau ein Verfahren zur Verbuchung der Zahlungseingänge oder zur Veranlassung von Zahlungen. In solchem Falle müssen ganz besondere Vorsichtsmaßnahmen getroffen werden. Sie sollten gerade dann im eigenen Interesse die Zusammenarbeit mit der Revision suchen. Und wenn Sie sich ganz oder teilweise verantwortlich für die Entwicklung des Verfahrens fühlen, trifft es Sie wie eine persönliche Kränkung, wenn ausgerechnet mit Ihrem schönen System ein Mitarbeiter die Firma um Geld schädigt.

| **Vorschlag für die Realisierung einer Berechtigungsprüfung** | Wie setzen wir die eben mitgeteilten Erfahrungen in praktische Arbeit um? Sie ermitteln im Eingangsmodul des Verfahrens, welche Bilder des Verfahrens der jeweilige Einweiser aufrufen darf, und in welchen davon er ein Update durchführen darf. Da wir jedem Bild eine Nummer von 00 bis 99 zuordnen können, reicht eine Kette von 100 Bits (entsprechend 13 Bytes), um jeweils positionsgerecht mit einem Bit zu kennzeichnen, ob das Bild aufgerufen werden darf oder nicht. In einer zweiten Bitkette halten Sie fest, ob in dem jeweiligen Bild ein Update durchgeführt werden darf. |

Aus welchen Grundlagen Sie den Berechtigungsumfang für den einzelnen Anwender folgern, hängt von den technischen Möglichkeiten Ihres Hauses ab.

Vergabe und Prüfung von Berechtigungen

Wir halten es für sinnvoll, die Ermittlung des Berechtigungsumfangs an einer zentralen Stelle anzusiedeln, nämlich hier am Eingang des Verfahrens, da man sich dann bei Bildwechseln innerhalb des Systems auf ganz einfache und dementsprechend schnelle Abfragen beschränken kann.

Ferner sind gegebenenfalls Initialisierungsaufrufe für das benutzte Datenbankverfahren durchzuführen, damit dieses nicht in jedem einzelnen Modul geschehen muß. Da das Vorgehen jedoch vor allem vom jeweiligen Datenbanksystem abhängt, können wir nichts Spezielles sagen. Bei ADABAS wäre an dieser Stelle beispielsweise ein Open-Befehl für die im TP-Verfahren verwendeten Files angebracht.

> Datei oder Datenbank öffnen

Letzlich ist noch eine Funktion denkbar, die den Komfort des Verfahrens erhöht. Sie starten das Verfahren ja, indem Sie den ersten Transaktionscode eingeben und dann Datenfreigabe drücken. Nun ist es denkbar, daß Sie die Nummer der gewünschten Funktion bereits wissen. Oder Sie kennen auch schon den Ordnungsbegriff, zu dem Sie eine Bearbeitung durchführen wollen. Und so ist es sicher eine Möglichkeit zum schnellen Arbeiten, wenn bei Aufruf des Systems die Nummer des Bildes und der Ordnungsbegriff gleich mit angegeben werden können.

> Zusätzliche Angaben interpretieren

Wenn Sie Derartiges ermöglichen wollen, muß das Einstiegsmodul des Verfahrens diese Eingaben lesen und interpretieren können.

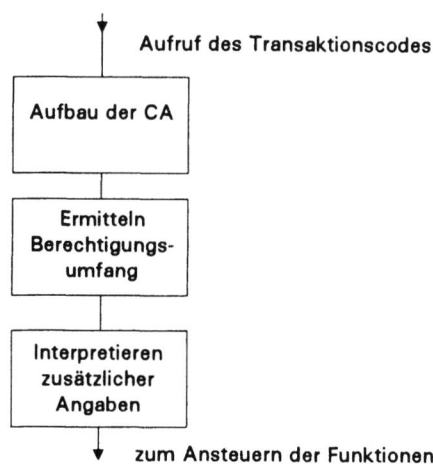

Abb. 8.9   *Der generelle Ablauf beim Start eines Systems.*

Nun sollten eigentlich alle erforderlichen Vorbereitungen für das Verfahren getroffen sein. Bislang hat sich für den Anwender optisch aber noch nichts getan. Was er sehen will, ist ein Bild, also bieten Sie ihm eines. Steuern Sie deshalb jetzt die Komponente des Verfahrens an, die für die Durchführung von Bildaufrufen zuständig, und teilen sie ihr am besten über ein Feld der CA mit, welches Bild aufzurufen ist. Dieses ist entweder der Standard, also das erste Bild des Verfahrens, oder eines, das der Anwender beim Aufruf des Verfahrens angefordert hat.

Ansteuern der gewünschten Funktion
Ein Bildwechsel kann aus verschiedenen Gründen gewünscht werden:

⇨ Das Verfahren wird gerade aufgerufen und muß nun sein erstes Bild zeigen.
⇨ Der Anwender hat in einem Menübild eine Auswahl getroffen. Nun muß das entsprechende Bild gesendet werden.
⇨ Der Anwender hat eine Bildnummer angegeben, und nun soll in das Bild verzweigt werden.
⇨ Der Anwender hat eine PF-Taste gedrückt, die den Sprung in ein bestimmtes Bild bewirken soll.

Diese vielleicht sehr unterschiedlich wirkenden Funktionen haben eine Vorgehensweise gemeinsam:

⇨ Sofern es nicht eindeutig feststeht, ist zu ermitteln, welches Bild genau gemeint ist.
⇨ Anhand des zum Bild gehörenden Berechtigungsbits aus der CA wird geprüft, ob der Anwender auch berechtigt ist, dieses Bild überhaupt aufzurufen.
⇨ Ist der Anwender zu dem Wechsel nicht berechtigt, muß ihm mit Hilfe einer weiteren Komponente, des Hinweismoduls, eine entsprechende Nachricht gegeben werden. Ein Bildwechsel darf nicht stattfinden. Ob ein solcher Versuch weitere Konsequenzen nach sich zieht (z.B. automatisches Verlassen des Systems), ist von den jeweiligen Erfordernissen des Systems abhängig. Im allgemeinen jedoch reicht der Hinweistext.
⇨ Ist der Wechsel erlaubt, so wird ermittelt, welches Programm oder welcher Transaktionscode zu dem angesprochenen Bild gehört. Diese werden dann unverzüglich aktiviert.

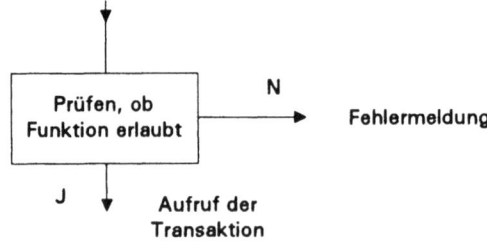

Abb. 8.10 Der generelle Ablauf beim Wechsel der Funktionen.

Ist der Wechsel aus der Bildwechselfunktion in das eigentliche Bild erfolgt, so findet dort solange die Verarbeitung statt, bis der Anwender von sich aus einen erneuten Bildwechsel veranlaßt.

Verarbeiten der allgemein gültigen Funktionstasten
Innerhalb eines TP-Verfahrens haben die Funktionstasten eine zentrale Bedeutung. Zum einen veranlassen sie, daß die vom Anwender getätigten Eingaben überhaupt an das System gelangen. Sie ermöglichen andererseits auch, mit möglichst wenigen Tastaturanschlägen umfangreiche Steuerungsaufgaben wahrzunehmen.

Im Zuge Ihrer Planungsarbeiten sollten Sie sich ein Konzept der Steuerung des Verfahrens machen. Dazu gehört es auch, festzulegen, welche PF-Tasten generell welche Bedeutung haben.

Sie sollten bei diesen Planungen an die armen Anwender denken, die nicht nur mit einem einzigen TP-Verfahren umgehen müssen, sondern vielleicht viele unterschiedliche Verfahren benutzen. In deren Interesse wäre es sehr günstig, einen möglichst für alle TP-Anwendungen des Hauses geltenden Standard in der Bedienung der Verfahren zu finden. Noch besser wäre es, wenn sich dieser Standard an global geltenden Konzepten orientiert. Da heutzutage Standardsoftware immer mehr Verwendung findet, ist es schon empfehlenswert, sich an allgemeingültigen Konzepten zu orientieren.

Nun werden Sie sagen, daß nicht in jedem Bild dieselben Funktionserfordernisse bestehen. In einem Bild, das nur Daten zu einem einzigen Fall anbietet, werden Sie beispielsweise nicht in Verlegenheit kommen, blättern zu müssen. Legen Sie trotzdem ein Konzept für die Funktionstastenverteilung fest. In Bildern, die diese Funktionen nicht bieten, bleiben diese Tasten dann ungenutzt. Werden sie gedrückt, erfolgt eine Fehlermeldung wie »Ungültige Taste«. Das folgende ist ein Beispiel für eine Tastaturbelegung. Ob sie sich in Ihrem Hause anwenden läßt, müssen Sie selber klären.

Taste	Bedeutung
Daten-freigabe	Allgemeine Erfassung von eingegebenen Daten. Wurden Steuerinformationen wie beispielsweise eine neue Bildnummer eingegeben, so wird diese berücksichtigt. In einem Menübild kann die getroffene Auswahl abgeschlossen werden. In einem Bild zur Anzeige von Daten kann ein neu eingegebener Suchbegriff an das Verfahren übermittelt werden. In einem Bild zur Eingabe von Daten können die Eingaben auf diese Weise unverbindlich (ohne effektives Update) auf Gültigkeit geprüft werden.
CLEAR	Generell Rücksprung auf das Einstiegsbild des Verfahrens. Im Einstiegsbild: Verlassen des Systems.

Taste	Bedeutung
PA1 / PA2	Vorwärts- beziehungsweise Rückwärtsblättern innerhalb einer Liste. Gilt natürlich nur in Bildern mit listenartigem Aufbau.
PF 1	Aufruf der Hilfefunktion.
PF 2	Aufruf eines speziellen Suchbildes, das für das jeweilige Unternehmen eine zentrale Bedeutung hat (z.B. Kundenauskunftsverfahren).
PF 4	Rücksprung auf das vorher gesendete Bild.
PF 8	In Eingabebildern: Update der Daten mit den vom Anwender getätigten Eingaben. Damit verbunden ist automatisch eine Gültigkeitsprüfung der Daten. Sofern die Daten fehlerfrei sind (gegebenenfalls nach einer Sicherheitsabfrage), Update der Datei und Senden einer Erfolgsmeldung auf den Bildschirm. Bei Fehlern Hinweis auf den Fehler senden und kein Update durchführen. Der Bildschirm sollte dem Anwender dann zur Korrektur seiner Eingaben zur Verfügung stehen.
PF 11	Wechsel in ein Auswahlbild der zur Verfügung stehenden TP-Verfahren. Gegebenenfalls kann in einem gesonderten Feld des Bildes auch schon das nächste aufzurufende Verfahren angegeben werden. Die Anwender werden Ihnen diesen Komfort zu danken wissen.
PF 12	Verlassen des TP-Verfahrens, Abmelden der Session. Auf welche Ebene dann verzweigt wird, ist abhängig von der in Ihrem Hause verwendeten Benutzeroberfläche.

Wie gesagt, kann das nur ein Vorschlag sein. Planen Sie die Belegung der PF-Tasten so, daß »gefährliche« PF-Tasten (wie zum Beispiel die zum Update) nicht neben häufig benutzten liegen, damit Tippfehler nicht unnötige Komplikationen und Fehleingaben provozieren. Dazu sollten Sie die Tastaturverteilung der bei den Anwendern eingesetzten Terminals kennen.

Wir wollen jetzt die Tastaturbelegung noch einmal nach anderen Kriterien sortieren. Und zwar wollen wir ermitteln, welche Funktionen in einem gemeinsamen Modul zusammengefaßt werden können, und welche Funktionen auch immer auf das spezielle Bild abgestimmt sein müssen.

So ist das Blättern zwar von der Tastaturbelegung her auf bestimmte Tasten gelegt, doch ganz spezifisch mit einem speziellen Bildaufbau und mit ganz speziellen Daten verbunden, so daß es im jeweiligen Funktionsmodul abgewickelt werden muß. Etwas anderes ist aber die Taste PF 12, die immer nur eine einzige Funktion auszuführen hat: das Beenden der Arbeit im CICS. In der folgenden Tabelle haben wir festgehalten, welche Funktionstasten des obigen Beispiels in einem Modul abgehandelt werden können.

Funktionen des Funktionskerns

Taste	Bedeutung
CLEAR	Rücksprung auf das Einstiegsbild beziehungsweise Verlassen des Systems.
PF 1	Hilfefunktion.
PF 2	Aufruf Suchbild.
PF 4	Rücksprung auf das vorher gesendete Bild.
PF 11	Wechsel zum Auswahlbild, ggf. Vorgabe eines neuen Transaktionscodes.
PF 12	Verlassen des TP-Verfahrens.
Andere Tasten	Führen zu einem Fehlerhinweis, sofern sie nicht bildspezifisch sind.

Zuerst sollte in einem Funktionsmodul geprüft werden, ob die gedrückte Funktionstaste zu denen gehört, die bildindividuelle Reaktionen erfordern (Blättern, Prüfen der Eingabe, Update etc.). Ist dies nicht der Fall, geht die Steuerung zum Funktionskern weiter, der gegebenenfalls eine der allgemeinen Verarbeitungen vornimmt (Rücksprung, Hilfefunktion etc.). Die jeweilige Situation erkennt das Modul aus entsprechenden Eintragungen in den CA-Feldern. Ist die gedrückte PF-Taste auch nicht unter diesen »allgemeinen« zu finden, erfolgt ein Fehlerhinweis. Daraufhin steht dem Anwender dann der unveränderte Bildschirm zur erneuten Eingabe zur Verfügung.

Senden von Fehlermeldungen
Wir haben in diesem Kapitel wiederholt das Senden von Fehlermeldungen als eine der globalen Funktionen dargestellt. Und es scheint uns in der Tat wichtig, daß nicht jedes Modul seine eigene Routine von Fehlermeldungen bietet. Man sollte einen Katalog von Fehlertexten mit dazugehörigen Nummern entwickeln. Tritt nun in einem Funktionsmodul ein Fehler auf, so wird in ein spezielles Feld der CA die Nummer des zu sendenden Textes eingetragen. Einem anderen Feld wird vielleicht noch die Position zugewiesen, die der Cursor nach Schreiben der Meldung einnehmen soll, um den Anwender auf die Quelle des Fehlers aufmerksam zu machen. Dann wird die Steuerung an das spezielle Fehlermodul abgegeben.

```
12 005   Beitrag fällig     vom 01.05.91 bis 01.05.92    300,33      232,33
10 006   Beitrag fällig     vom 01.05.92 bis 01.05.93    156,00
                                         Saldo:
Infos: .  A (AuswUt) Q (BBQ) N (NUZ)
------------------------------------------------------------------- Ende  -
  PF: 1(KDNR),2(NAME),3(AUFT),4(UB),6(WD),7(BPK),9(IBB),10(HILF),11(TA),12(UMM)
KAP/TA:  23..
            (110) Eingegebene Zeilennummer falsch
```

Abb. 8.11   Ein Fehlerhinweis.

Das Fehlermodul ermittelt nun anhand der Fehlernummer aus einer Tabelle (vielleicht in einer eigens dafür vorgesehenen VSAM-Datei oder aus einer Tabelle, die im Hauptspeicher gehalten wird) den anzuzeigenden Text. Mit einer partiellen Map wird der Text auffällig an eine spezielle Position des Bildschirms geschrieben, ohne den bisherigen Bildschirmtext zu löschen. Der Cursor wird auf dem Feld positioniert, das den Fehler herbeiführte.

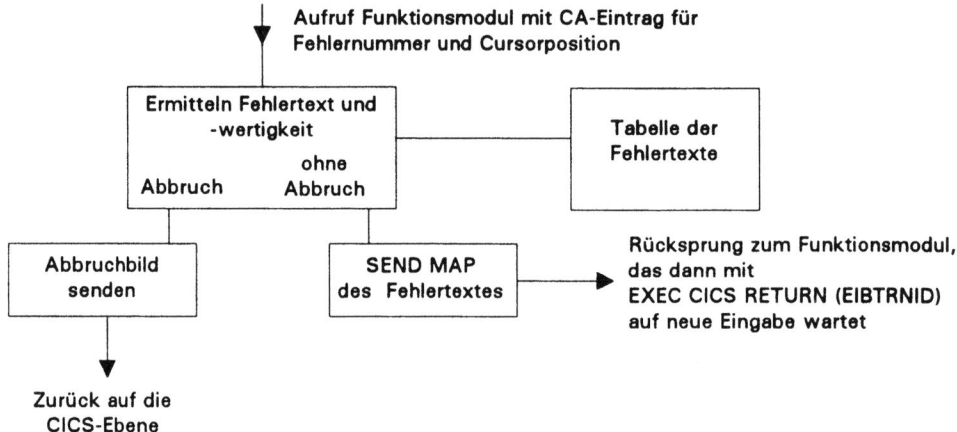

Abb. 8.12   Der Ablauf einer Fehlermeldung.

Nach dem Schreiben der Fehlernachricht können zwei Aktionen erfolgen. Entweder ist der aufgetretene Fehler so schwerwiegend (Datenbanken-Zugriff gestört oder ähnliches), daß ein Weiterarbeiten nicht möglich ist. Dann sollte nach Anzeige des Fehlerbildes das System beendet werden. Sehr viel häufiger sind jedoch Fälle, in denen der Anwender auf einen Eingabefehler hingewiesen wird, danach seine Eingabe entsprechend korrigiert und dann erneut innerhalb des Funktionsmoduls die Prüfung ablaufen muß. Das wird dadurch erreicht, daß aus dem Fehlermodul wieder mit RETURN TRANSID in das Funktionsmodul zurückverzweigt wird.

Verlassen des Systems
Das Verlassen eines Systems ist ebenfalls eine zentral zu regelnde Tätigkeit. Hier gibt es unterschiedliche Anlässe:

⇨ Kritischer Fehler,
⇨ Beenden der Arbeit,
⇨ Wechsel in ein anderes TP-Verfahren.

Je nach dem betriebenen Aufwand des Verfahrens sind nun vielleicht Zwischendateien zu löschen (auch TS-Queues), Verarbeitungen zu veranlassen oder sonstiges. Bei Verwendung von Datenbankverfahren sollte ein entsprechender CLOSE-Befehl abgesetzt werden.

8.4 Planen der Systemerfordernisse

Sie sehen schon an der Vielzahl der Punkte, die wir gegenüber Kapitel 5 noch zusätzlich in unsere Überlegungen aufgenommen haben, daß ein korrekt geplantes Verfahren eine Vielzahl von Komponenten einbezieht. Wichtig ist es, daß Sie sich mit den Systemprogrammierern in Ihrem Hause zusammensetzen und mit ihnen beratschlagen, welche Konsequenzen das von Ihnen Geplante hat. Vielfach kommen von dieser Seite auch Optimierungsvorschläge.

Tips von Systemprogrammierern

Es muß auch geklärt werden, was mit den erfaßten Daten geschehen soll. Vielleicht ist zu bestimmten Tageszeiten, zusätzlich zum Dialogbetrieb, eine Stapelverarbeitung erforderlich, die angesammelte Aufträge zur Ausführung bringt oder angeforderte Druckausgaben erzeugt. Vielleicht haben Sie aber auch terminalunabhängige Tasks für Druckausgaben vorgesehen.

Das Weiterverarbeiten gesammelter Daten und Aufträge

Planen Sie ein möglicherweise aus der TP-Verarbeitung entstehendes zusätzliches Datenvolumen bei der Auslegung Ihrer Dateien und Datenbanken ein. Hier kann es mitunter zu bösen Überraschungen kommen, wenn täglich statt der 100 geschätzten Aufträge 2.000 erfaßt und auch längerfristig gespeichert werden.

Datenvolumen einplanen

Stimmen Sie für Ihren Anwenderkreis die Berechtigung ab und stellen Sie sicher, daß am Tage der Einführung die Berechtigungen auch wunschgemäß in dem benutzten Berechtigungsverfahren eingetragen sind.

Berechtigungen abstimmen

Stimmen Sie mit den Systemprogrammierern ab, welche Transaktionscodes und Programme Sie benutzen. Wir halten es in der Regel so, daß wir uns einen Stock von Transaktionscodes (und zugeordneten Programmen) geben lassen, deren Name irgendwie mit dem verwendeten Sachgebiet zusammenhängt. Ein System zum Buchen von Zahlungen beispielsweise heißt BUS (Buchungssystem) und wird unter diesem Namen in CICS aufgerufen. Also brauchen wir den Transaktionscode BUS. Für weitere Bilder brauchen wir aber noch eine ganze Reihe weiterer Transaktionscodes. Also reservieren wir für uns alle Codes von BU00 bis BU99 und haben dann freie Hand bei deren Benutzung, ohne einem anderen Programmierer in die Quere zu kommen.

Verwendete Transaktionscodes und Programmnamen abstimmen

Systembelastung einplanen	Stimmen Sie mit den Zuständigen auch ab, wenn auf das System aufgrund des neuen TP-Verfahrens erheblich Mehrbelastung hinzukommt. Dies könnte zum Beispiel sein, wenn eine bisher manuell arbeitende große Abteilung die Arbeit dank Ihres Verfahrens auf Bildschirm umstellt. Dann muß ein wesentlich größeres Volumen als bisher vom CICS verarbeitet werden. Wenn Sie das rechtzeitig mit Ihren Systemprogrammierern abstimmen, können diese vorher entsprechend die Ressourcen vergrößern.
Restart Recovery	Wir gehen davon aus, daß die in Ihrem Hause für CICS zuständigen Systemprogrammierer für effiziente Restart- und Recovery-Maßnahmen gesorgt haben.
Schulung der Anwender	Wenn Sie dann noch dafür gesorgt haben, daß die Anwender eine ausreichende und gut verständliche Schulung erhalten, können Sie dem Einsatz des Verfahrens getrost entgegensehen. Sie sollten nicht unbedingt den Ehrgeiz entwickeln, die Schulung selbst durchzuführen. Sie sind wahrscheinlich viel zu sehr mit den einzelnen technischen Details beschäftigt.

Aber auch bei entsprechender Vorplanung dürfen Sie nicht damit rechnen, daß keine Fehler auftauchen oder daß die Anwender keine Änderungen wünschen werden. Mit solchen Situationen werden Sie immer wieder konfrontiert. Doch je sinnvoller Sie vorplanen, umso souveräner können Sie darauf reagieren.

9 Fehlersuche

Auch wenn Sie sich vorgenommen haben, immer fehlerfrei zu arbeiten: Sie werden als aktiver Programmierer stets mit Fehlern konfrontiert. Meist sind es eigene Fehler, mitunter auch die Fehler anderer Programmierer. Wir unterteilen die Fehler in folgende Kategorien:

⇨ Syntaxfehler beim Codieren des Programms,
⇨ logische Fehler, die beim Betrieb des Programms sofort ins Auge fallen,
⇨ verdeckte logische Fehler.

Von diesen drei Kategorien ist die erste die angenehmste, denn bei deren Beseitigung leisten sowohl der Vorübersetzer wie der Compiler der jeweiligen Sprache tätige Mithilfe.

Alle Fehler und Warnungen vermeiden	Sie sollten sich angewöhnen, so zu programmieren, daß im Normalfall weder Fehler noch Warnungen auftreten. Wenn Sie stets für syntaktisch fehlerfreie Programme sorgen, fällt es Ihnen sofort auf, wenn der Compiler dann doch einen Fehler oder eine Warning ausgibt.
PL/I stets mit Warnings	Allerdings erweist sich unter PL/I diese hehre Absicht als undurchführbar. So, wie der Vorübersetzer aus den von Ihnen formulierten CICS-Statements Unterprogramm-Calls bildet, entstehen beim Compilieren zwangsläufig Warnings. Sie werden also garantiert die Übersetzung mit dem Returncode von mindestens 4 beenden.

Jetzt müssen Sie jedes der markierten Statements untersuchen, ob es sich um einen dieser unvermeidbaren Fehler handelt. Eliminieren Sie stets alle sonstigen Fehler, Warnings und Hinweise: Keine impliziten Deklarationen, alle Builtin-Funktionen deklarieren, kein vergessenes Semikolon etc.

Wenn Sie jetzt alle Hürden der Syntax übersprungen haben, können Sie das Programm zur Ausführung bringen. Und vielleicht fangen die Probleme dann erst so richtig an.

9.1 Dem Täter auf der Spur

Wirklich schwierig wird es erst dann, wenn ein Programm vorgibt, richtig zu arbeiten, aber insgeheim doch fehlerhaft läuft. Das sind logische Fehler. Die syntaktischen konnten wir dank des Compilers ja ausräumen.

Nehmen wir den Fall, daß Sie in einem Programm Daten zu einem bestimmten Werkzeug anzeigen wollen. Wir beziehen uns auf das schon in den Kapiteln 5 und 8 besprochene Verfahren zur Verwaltung von Werkzeugen. Alle erforderlichen Programme sind geschrieben, umgewandelt und in das CICS geladen. Sie rufen die Transaktion WAUS auf und lassen sich die Daten zu einem Werkzeug anzeigen. Auf dem Bildschirm erscheinen auch Daten. Sie freuen sich, zumindest solange, bis Sie merken, daß anstelle des Rückgabedatums der erste Teil der Werkzeugnummer erscheint.

| Fehlererkennung mit unterschiedlichen Schwierigkeitsgraden | Zuweisungsfehler wie diese sind noch recht harmlos. Insbesondere dann ist es möglich, sie leicht aufzuspüren, wenn der Fehler so offensichtlich ist: Welches Datum enthält schon Buchstaben in den ersten vier Stellen? Schwieriger ist es, wenn Sie Daten miteinander vertauschen, deren Unterschied nicht so eindeutig zu erkennen ist. Nehmen wir an, Sie schreiben ein Verfahren, das 20 verschiedene Werte einer Meßreihe anzeigt. Die Werte der Meßreihe stehen in keiner direkten Abhängigkeit zueinander. Es kann in der Praxis ohne weiteres vorkommen, daß der erste Wert kleiner ist als der zweite, genauso kann der zweite Wert aber auch der kleinere sein. |

In solchen Fällen hilft es nichts: Das wirksamste Hilfsmittel ist dann, sich die Programmliste einmal ausdrucken zu lassen. Heutzutage arbeiten viele Programmierer fast völlig ohne Papier — bei ausreichender Praxis und leichter bis mittlerer Schwierigkeit auch verständlich. Aber mitunter ist es unabdingbar, auf Papier zu arbeiten — wie bei komplexen Zuweisungen. Dann sollten Sie Listen der zu übertragenden Felder genau prüfen und jede codierte Zuweisung abhaken (auf dem Bildschirm ist das Ankreuzen so schwierig).

| Kopierfehler | Viele Zuweisungsfehler stammen daher, daß eine Zuweisung eingetippt wird, die entsprechende Zeile per Befehl vervielfacht wird und dann die Unterschiede eingetragen werden. Das ist soweit in Ordnung, da man die Produktivität erhöhen möchte. Gerade in solchen Situationen können einzelne Änderungen leicht vergessen werden (sogenannte Kopierfehler). |

Der in vielen Firmen schlechte Zustand der Testdatenbestände ist ein weiterer Faktor, das Erkennen von Zuweisungsfehlern zu erschweren. Bleiben wir bei der Testdatenreihe. Sie haben häufig selbst für Ihre Testdaten zu sorgen. Zum Testen richten Sie vielleicht 10 verschiedene Datenreihen ein. Wenn Sie sich die Arbeit vereinfachen und darauf verzichten, jedem Punkt der Testdatenreihe einen eigenen Wert zu verpassen, sondern alle Werte nur auf 0 belassen, können Sie nicht kontrollieren, ob die im TP-Bild bei Testpunkt 5 erscheinende 0 auch wirklich von diesem Testpunkt stammt, oder ob es nur der falsch (oder gar nicht) übertragene Wert aus Testpunkt 11 ist.

Testdaten

Rechenfehler sind Zuweisungsfehlern ähnlich. Nehmen Sie an, Ihr TP-Bild soll eine Rechnung aus mehreren Posten darstellen, und der Summe ist die Mehrwertsteuer hinzuzufügen. Sie lassen sich das Bild anzeigen, überall stehen Zahlen, sieht gut aus! Dieser Eindruck kann täuschen. Denken Sie an Probleme wie Rundung und ähnliches. Machen Sie sich die Mühe, einen kompletten Bildschirm einmal nachzurechnen. Je nach Wichtigkeit und Komplexität des Verfahrens kann es sich empfehlen, von einem solchen Bildschirm eine Hardcopy anzufertigen, alle Werte einzeln nachzurechnen und abzuhaken und bei revisionspflichtigen Verfahren diese Hardcopy vom Auftraggeber beziehungsweise Ihrem Vorgesetzten abzeichnen zu lassen.

Testdaten

Wir wollen mit diesem Beispiel nur ein Plädoyer für genaues Testen halten — und dafür, mitunter wie ein Buchhalter die Daten-Zuweisungen abzuhaken. Hier Zeit zu investieren lohnt sich immer, da solche Fehler mitunter erst im echten Produktionsbetrieb aufgedeckt werden — bis dahin können schon peinliche, irreparable Fehler entstanden sein. Schließlich bilden TP-Verfahren oftmals die Basis für kaufmännische oder anderweitig wichtige Entscheidungen.

Besondere Sorgfalt ist geboten, wenn Ihr Verfahren nicht nur Daten anzeigt, sondern zusätzlich auch ein Update ermöglicht. Sie sollten sich die genaue Kontrolle der von Ihnen erzeugten oder veränderten Daten angewöhnen.

Besondere Sorgfalt bei Update-Verfahren

Wir können Ihnen an dieser Stelle kein generelles Testkonzept anbieten, nur den Rat geben, stets möglichst sorgfältig zu arbeiten und trotz aller gebotenen Eile immer mit »ruhig Blut« vorzugehen. Wenn Sie Ihren mitunter drängelnden Vorgesetzten klarmachen können, daß ein zusätzlich investierter Tag des Testens, auch nach dem eigentlichen Schlußtermin, für das Gelingen wesentlich zuträglicher sein kann als Termineinhaltung »Koste es, was es wolle«, haben Sie schon eine gute Grundlage für erfolgreiches und sorgfältiges Arbeiten geschaffen.

Steuerungsfehler	Neben der Möglichkeit falscher Zuweisungen kann es speziell in TP-Verfahren auch Störungen im Ablauf geben, die auf Fehlern in der Verfahrenssteuerung beruhen. So ist eine beliebte Fehlerquelle, beim Rücksprung auf die nächsthöhere Bildebene den Anwender nicht genau so zurückzuführen, wie er sich an das jeweilige Bild herangetastet hat, sondern zu einem falschen Bild zurückzuspringen. Oder Sie wollen zu einem anderen Transaktionscode verzweigen — und landen genau da, wo Sie nicht hinwollen. Ursache: Im Statement des EXEC CICS RETURN TRANSID ist ein falscher Transaktionscode genannt. Auch solche Fehler sind wie falsche Zuweisungen zu sehen — und durch hingebungsvolles Testen zu erkennen.

Zeichnen Sie sich eine Karte aller möglichen Transaktionsverknüpfungen sowie Hin- und Hersprünge. Das kann dazu führen, daß Sie gegebenenfalls noch Schwächen im eigenen Konzept entdecken, zum Beispiel, wenn Sie dann meinen, daß es für den Anwender zusätzlich die eine oder andere sinnvolle Möglichkeit des Bildwechselns geben müßte. Das Erstellen einer solchen Karte erinnert mitunter an Adventure-Spiele auf dem heimischen Computer.

Die bisher genannten Fehler ließen sich bisher alle von außen erkennen — mitunter auch nur durch konsequentes Testen. Eine ganz heimtückische Fehlermöglichkeit eröffnet sich allerdings dadurch, daß in der CICS-Welt sehr viel mit Pointern und Tabellen gearbeitet wird und sich außerdem viele Anwendungsprogramme, auch unterschiedlicher Programmierer, im selben Adreßraum tummeln. Immer dann, wenn Sie sich bei der Benutzung von Pointern vergreifen, oder wenn Sie durch das Überschreiten von Tabellengrenzen Datenbereiche durchwühlen, die für andere Zwecke gedacht sind, kann es zu Störungen kommen. Es kann auch ganz harmlos ausgehen. Möglicherweise merken Sie gar nicht, daß auf jedem Bild einer TP-Liste jeweils die 18. Zeile fehlt. Und im Test führt das vielleicht nicht einmal zu Problemen, weil die »tödliche« Konstellation nur in Ihren Produktionsdaten besteht.

Übergriffe vermeiden	Auch hier können wir nur ganz global den Rat geben, bei allen Arbeiten mit Pointern und bei allen Zugriffen auf Tabellen genau darauf zu achten, daß Sie sich innerhalb der legalen Grenzen bewegen. Gerade dazu ist Vorstellungskraft vonnöten, damit Sie im Vorwege die in dieser Hinsicht kritischen Stellen Ihres Programms erkennen. Beim Gebrauch von Tabellen gibt es immerhin noch die Möglichkeit, die entsprechenden Zuweisungen davon abhängig zu machen., daß der Index einen erlaubten Wert besitzt.

Eine besondere Gefahr besteht unter CICS dadurch, daß sich viele Anwendungsprogramme gemeinsam in einem Adreßraum befinden. Es ist bei »geschicktem«

Danebengreifen ohne weiteres möglich, daß Sie mit einem Fehlgriff aus Ihrem Programm A heraus den Code eines Programmes B Ihres total unschuldigen Kollegen so verändern, daß dessen Programm eine Schleife verursacht, die das ganze TP-System zum Erliegen bringt. Daraufhin bricht das Auftragssystem Ihrer Firma zusammen. Just in dem Moment wäre es aber nötig, um einen eiligen Auftrag abzuwickeln. Weil das nicht klappt, springt der wichtigste Kunde Ihrer Firma ab. Ihre Firma muß Konkurs anmelden... (Wir haben ein gewisses Faible für das Schildern von Katastrophen).

Mitunter ist es nicht einfach, Sachverhalte im Trockenbetrieb oder beim »Eisenbahnfahren« in der Programmliste aufzuspüren. Viele Fehler treten auch nicht generell auf, sondern nur bei Vorliegen bestimmter Datenwerte. Solche Abhängigkeiten zu erforschen, erfordert schon ein gehöriges Quantum an kriminalistischem Spürsinn.

All dieses sowie die Tatsache, daß heutzutage dank schneller Umwandlungszeiten häufiger einfach probiert wird als beispielsweise noch vor zwölf Jahren, führt dazu, daß viel mehr am lebenden Objekt studiert wird als in einer Liste recherchiert. Hier steht also Masse (in Form von Maschinenleistung) gegen Klasse (in Form von vorgedachten Abläufen).

Eine erste Möglichkeit der Unterstützung durch den Compiler besteht darin, Programme möglichst so umzuwandeln, daß sie keine vermeidbaren Warnings und undeklarierte Variablen enthalten. Auf die Schwierigkeit hierbei haben wir schon hingewiesen. Minimieren Sie trotzdem die Anzahl der Hinweise, und prüfen Sie möglichst alle davon. Schwierigkeiten bei der Durchführung der einzelnen CICS-Statements, zum Beispiel unerklärliche ABEND-Codes, können Sie dadurch verfolgen, daß Sie entweder den Befehl mit Hilfe des Command Interpreters CECI von Hand eingeben und dann im einzelnen besser nachverfolgen können, was passiert. Eine andere Möglichkeit ist das Debugging Facility CEDF.

9.2 Mit CEDF auf der Jagd

Wenn Sie Glück haben, verfügen Sie auf Ihrem EDV-System über einen leistungsfähigen Debugger, vielleicht sogar einen, bei dem Sie während der Ausführung des Programms parallel den Quelltext verfolgen können. Als Standardausrüstung bietet CICS das Debugging Facility CEDF. Dieses leistungsfähige Utility erlaubt Ihnen, eine CICS-Anwendung unter Kontrolle zu starten und sich von CICS-Aufruf zu CICS-Aufruf zu hangeln. Dabei können Sie sich für jeden CICS-Befehl alle angegebenen Parameter anzeigen lassen. Ferner bietet CEDF auch die Möglichkeit, durch Überschreiben der Parameter in das Geschehen einzugreifen. Auch lassen sich einzelne Speicherbereiche gezielt betrachten.

```
TRANSACTION: BAS     PROGRAM: D35030     TASK NUMBER: 0000273   DISPLAY:   00
STATUS:   PROGRAM INITIATION

    EIBTIME       = 90738
    EIBDATE       = 90123
    EIBTRNID      = 'BAS '
    EIBTASKN      = 273
    EIBTRMID      = 'R108'

    EIBCPOSN      = 5
    EIBCALEN      = 0
    EIBAID        = X'7D'                                    AT X'00074CB2'
    EIBFN         = X'0000'                                  AT X'00074CB3'
    EIBRCODE      = X'000000000000'                          AT X'00074CB5'
    EIBDS         = '........'
  + EIBREQID      = '........'


ENTER:  CONTINUE
PF1  : UNDEFINED           PF2 : SWITCH HEX/CHAR     PF3 : END EDF SESSION
PF4  : SUPPRESS DISPLAYS   PF5 : WORKING STORAGE     PF6 : USER DISPLAY
PF7  : SCROLL BACK         PF8 : SCROLL FORWARD      PF9 : STOP CONDITIONS
PF10: PREVIOUS DISPLAY     PF11: UNDEFINED           PF12: UNDEFINED
```

Abb. 9.1   So meldet sich CEDF beim Starten der von Ihnen aufgerufenen Transaktion.

Sie rufen CEDF als erste Anwendung unter CICS auf. Wenn der Text erscheint »THIS TERMINAL CEDF-MODE ON«, geben Sie den Transaktionscode an, den Sie eigentlich starten wollen. Beachten Sie, daß Sie vorher mit CLEAR den Bildschirm löschen, da ab der obersten linken Ecke des Bildschirms gelesen wird und ein Transaktionscode namens THIS wahrscheinlich nicht besteht.

```
TRANSACTION: BAS     PROGRAM: D35030     TASK NUMBER: 0000273   DISPLAY:   00
STATUS:   ABOUT TO EXECUTE COMMAND
EXEC CICS LINK
  PROGRAM ('D35000 ')
  COMMAREA ('9782104..........BAS ........................'...)
  LENGTH (2000)




        OFFSET:X'0003A4'    LINE: INKBU13      EIBFN=X'0E02'


ENTER:  CONTINUE
PF1  : UNDEFINED           PF2 : SWITCH HEX/CHAR     PF3 : UNDEFINED
PF4  : SUPPRESS DISPLAYS   PF5 : WORKING STORAGE     PF6 : USER DISPLAY
PF7  : SCROLL BACK         PF8 : SCROLL FORWARD      PF9 : STOP CONDITIONS
PF10: PREVIOUS DISPLAY     PF11: UNDEFINED           PF12: ABEND USER TASK
```

Abb. 9.2   CEDF vor Ausführen eines CICS-Befehls.

Der Debugger CEDF

CEDF zeigt jeden beabsichtigten CICS-Befehl erst einmal mit allen angegebenen Parametern auf dem Bildschirm an. Sie haben dann die Möglichkeit, einzelne der Parameter zu verändern.

Wenn Sie dann Datenfreigabe drücken, wird der Befehl ausgeführt. Anschließend zeigt CICS, daß es den Befehl erledigt hat, und gibt auch Auskunft, ob die Ausführung erfolgreich war oder ein Fehler aufgetreten ist. Sie brauchen sich nicht stur jeden einzelnen CICS-Aufruf anzuschauen, sondern haben durchaus die Möglichkeit, in einem Rutsch soweit durchzulaufen, bis eine bestimmte Bedingung auftritt. Diese Bedingung kann zum Beispiel das Beenden der Transaktion sein. Solange werden alle CICS-Statements ausgeführt, wenn Sie statt Datenfreigabe die Taste PF 4 drücken. Sie können aber zusätzlich auch andere Bedingungen definieren, bei denen CEDF stoppt und einen Zwischenstand anzeigt.

Die PF-Tasten zur Steuerung des CEDF sind festgelegt. Die folgende Belegung gilt, wenn Sie sich im normalen CEDF-Ablauf befinden.

Taste	Bedeutung
Datenfreigabe	Bei Änderungen in den Parametern Aufnahme der Werte und erneutes Anbieten der Änderungsmöglichkeit (About to execute...). Ohne Änderung Ausführen bis zum nächsten CICS-Befehl.
PF 2	Umschalten von normaler zu hexadezimaler Darstellung und umgekehrt.
PF 3	Beenden der CEDF-Session.

⇨

```
  TRANSACTION: BAS    PROGRAM: D35030      TASK NUMBER: 0000273    DISPLAY:   00
  STATUS:  COMMAND EXECUTION COMPLETE
  EXEC CICS LINK
    PROGRAM ('D35080 ')
    COMMAREA ('9782104..........BAS ..............................'...)
    LENGTH (2000)




















  OFFSET:X'0003A4'     LINE: INKBU13     EIBFN=X'0E00'
  RESPONSE: NORMAL                       EIBRESP=0

  ENTER: CONTINUE
  PF1 : UNDEFINED            PF2 : SWITCH HEX/CHAR     PF3 : END EDF SESSION
  PF4 : SUPPRESS DISPLAYS    PF5 : WORKING STORAGE     PF6 : USER DISPLAY
  PF7 : SCROLL BACK          PF8 : SCROLL FORWARD      PF9 : STOP CONDITIONS
  PF10: PREVIOUS DISPLAY     PF11: UNDEFINED           PF12: ABEND USER TASK
```

Abb. 9.3   CEDF nach Ausführen eines CICS-Befehls.

Taste	Bedeutung
PF 4	Weitere Verarbeitung ohne Stop bis zur nächsten Stop-Bedingung oder bis zum Ende der Transaktion.
PF 5	Anzeige von Arbeits-Speicherbereichen.
PF 6	Umschalten auf das Bild, wie es bei Benutzung des Verfahrens ohne CEDF jetzt auf dem Bildschirm stünde.
PF 7	Bild halb zurückblättern (Gegenstück zu PF 8).
PF 8	Bild halb hochblättern. Dies kann erforderlich sein, wenn der Befehl mit seinen Optionen derart umfangreich ist, daß er nicht auf einem einzigen Bildschirm komplett dargestellt werden kann. Wieder zurück blättern Sie dann mit PF 7.
PF 9	Wechsel zum Bild, in dem Stopbedingungen gesetzt oder gelöscht werden können.
PF 10	Zurückblättern auf die vorherige CEDF-Anzeige. Die Anzeige in der oberen rechten Ecke kennzeichnet, ob man sich in der aktuellen Anzeige befindet (DISPLAY: 00) oder einige Stufen zurück befindet (z.B. DISPLAY: -03).
PF 11	In aktueller Anzeige (DISPLAY: 00) undefiniert, bei zurückliegenden Anzeigen die Möglichkeit, wieder in Richtung auf die aktuelle Anzeige zu blättern.
PF 12	Nach Ausführung eines CICS-Befehls Möglichkeit, eine ABEND-Bedingung zu provozieren. Es besteht dann die Möglichkeit, den zu testenden ABEND-Code manuell einzugeben.

```
 TRANSACTION: BAS     PROGRAM: D35030    TASK NUMBER: 0000273   DISPLAY:   00
 DISPLAY ON CONDITION:-

    COMMAND:                EXEC CICS LINK
    OFFSET:                 X'......'
    LINE NUMBER:            ........
    CICS EXCEPTIONAL CONDITION:
    ANY CICS ERROR CONDITION         YES
    TRANSACTION ABEND                NO
    NORMAL TASK TERMINATION          YES
    ABNORMAL TASK TERMINATION        YES




 ENTER:   CURRENT DISPLAY
 PF1  : UNDEFINED           PF2 : UNDEFINED          PF3 : UNDEFINED
 PF4  : SUPPRESS DISPLAYS   PF5 : WORKING STORAGE    PF6 : USER DISPLAY
 PF7  : UNDEFINED           PF8 : UNDEFINED          PF9 : UNDEFINED
 PF10 : UNDEFINED           PF11: UNDEFINED          PF12: REMEMBER DISPLAY
```

Abb. 9.4   In diesem Bild können Sie verschiedene Situationen definieren, die die Ausführung stoppen.

Die folgende Abbildung zeigt die Steuerungsmöglichkeiten, die Sie bei CEDF haben.

Der Debugger CEDF

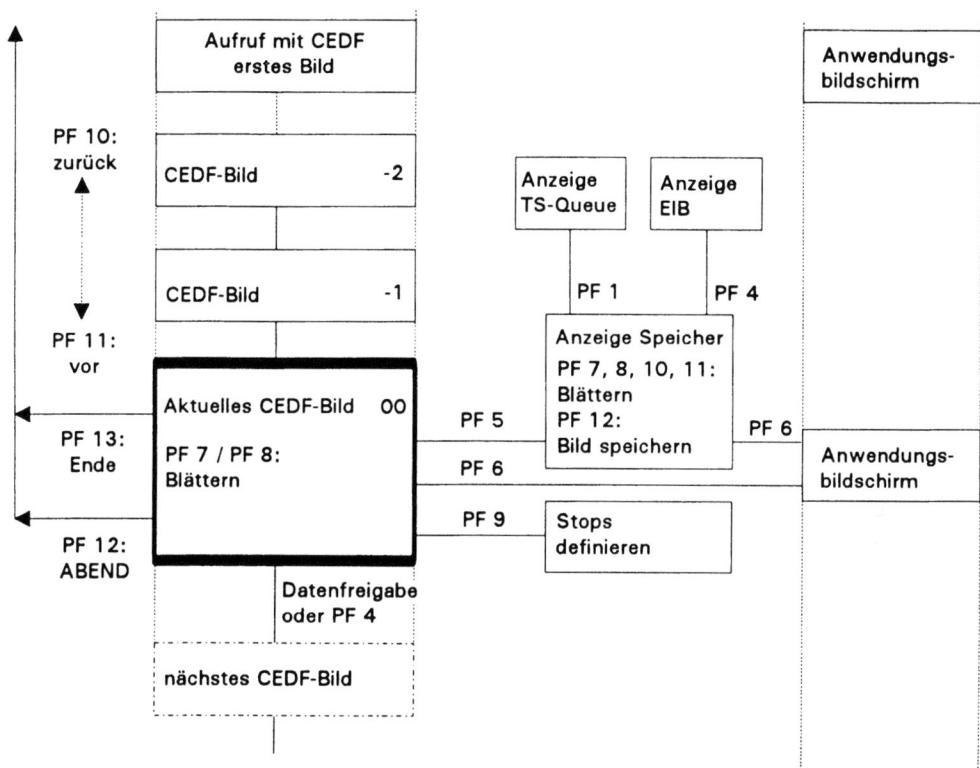

Abb. 9.5   Die Steuerungsmöglichkeiten des CEDF.

Wenn Sie mit PF 5 zur Anzeige der Arbeits-Speicherbereichen geschaltet haben, gilt eine andere Tastenbelegung.

Taste	Bedeutung
PF 2	Umschalten zur Anzeige von Temporary Storage.
PF 4	Umschalten zur Anzeige des EIB.
PF 5	Zurück zum Durchführungsbild.
PF 6	Umschalten auf das Bild, wie es bei Benutzung des Verfahrens ohne CEDF jetzt auf dem Bildschirm stünde.
PF 7	Bild halb zurückblättern.
PF 8	Bild halb hochblättern.
PF 10	Bild ganz zurückblättern.
PF 11	Bild ganz hochblättern.
PF 12	Bild festhalten. Sie haben dann die Möglichkeit, beim Zurückblättern (im Durchführungsbild mit PF 10) auch solche Bilder sich anzuschauen, die üblicherweise nicht gespeichert werden.

```
STATUS:  COMMAND EXECUTION COMPLETE
EXEC CICS ADDRESS
   CWA (X'006F69A0')                                              AT X'800A86F8'




OFFSET:X'000164'    LINE:00315927    EIBFN=X'0202'
RESPONSE: NORMAL                     EIBRESP=0

ENTER:  CONTINUE
PF1  : UNDEFINED            PF2  : SWITCH HEX/CHAR      PF3  : END EDF SESSION
PF4  : SUPPRESS DISPLAYS    PF5  : WORKING STORAGE      PF6  : USER DISPLAY
PF7  : SCROLL BACK          PF8  : SCROLL FORWARD       PF9  : STOP CONDITIONS
PF10 : PREVIOUS DISPLAY     PF11 : UNDEFINED            PF12 : ABEND USER TASK
```

Abb. 9.6 So stellt CEDF die Datenbereiche dar, wenn Sie die hexadezimale Darstellung wählen. Zusätzlich wird dann auch die Adresse des jeweiligen Bereichs genannt.

```
TRANSACTION: BAS    PROGRAM: D35030    TASK NUMBER: 0000273    DISPLAY:   00
ADDRESS: 800A8068
800A8060   000000                      00000000 00000000     ................
800A8070   000008   00000000 0067DD88 00000000 0067DF10       ......h........
800A8080   000018   0067DF12 0067DF64 0067E838 90000B0B       ............Y..
800A8090   000028   58ZE0004 58EE0000 19DF478C 00C21851       ..............B..
800A80A0   000038   181F180E 58FC00F0 05EF9500 C001470C       ..........0..n...
800A80B0   000048   00BA18E5 58FC00AC 07FF07FE 0067D970       ...U..........R.
800A80C0   000058   D0B858FC 0078051F DB0118E0 18D19834       ..............Jq.
800A80D0   000068   D0209160 D001078E 9140D001 478C00DC       ..j-...j........
800A80E0   000078   DZ03D04C D0509120 D001078E D201D056       K..<.&j.....K...
800A80F0   000088   D0549180 D054071E 181F58FC 00F407FF       ..j...........4..
800A8100   000098   00A80BA  00000000 00A80BA  00A80BA        ................
800A8110   0000A8   00A80BA  00A80BA  00A80BA  00A80BA        ................
800A8120   0000B8   00A80BA  00A80BA  00A80BA  00000000       ................
800A8130   0000C8   00A80BA  00A81C8  00000000 E9E3C9C1       ......aH....ZTIA
800A8140   0000D8   00A9440  00000000 00000000 00000020       ..m.............
800A8150   0000E8   00000000 00000000 00000000 00000000       ................

ENTER:  CURRENT DISPLAY
PF1  : UNDEFINED            PF2  : BROWSE TEMP STORAGE PF3  : UNDEFINED
PF4  : EIB DISPLAY          PF5  : WORKING STORAGE     PF6  : USER DISPLAY
PF7  : SCROLL BACK HALF     PF8  : SCROLL FORWARD HALF PF9  : UNDEFINED
PF10 : SCROLL BACK FULL     PF11 : SCROLL FORWARD FULL PF12 : REMEMBER DISPLAY
```

Abb. 9.7 So können Sie sich einzelne Speicherbereiche gezielt anschauen.

Wenn Sie sich ein wenig mit den Eigenarten des CEDF vertraut gemacht haben, finden Sie hierin ein wirkungsvolles Instrument zum Untersuchen der Abläufe eines TP-Verfahrens. Bedauerlicherweise bietet CEDF nur eine Kontrolle über die CICS-Befehle. Alle Abläufe des Anwendungsprogramms als solches bleiben Ihnen verborgen.

Auf eine Schwierigkeit im Gebrauch von CEDF wollen wir noch hinweisen. Gute Sitte ist es, jedes CICS-Programm mit einem expliziten EXEC CICS RETURN statt eines schnöden RETURN zu beenden. Im normalen TP-Betrieb mag das nicht weiter auffallen. Doch beim kontrollierten Ablauf unter CEDF treten Schwierigkeiten auf, wenn ein Anwendungsprogramm nicht mit einem EXEC CICS RETURN endet.

```
EXEC CICS
RETURN
```

9.3 Selbstgeschaffene Diagnosemöglichkeiten

Häufig benötigen Sie jedoch eine Kontrolle nicht nur der CICS-Statements, sondern auch einzelner Variablen-Werte des Programms. Sofern Sie nicht über einen entsprechend intelligenten und leistungsfähigen Debugger verfügen (solche gibt es durchaus auf dem Markt), bietet es sich entweder an, die Daten in eine Journal-Datei oder eine TS-Queue zu schreiben und nach Ablauf der Transaktionen zu kontrollieren, was abgelaufen ist. Sie sollten dann aber die Meldungen so aussagefähig gestalten, daß Sie auch im Nachherein noch feststellen können, welcher Wert an welcher Stelle von welcher Variable in welcher Situation angezeigt wurde. Sonst ist die ganze Mühe umsonst gewesen.

Interessanter sind die Möglichkeiten, ähnlich wie mit einem Debugger, während der Ausführung die Werte bestimmter Variablen direkt auf dem Bildschirm anzeigen zu lassen. Solche Anzeigen kommen durch gezielte Statements im Anwendungsprogramm zustande. Wird dann die jeweilige Stelle des Programms durchlaufen, erfolgt die Anzeige auf dem Bildschirm. Diese Methode bietet den Vorteil einer sofortigen Kontrolle. Aber auch hier sollten Sie den anzuzeigenden Text zumindest so ausführlich gestalten, daß Sie wissen, was der dargestellte Wert bedeutet. Sprechen Sie mit Ihren Systembetreuern über die auf Ihrem Rechnersystem bestehenden Möglichkeiten.

Und letztlich bietet CICS diverse Möglichkeiten, Speicherbereiche »auszukippen«, also gezielte Dumps zu erzeugen. Fragen Sie auch hierzu bitte Ihren Systembetreuer.

9.4 Immer wieder beliebte Fehler

Es war einmal ein Programmierer, der war davon überzeugt, jeden Fehler nur ein einziges Mal zu begehen ... Kaum ein Fehler wird nicht mindestens zweimal begangen. Es gibt Kollegen, die stehen immer wieder mit nicht typgerechten Datenzuweisungen auf dem Kriegsfuß (CHARACTER auf DEC FIXED oder ähnliches, und sich dann über DATA EXCEPTION wundern). Oder jene Menschen mit ihren flinken Fingern, die einen Flüchtigkeitsfehler nach dem anderen in ihre Programme klopfen und noch stolz auf die Zahl der pro Tag erzeugten Statements sind.

Wir erwähnen an dieser Stelle einige wenige Fehler aus den vorderen Positionen der Hitliste. Natürlich sind wir vom Anspruch auf Vollständigkeit weit entfernt, und die Reihenfolge ist rein zufällig.

- ⇨ Kopierfehler stehen an erster Stelle bei den Flüchtigkeitsfehlern. Sie kopieren sich ein altes Programm, das ursprünglich einen ganz anderen Datenbestand dargestellt hat, und schreiben es für Ihre jetzigen Belange um. Dabei kommt es sehr häufig zu falschen Zuweisungen. Es ist durchaus legitim, sich einen Programmrahmen zu schaffen, der immer wieder als Grundlage für neue Programme verwendet wird. Doch sollte er so gestaltet ein, daß er nicht durch Unübersichtlichkeit Flüchtigkeitsfehler provoziert. Und vor allem sollten Sie ihn selber gestaltet haben. Denn nur das bietet die Gewähr dafür, daß Sie auch jedes seiner Statements verstehen und sinnvoll einsetzen können.
- ⇨ Die Communication Area ist nicht mehr vorhanden, und dabei sollte sie noch da sein. Achten Sie beim Ablauf Ihrer Programme darauf, daß Sie den Bereich zum Halten der allgemeinen Daten immer wieder bei jedem Aufruf mit übergeben. Wenn diese Kette einmal durchbrochen ist, sind die Daten futsch! Beachten Sie auch, daß auf jeder Aufrufebene des CICS eine eigene Communication Area bestehen kann. Sie rufen eine Transaktion mit einer bestimmten CA auf. Das entsprechende Programm ruft seinerseits mit EXEC CICS LINK ein anderes Programm auf und übergibt ihm dabei eine Communication Area, die gar nichts mit der ersten CA zu tun hat. Nach der Rückkehr in das aufrufende Programm steht weiterhin die ursprüngliche CA zur Verfügung.
- ⇨ Zuweisungen mit Überschreitung von Tabellen- oder Zeichenkettengrenzen können zu fatalen Ergebnissen führen. Wir hatten das weiter vorne in diesem Kapitel bereits geschildert. Was das Auffinden dieser Fehler so schwierig macht, ist die Tatsache, daß sie mitunter Symptome verursachen an Stellen, die rein gar nichts mit der eigentlichen Ursache zu tun haben. Und wenn es solche lästigen Fehler sind, die das gesamte CICS zum Absturz bringen, bekommt man auch vor dem Testen eine gewisse Furcht: »Ich kann nicht schon wieder das CICS runterreißen. Schließlich möchten ein paar Kollegen auch noch arbeiten...«
- ⇨ Fehler in der Mapgestaltung sind recht häufig. Wenn es sich nur um die Position

der Felder, falsch gesetzte Attribute oder einen fehlgeleiteten Cursor handelt, ist das ganze nicht so tragisch und läßt sich leicht bereinigen. Ein interessanter Fehler entsteht, wenn Sie aus Versehen in eines der Ausgabefelder Werte schreiben, die eigentlich für ein 3270-Terminal Steuerungsfunktionen auslösen. Auf dem Bildschirm entsteht das Chaos...

⇨ Große Verwirrung kann es auch stiften, wenn in einzelnen Bildschirmfeldern nichts angezeigt wird, obwohl man doch sicher ist, Werte hineingeschrieben zu haben. Das kann zum einen daran liegen, daß die Reihenfolge 1. Löschen der gesamte Ausgabenbereiche, 2. Feldwerte zuweisen, vertauscht wurde. Oder es wurde ein Wert zugewiesen (oder die Zuweisung fand auf diese Weise statt), der bewirkt, daß in der ersten Stelle des Ausgabefeldes der Wert x00 steht. BMS versteht das als Auftrag, dieses Feld nicht anzuzeigen.

Mit dieser Schilderung möglicher Probleme wollen wir Ihnen keine Angst machen, im Gegenteil. Seien Sie so mutig, sich zur Möglichkeit von Fehlern zu bekennen — wie auch die besten Programmierer. Es ist nur wichtig, sich Praxis anzueignen in der Suche nach Fehlerursachen, und irgendwann die gröbsten Schnitzer zu vermeiden.

Hier haben Sie die Möglichkeit, die häufigsten eigenen Fehler zu notieren.

_____

_____

_____

_____

_____

_____

10 Glossar

An dieser Stelle erläutern wir einige Begriffe, die Ihnen vielleicht während des Lesens ein wenig Kopfzerbrechen bereiten. Dem wollen wir vorbeugen. Wenn an anderer Stelle des Buches eine genauere Beschreibung vorliegt, verweisen wir auf das entsprechende Kapitel.

3270
Bezeichnung für eine Serie von Bildschirmen der Firma IBM (eine sogenannte Familie). Alle diese Terminals unterstützen den 3270-Datenstrom (3270-String). Dieser Datenstrom enthält, wenn er vom Rechner an das Terminal geschickt wird, neben den eigentlich darzustellenden Daten auch Steuerbefehle, z.B. für die Position der Daten auf dem Bildschirm. Ähnliches gilt für den Datenstrom, der vom Terminal zum Rechner zurückgeht. Genaueres entnehmen Sie bitte Kapitel 6.

ADABAS
Datenbanksystem der SOFTWARE AG.

Akzeptanz
Nicht jeder Büroangestellte ist froh, wenn der Arbeitsplatz von konventioneller Arbeitsweise auf ein Bildschirmverfahren umgestellt oder einfach ein neues TP-Verfahren eingesetzt wird. Die Ablehnung kann sowohl sachlich wie auch rein gefühlsmäßig begründet sein; das ist nicht immer leicht zu beurteilen. Ergonomisch schlechte Lösungen auf der Hardware- oder Softwareseite können zu schlechter Akzeptanz führen. Dieses Thema ist in diesem Buch nicht erschöpfend zu behandeln. Immerhin läßt sich sagen, daß sorgfältige Planung Ihrerseits hilft, einige akzeptanzhemmende Faktoren zu vermeiden.

Anwendungsprogramm
Ein Anwendungsprogramm dient — im Gegensatz zu einem Systemprogramm — zum Lösen einer speziellen Aufgabe des Anwenders, etwa Zahlungen zu buchen oder über Artikeldaten Auskunft zu geben.

Antwortzeit
Hierunter versteht man den Zeitraum von dem Zeitpunkt, in dem der Anwender auf eine Funktionstaste wie Datenfreigabe oder eine der PF-Tasten drückt, bis zu dem

Zeitpunkt, in der die Antwort des Systems vollständig auf den Bildschirm geschrieben ist und das Terminal für weitere Eingaben des Anwenders bereit ist.

Attribut
Für ein Bildschirmfeld bestimmt das Attribut, auf welche Art das Feld dargestellt wird: mit normaler oder gesteigerter Helligkeit, als schreibgeschütztes Feld oder mit der Möglichkeit, den Wert zu überschreiben. In Kapitel 6 besprechen wir die Verwendung der Attribute.

Batchverarbeitung → Stapelverarbeitung

Bestandsführung
Unter einer Bestandsführung versteht man in der Datenverarbeitung das Speichern von Daten (zum Beispiel Kundendaten), die dazugehörigen Programme zur Pflege und Benutzung der Daten (Veränderungen, Auswertungen) und deren Ausführung im Dialog und / oder in Stapelverarbeitungen.

Betriebssystem, Betriebssystem-Services
Erst durch ein Betriebssystem ist ein Computer in der Lage, Anwendungsprogramme auszuführen. Mitunter benutzen Anwendungsprogramme auch Funktionen, die das Betriebssystem zur Verfügung stellt, die also eigentlich Unterroutinen des Betriebssystems sind. Das sind Aufrufe sogenannter Betriebssystem-Services.

Bildschirm → Terminal

CICS
Das *Customer Information and Control System* der Firma IBM ist ein TP-Monitor. Wie es arbeitet und welche Aufgaben es zu erfüllen hat, steht insbesondere in Kapitel 3. Allerdings handelt fast das ganze Buch von CICS.

DB2
Datenbanksystem der IBM.

Default
Unter Default (oder Defaultwert) versteht man einen Standardwert, der zum Zuge kommt, sofern keine andere Angabe erfolgte.

Dialogverarbeitung
Dialogverarbeitung ist das Gegenstück zur Stapelverarbeitung. In Kapitel 2 haben wir Stapel- und Dialogverarbeitung einander gegenübergestellt.

DL/I
Sprache, mit der auf IMS-Datenbanken zugegriffen werden kann.

EBCDIC
Extended Binary Coded Decimal Interchange Code. Dieser Code legt fest, welcher Wert eines Bytes (dezimal von 0 bis 255) welches Zeichen repräsentiert. So stellt der Wert 193 (hexadezimal C1) den Buchstaben »A« dar. Bei einem anderen Code, zum Beispiel dem weit verbreiteten ASCII-Code, wird der Buchstabe »A« durch den Wert 65 (hexadezimal 41) verkörpert.

Funktionstaste
Eine Datenübertragung vom Terminal zum Rechner findet erst dann statt, wenn eine Interrupt- beziehungsweise Funktionstaste gedrückt wurde: Datenfreigabe, eine der PF-oder PA-Tasten, CLEAR etc. Alle anderen Tasten dienen nur dazu, im Vorwege der Übertragung Daten auf dem Bildschirm aufzubereiten. Deshalb kann ein System mit 3270-Terminals auch nicht sofort auf jede beliebige Taste reagieren.

Hardcopy
Ein Abzug des Bildschirminhaltes auf Papier. Der Abzug entspricht inhaltlich 1:1 dem, was auf dem Bildschirm steht. Abweichungen sind bei der klassischen Hardcopy nicht möglich.

IMS
Information Management System. Ein Programmprodukt der IBM, bestehend aus einer TP-Monitor-Komponente und einer Datenbank-Komponente. Die Datenbank-Komponente kann auch unabhängig von der Monitor-Komponente installiert sein.

IO
Abkürzung für Input/Output. Hiermit sind Ein- und Ausgabevorgänge gemeint, zum Beispiel aus einem Programm in eine Datei oder auf einen Bildschirm. Da diese Vorgänge im Verhältnis zum sonstigen Geschehen im Rechner relativ lange dauern, bedeuten sie in einer Multiprogramming-Umgebung und in der TP-Welt einen Einschnitt in der Bearbeitung. Siehe auch Kapitel 2 und 3.

Job
In der Batchverarbeitung ist ein Job ein Arbeitsauftrag an das System. Er kann besagen, daß ein bestimmtes Programm mit bestimmten Daten auszuführen ist. Er kann aber auch mehrere Untertätigkeiten (Steps) umfassen.

Konstante
Eine Konstante ist innerhalb eines Programms eine Speicherstelle, deren Wert sich von Anfang bis Ende des Programms nicht verändert. Es ist wichtig, in TP-Programmen Konstanten und Variablen zu unterscheiden, damit alle Anwendungsprogramme wirklich reentrant sind.

Local
Ein Local-Anschluß zeichnet sich durch eine sehr schnelle Verbindung zwischen Rechner und Terminal aus. Derart schnelle Verbindungen lassen sich in der Regel nur im Umkreis des Rechners (bis ca. 300 Meter) einrichten. Das Gegenstück sind Remote-Anschlüsse. Siehe auch Kapitel 2.

LU-Typ
Eine Logical Unit (LU) wird nach verschiedenen Typen unterschieden. Unter LU-Typ 2 versteht man die Kopplung zwischen Mainframe und einem 3270-Terminal. LU-Typ 3 kennzeichnet die Kopplung zwischen Mainframe und einem 3270-Drucker. LU-Typ 6.2 steht für die Kopplung zwischen Programmen, etwa einer Anwendung auf einem Mainframe und einem PC mit spezieller Software.

Monitor
Hiermit ist nicht der Bildschirm gemeint. Unter einem TP-Monitor wie CICS versteht man einen Zusatz zum Betriebssystem. Dieser verwaltet die angeschlossenen Bildschirme, Datenbestände und Anwendungsprogramme, so daß alles zusammen ein funktionierendes TP-System ergibt. Mehr dazu in den Kapiteln 2 und 3.

Multiprogramming
Dürfen wir der Einfachheit halber auf Kapitel 2 verweisen?

Multitasking
Auch hierzu möchten wir nur auf Kapitel 2 hinweisen.

Partition
Der Begriff Partition wird heutzutage nur noch im Bereich des DOS/VSE für einen Adreßraum verwandt, ansonsten ist nur noch die Bezeichnung Region gebräuchlich.

Pointer
Eine Variable vom Typ Pointer ist eine Zeigervariable. Ihr Inhalt kennzeichnet immer nur eine Adresse im Speicher. Die für einen TP-Monitor wie CICS erforderliche flexible Speichersteuerung läßt sich nur durch intensiven Gebrauch von Zeigervariablen erreichen.

Recovery
Unter Recovery versteht man alle Maßnahmen, mit denen im Falle einer Systemstörung nach deren Beseitigung möglichst ohne Verluste der Arbeitsstand wiederhergestellt wird, wie er unmittelbar vor der Störung bestand.

Reentrancy
Eigenschaft eines Programms. Sie gestattet durch strikte Trennung von veränderlichem und konstantem Teil seines Speicherbereiches, auch bei vielen Benutzern den konstanten Teil nur ein einziges Mal im Speicher halten zu müssen. Von dem

veränderlichen Teil existiert jeweils eine Kopie für jeden der Benutzer. Siehe auch am Ende von Kapitel 2.

Region
Der Speicher eines Großrechners ist in mehrere Arbeitsbereiche unterteilt, in denen jeweils ein Programm ablaufen kann. Diese Arbeitsbereiche werden Regions genannt. Etwas mehr dazu in Kapitel 2.

Remote
Ein Remote-Anschluß ist eine relativ lange Leitung zwischen Rechner und Terminal. Das Gegenteil dazu ist der Local-Anschluß. In Kapitel 2 erläutern wir den Unterschied.

Ressource
Unter den Ressourcen versteht man zur Erledigung eines Arbeitsauftrages nötige Betriebsmittel, zum Beispiel Speicher oder Zugriff auf externe Datenträger.

SAA
Systems Applications Architecture. Von IBM propagiertes Konzept, das eine Vereinheitlichung der Software vom Großrechner bis hin zum PC anstrebt. Das betrifft sowohl Datenschnittstellen wie auch die Gestaltung von sogenannten »Benutzerschnittstellen«, also Bildschirmaufbauten, Tastaturbelegungen etc. Hat sich zumindest im Bereich der Großrechner bisher noch nicht auf breiter Front durchgesetzt.

Stapelverarbeitung
Stapelverarbeitung ist der Gegensatz zur Dialogverarbeitung. Vor Start einer Stapelverarbeitung festgelegte »Datenstapel« werden nach definiertem Schema konsequent verarbeitet. Kapitel 2 schildert Stapel- und Dialogverarbeitung ausführlicher.

Steuereinheit
Die Terminals können nicht direkt an den Rechner angeschlossen werden, sondern nur über sogenannte Steuereinheiten. Eine Steuereinheit stellt sicher, daß die Datenübertragung vom und zum Rechner korrekt erfolgt, und verteilt die ankommenden Daten auf das oder die angeschlossenen Terminals.

Supervisor
Der Supervisor ist eine Komponente des Betriebssystems, die u.a. den Ablauf mehrerer gleichzeitig im Rechner aktiver Regions steuert. Ein CICS-Anwendungsprogramm soll niemals direkt einen Supervisor-Service aufrufen.

Task
Bitte informieren Sie sich in Kapitel 2.

Teleprocessing

Dieser Begriff wird meist gleichbedeutend für Dialogverarbeitung verwendet.

Terminal
Unter dem Terminal, oftmals auch einfach Bildschirm genannt, verstehen wir in der Regel ein 3270-Terminal, eine Einheit aus Tastatur und Bildschirm, die über eine Steuereinheit mehr oder minder direkt mit dem Rechner verbunden ist.

Transaktion
Bitte informieren Sie sich in Kapitel 2.

VSAM
Datei-Zugriffsmethode von IBM. Bietet Zugriffsmöglichkeit auf eine Datei auf verschiedene Weise (zum Beispiel nach einem Schlüsselbegriff (Key) oder Relative Byte Address). Da diese Zugriffsmethode auf allen CICS-Systemen verfügbar ist, verwenden wir sie in unseren Beispielen. Auch IMS- und DB2-Datenbanken basieren auf der Zugriffsmethode VSAM.

11 Programmlisten

11.1 PL/I-Programme

Kapitel 4, Anwendungsbeispiel LOAD

Teile des Programms zum Laden der Tabelle CICSTB1.

```
DCL 1 CWA   BASED(CWA_PTR),
      .
      5 TAB_PTR   PTR,
      .
      ;
DCL   CWA_PTR   PTR;

/* Positionieren der CWA-Struktur                          */
      EXEC CICS ADDRESS
           CWA     (CWA_PTR) ;

      EXEC CICS LOAD
           PROGRAM ('CICSTB1')
           SET     (TAB_PTR)
           HOLD ;
```

Teile des Programms, das über den Pointer in der CWA die Adresse des Tabellen-Programms ermittelt und seine Struktur darauf ausrichtet.

```
DCL 1 CWA   BASED(CWA_PTR),
      .
      5 TAB_PTR   PTR,
      .
      ;
DCL   CWA_PTR   PTR;
DCL 1 TABELLE BASED(TAB_PTR),
      5 ME (50) CHAR(20),
      .
      ;
      EXEC CICS ADDRESS
           CWA     (CWA_PTR) ;
/* ab jetzt kann mit TABELLE gearbeitet werden.            */
```

Kapitel 4
Anwendungsbeispiel Fehlerbehandlung mit HANDLE / IGNORE CONDITION

Aufgabe des Programms: Sofern in der benutzerspezifischen TS-Queue Satz Nummer 13 vorhanden ist, Daten daraus in einem TP-Bild anzeigen. Anderenfalls werden die Felder mit Grundwerten gefüllt.

Durchführen eines READQ TS auf Satz Nummer 13. Sofern es klappt, die eingetragenen Werte verwenden. Tritt der Fehler QIDERR auf, wird eine Fehlermap eingeblendet. Tritt der Fehler ITEMERR auf, so wird ein Standardwert angezeigt. Nach Durchlaufen der Befehlssequenz werden alle auftretenden CICS-Fehler wieder standardmäßig abgehandelt.

```
        DCL TSQAREA          CHAR (30);
        DCL TSQITEM          BIN FIXED(31);
        DCL TSQNAME          CHAR(8);
        DCL LENGTH                             BUILTIN;

        /* Terminal-ID als Queue-Name */
        TSQNAME = EIBTRMID;
        TSQITEM = 13;

           EXEC CICS HANDLE CONDITION
                QIDERR (QUID)
                ITEMERR (ITER);

           EXEC CICS READQ TS
                QUEUE    (TSQNAME)
                INTO     (TSQAREA)
                LENGTH   (LENGTH(TSQAREA))
                ITEM     (TSQITEM);
/* Hier gehts weiter, wenn alles ok ist.       */
/* Fehlerroutine überspringen                  */

GOTO ALL_OK;
/* Item nicht gefunden -> Einsetzen der Standardwerte */
ITER:          TSQAREA = 'Standardwert';
ALL_OK:
                .
                .
                . /* weitere Statements des Programms   */
/* Für weitere CICS-Aufrufe werden wieder alle Fehler mit */
/* der Standard-Fehlerroutine abgehandelt.                */
```

```
        EXEC CICS HANDLE CONDITION
              QIDERR
              ITEMERR;
/* Nun wird wieder zum selben Transaktionscode           */
/* zurückverzweigt, um weitere Eingaben entgegenzunehmen. */
        EXEC CICS RETURN
              TRANSID  (EIBTRNID)
              COMMAREA (CA)
              LENGTH   (LENGTH(CA));
/*
Hier ist unter normalen Umständen Schluß mit dem Programm.

Am Ende des Programms folgen Fehlerroutinen, die im
Normalfall nicht durchlaufen werden. Bei einem Fehler in der
Queue-ID wird eine Map gesendet und anschließend wieder zum
laufenden Transaktionscode zurückverzweigt.
*/

QUID:
        EXEC CICS SEND MAP ('MAP1')
              MAPSET  ('FEHLER')
              ALARM
              CURSOR  (1770)
              FREEKB;

        EXEC CICS RETURN
              TRANSID  (EIBTRNID)
              COMMAREA (CA)
              LENGTH   (LENGTH(CA));
/* Hier ist endgültig Schluß mit dem Programm.          */
```

Kapitel 4
Anwendungsbeispiel Fehlerbehandlung mit Parameter RESP

Diese Programmteile erfüllen dieselben Funktionen wie im vorigen Beispiel, allerdings wird zur Behandlung der Ausnahmesituationen der Parameter RESP ausgewertet.

```
      DCL TSQAREA          CHAR (30);
      DCL TSQITEM          BIN FIXED(31);
      DCL TSQNAME          CHAR(8);
      DCL LENGTH           BUILTIN;
      DCL RESP             BIN FIXED(31) INIT(0);
      /* Terminal-ID als Queue-Name */
      TSQNAME = EIBTRMID;
      TSQITEM = 13;
         EXEC CICS READQ TS
              QUEUE   (TSQNAME)
              INTO    (TSQAREA)
              LENGTH  (LENGTH(TSQAREA))
              ITEM    (TSQITEM)
              RESP    (RESP);
/* Hier die Abfrage des Rückgabewertes */

IF RESP^=DFHRESP(NORMAL)
THEN DO;
/* Queue nicht gefunden                                           */
/*       -> Verzweigen zur Fehlerroutine ohne Wiederkehr          */

  IF RESP=DFHRESP(QIDERR)
  THEN GOTO QUID;
/* Item nicht gefunden -> Einsetzen der Standardwerte */
  IF RESP=DFHRESP(ITEMERR)
  THEN TSQAREA = 'Standardwert';
/* sonst allgemeine Fehlerroutine aufrufen */
  ELSE GOTO FEHLER;
END;          .
              .
              .  /* weitere Statements des Programms    */

/* Nun wird wieder zum selben Transaktionscode                    */
/* zurückverzweigt, um weitere Eingaben entgegenzunehmen.         */
```

PL/I: Fehlerbehandlung mit Parameter RESP

```
        EXEC CICS RETURN
              TRANSID   (EIBTRNID)
              COMMAREA  (CA)
              LENGTH    (LENGTH(CA));
```

/*
Hier ist unter normalen Umständen Schluß mit dem Programm.

Am Ende des Programms folgen Fehlerroutinen, die im
Normalfall nicht durchlaufen werden. Bei einem Fehler in der
Queue-ID wird eine Map gesendet und anschließend wieder zum
laufenden Transaktionscode zurückverzweigt.
*/

```
QUID:
        EXEC CICS SEND MAP ('MAP1')
              MAPSET    ('FEHLER')
              ALARM
              CURSOR    (1770)
              FREEKB;

        EXEC CICS RETURN
              TRANSID   (EIBTRNID)
              COMMAREA  (CA)
              LENGTH    (LENGTH(CA));
```
/* An dieser Stelle folgen die Statements zur Behandlung
von Fehlern, die das Ende der Verarbeitung erfordern. */
FEHLER:

            .
            .
            .

/* Standardmaßnahmen beim Auftreten technischer Fehler.
Danach ist endgültig Schluß mit dem Programm. */

Kapitel 5
Programm 1 für Verfahren WAUS

Voraussetzungen für das Verfahren WAUS. Wenn auf dem von Ihnen benutzten System andere Namen verwendet werden müssen, brauchen Sie diese Namen pro Programm jeweils nur an einer Stelle zu ändern, den Namen des Mapsets allerdings zweimal. Diese Tabelle gilt auch für das Programm 2 des Verfahrens (nächstes Beispiel).

Ressource	Bemerkungen
WAUS	PCT-Eintrag: Transaktionscode, ruft PROG1 auf.
WAU2	PCT-Eintrag: Transaktionscode, ruft PROG2 auf.
PROG1	PPT-Eintrag: Programm.
PROG2	PPT-Eintrag: Programm (Listing: nächstes Beispiel).
WMAP	PPT-Eintrag: BMS-Mapset (Listing Abschnitt 11.3).
WZEUG	FCT-Eintrag und VSAM-Datei. VSAM-Datei 80stellig, Schlüssel 8stellig.

```
PROG1:   PROC (CA_PTR) OPTIONS(MAIN);
/*    DCL'S                                                    */
      %INCLUDE DFHBMSCA;
      %INCLUDE DFHAID;
      %INCLUDE WMAP;
      DCL   CA_PTR       PTR;
      DCL 1 CA_STRUK     BASED(CA_PTR),
            2 CA_TRAN    CHAR (4),   /* Transaktionscode  */
            2 CA_WNUM    CHAR (8),   /* Werkzeugnummer    */
            2 CA_LAKT    CHAR (1),   /* Letzte Aktion     */
            2 CA_FEHL    CHAR (1);   /* Fehler ?          */
      DCL   CALENG       BIN FIXED(31) INIT(14);
      DCL   GBUCH        CHAR(26)
                         INIT('ABCDEFGHIJKLMNOPQRSTUVWXYZ');
      DCL   KBUCH        CHAR(26)
                         INIT('abcdefghijklmnopqrstuvwxyz');
      DCL   MAPSET       CHAR(8) INIT('WMAP');
      DCL   PROG2        CHAR(8) INIT('PROG2');
      DCL   RESP         BIN FIXED(31) INIT(0);
      DCL   TRAN1        CHAR(4) INIT('WAUS');
      DCL   TRAN2        CHAR(4) INIT('WAU2');
```

```pli
        DCL     ADDR            BUILTIN;
        DCL     CSTG            BUILTIN;
        DCL     LOW             BUILTIN;
        DCL     STG             BUILTIN;
        DCL     SUBSTR          BUILTIN;
        DCL     TRANSLATE       BUILTIN;
/*  gegebenenfalls CA einrichten                                    */
        IF EIBCALEN=0
        THEN DO;
           EXEC CICS GETMAIN
                   SET      (CA_PTR)
                   FLENGTH  (CALENG)
                   INITIMG  (' ')
                   NOSUSPEND;
        END;

/*  Löschen der Ausgabemap                                          */
        DCL STR_MAP BASED CHAR(32767);
        SUBSTR(ADDR(MAP1O)->STR_MAP,1,STG(MAP1O))=
                                            LOW(STG(MAP1O));

/*  Ermitteln, ob Erst- oder Folgeaufruf                            */
        IF CA_TRAN = TRAN1
        THEN DO;

/*  Folgeaufruf: Ermitteln der PF-Taste                             */
          SELECT(EIBAID);

/*  - ENTER                                                         */
          WHEN(DFHENTER) DO;
             EXEC CICS IGNORE CONDITION
                     MAPFAIL;
             EXEC CICS RECEIVE
                     MAPSET (MAPSET)
                     MAP    ('MAP1')
                     INTO   (MAP1I);
             EXEC CICS HANDLE CONDITION
                     MAPFAIL;
/*    Hier kann häufig ein MAPFAIL auftreten                        */
/*    (bei Datenfreigabe ohne Eingabe von Daten).                   */

/*    Umformen der Werkzeugnummer:                                  */
/*    Punkte aus der Eingabe werden übersetzt in Blanks.            */
/*    Kleinbuchstaben werden übersetzt als Großbuchstaben           */
             WNUM1I=TRANSLATE(WNUM1I,' ','.');
             WNUM1I=TRANSLATE(WNUM1I,GBUCH,KBUCH);

/*    Prüfen, ob Werkzeugnummer gefüllt ist:                        */
/*    Es können natürlich noch wesentlich genauere                  */
/*    Prüfungen erfolgen, das liegt in den                          */
/*    Notwendigkeiten der Anwendung.                                */
```

```
/*      Durch Setzen der Feldlänge auf -1 wird der Cursor    */
/*      auf das geprüfte Feld gesetzt.                        */
            IF WNUM1I=' '
            ! WNUM1L=0
            THEN DO;
              HINW1O='Werkzeugnummer eingeben';
              WNUM1L=-1;
              GOTO RUECK;
            END;

/*      Wenn Eingabe ok, verzweigen zur zweiten Transaktion */
            CA_LAKT=' ';
            CA_FEHL=' ';
            CA_WNUM=WNUM1I;

            EXEC CICS XCTL
                    PROGRAM (PROG2)
                    COMMAREA (CA_STRUK);
            END;

/*      - PF11, PF12, CLEAR                                   */
          WHEN(DFHPF11,DFHPF12,DFHCLEAR) DO;
/*      Bildschirm löschen und Rückkehr zum CICS              */
            EXEC CICS SEND
                    CONTROL
                        ERASE;
            EXEC CICS RETURN;
          END;

/*      Andere Tasten: Ungültig                               */
          OTHER DO;
            HINW1O='Falsche Taste gedrückt';
            WNUM1L=-1;
            GOTO RUECK;
          END;
        END;
      END;

/*      Erstaufruf: Aufbereiten und Senden der Map            */

    ELSE DO;
      CA_TRAN=TRAN1;
      WNUM1O=TRANSLATE(CA_WNUM,'.',' ');
/*      ggf. Erledigungsmeldung                               */
      SELECT(CA_LAKT);
        WHEN('A')
          HINW1O='Werkzeugdaten geändert';
        WHEN('N')
          HINW1O='Werkzeugdaten neu aufgenommen';
        WHEN('L')
          HINW1O='Werkzeugdaten gelöscht';
```

```
            OTHER;
         END;

         EXEC CICS SEND
                  MAP     ('MAP1')
                  MAPSET  (MAPSET)
                  FROM    (MAP1O)
                  ERASE;
         EXEC CICS RETURN
                  TRANSID  (TRAN1)
                  COMMAREA (CA_STRUK);
      END;

/*   Senden der Map und Rücksprung auf eigene Transaktion   */
RUECK: EXEC CICS SEND
                  MAP     ('MAP1')
                  MAPSET  (MAPSET)
                  FROM    (MAP1O)
                  CURSOR
                  DATAONLY;
         EXEC CICS RETURN
                  TRANSID  (TRAN1)
                  COMMAREA (CA_STRUK);
   END;
```

Kapitel 5
Programm 2 für Verfahren WAUS

Die Voraussetzungen für das Verfahren WAUS sind in Kapitel 5 sowie zu Beginn des vorigen Programmbeispiels genannt.

```
PROG2:   PROC (CA_PTR) OPTIONS(MAIN);

/*       DCL'S                                                          */
         %INCLUDE DFHBMSCA;
         %INCLUDE DFHAID;
         %INCLUDE WMAP;
         DCL    CA_PTR          PTR;
         DCL 1  CA_STRUK        BASED(CA_PTR),
                2   CA_TRAN     CHAR (4),    /* Transaktionscode */
                2   CA_WNUM     CHAR (8),    /* Werkzeugnummer   */
                2   CA_LAKT     CHAR (1),    /* Letzte Aktion    */
                2   CA_FEHL     CHAR (1);    /* Fehler ?         */
         DCL    RESP            BIN FIXED(31) INIT(0);

/*       Zugriff auf VSAM-Datei                                         */
         DCL 1  WDATEN,
                2   WNUMD       CHAR (8),    /* Werkzeugnummer   */
                2   WBEZD       CHAR (30),   /* Bezeichnung      */
                2   WABGD       CHAR (8),    /* Abgabedatum      */
                2   WRUED       CHAR (8),    /* Rückgabedatum    */
                2   WABTD       CHAR (3),    /* Abteilung        */
                2   WREST       CHAR (23);
         DCL    WKEY            CHAR(8);
         DCL    DATEI           CHAR(8)   INIT ('WZEUG');
         DCL    MAPSET          CHAR(8)   INIT ('WMAP');
         DCL    NUM             CHAR(10)  INIT ('0123456789');
         DCL    PROG1           CHAR(8)   INIT ('PROG1');
         DCL    TRAN1           CHAR(4)   INIT ('WAUS');
         DCL    TRAN2           CHAR(4)   INIT ('WAU2');
         DCL    ZIEL            CHAR(4)   INIT ('    ');

         DCL    ADDR            BUILTIN;
         DCL    CSTG            BUILTIN;
         DCL    LOW             BUILTIN;
         DCL    STG             BUILTIN;
         DCL    SUBSTR          BUILTIN;
         DCL    TRANSLATE       BUILTIN;
         DCL    VERIFY          BUILTIN;

/*       Löschen der Ausgabemap                                         */
         DCL STR_MAP BASED CHAR(32767);
```

```
              SUBSTR(ADDR(MAP2O)->STR_MAP,1,STG(MAP2O))=
                                            LOW(STG(MAP2O));
              ZIEL=TRAN2;
/*      Ermitteln, ob Erst- oder Folgeaufruf                    */
              IF CA_TRAN = TRAN2
              THEN DO;
                CA_FEHL=' ';
/*      Folgeaufruf: Generell Lesen der Map                     */
/*         Hier kann häufig ein Mapfail auftreten               */
/*         (bei Datenfreigabe ohne Eingabe von Daten).          */
              EXEC CICS IGNORE CONDITION
                        MAPFAIL;
              EXEC CICS RECEIVE
                        MAPSET (MAPSET)
                        MAP    ('MAP2')
                        INTO   (MAP2I);
              EXEC CICS HANDLE CONDITION
                        MAPFAIL;

/*      Ermitteln der PF-Taste                                  */
              SELECT(EIBAID);

/*      - ENTER                                                 */
                WHEN(DFHENTER) DO;
/*      Prüfen der Eingabedaten                                 */
                  CALL PRUEF;
                  IF CA_FEHL^='1'
                  THEN DO;
                     HINW2O='*** Alle Eingaben richtig';
                     BEZEIL=-1;
                  END;
                  GOTO RUECK;
                END;

/*      - PF1                                                   */
                WHEN(DFHPF1) DO;
/*      Löschen nur, wenn bestehender Artikel angezeigt         */
                  IF CA_LAKT='N'
                  THEN DO;
                     HINW2O='Löschen ist nicht möglich';
                     BEZEIL=-1;
                     GOTO RUECK;
                  END;
                  WKEY=CA_WNUM;
                  WNUM2O=CA_WNUM;
                  EXEC CICS DELETE
                            DATASET (DATEI)
                            RIDFLD  (WKEY)
                            RESP    (RESP);
                  IF RESP^=DFHRESP(NORMAL)
                  THEN DO;
```

```
                     HINW2O='Dateizugriffsfehler';
                     BEZEIL=-1;
                     GOTO RUECK;
                  END;
                  CA_LAKT='L';
                  EXEC CICS XCTL
                          PROGRAM (PROG1)
                          COMMAREA (CA_STRUK);
               END;

/*      - PF5                                                        */
               WHEN(DFHPF5) DO;
/*       Prüfen der Eingabedaten                                     */
                  CALL PRUEF;
                  IF CA_FEHL^='1'
                  THEN DO;
/*       Vor Aktualisieren des Satzes mit Option UPDATE lesen        */
                     WKEY=CA_WNUM;
                     IF CA_LAKT^='N'
                     THEN DO;
                        EXEC CICS READ
                                DATASET (DATEI)
                                INTO    (WDATEN)
                                RIDFLD  (WKEY)
                                UPDATE
                                RESP    (RESP);
                        IF RESP^=DFHRESP(NORMAL)
                        THEN DO;
                           HINW2O='Dateizugriffsfehler';
                           BEZEIL=-1;
                           GOTO RUECK;
                        END;
                     END;
/*       Jetzt der Satzstruktur die Eingabedaten zuweisen            */
                     WNUMD=CA_WNUM;
                     WBEZD=BEZEII;
                     WABTD=ABTEII;
                     WABGD=ABGABI;
                     WRUED=RUECKI;
                     IF CA_LAKT='N'
                     THEN DO;
/*       Neuschreiben eines Satzes                                   */
                        EXEC CICS WRITE
                                DATASET (DATEI)
                                FROM    (WDATEN)
                                RIDFLD  (WKEY)
                                RESP    (RESP);
                     END;
                     ELSE DO;
/*       Aktualisieren eines Satzes                                  */
```

```
                            EXEC CICS REWRITE
                                      DATASET (DATEI)
                                      FROM    (WDATEN)
                                      RESP    (RESP);
                      END;
                      IF RESP^=DFHRESP(NORMAL)
                      THEN DO;
                         HINW2O='Dateizugriffsfehler';
                         BEZEIL=-1;
                         GOTO RUECK;
                      END;

                      EXEC CICS XCTL
                              PROGRAM (PROG1)
                              COMMAREA (CA_STRUK);
                   END;
                   GOTO RUECK;
                END;
```

```
/*    - CLEAR                                                      */
             WHEN(DFHCLEAR) DO;
                CA_LAKT=' ';
```

```
/*    Zurück zur Eingabe der Werkzeugnummer                        */
/*    Verzweigen zur ersten Transaktion.                           */
             EXEC CICS XCTL
                     PROGRAM (PROG1)
                     COMMAREA (CA_STRUK);
             END;
```

```
/*    - PF11, PF12                                                 */
             WHEN(DFHPF11,DFHPF12) DO;
                CA_LAKT=' ';
```

```
/*    Bildschirm löschen und Rückkehr zum CICS                     */
             EXEC CICS SEND
                     CONTROL
                         ERASE;

             EXEC CICS RETURN;
             END;
```

```
/*    Andere Tasten: ungültig                                      */
             OTHER DO;
                HINW2O='Falsche Taste gedrückt';
                BEZEIL=-1;
                GOTO RUECK;
             END;
          END;
       END;
```

```
/*      Erstaufruf: Lesen der Artikeldaten                              */
           ELSE DO;

              WKEY=CA_WNUM;
              WNUM2O=CA_WNUM;
              EXEC CICS READ
                        DATASET (DATEI)
                        INTO    (WDATEN)
                        RIDFLD  (WKEY)
                        RESP    (RESP);
              IF RESP^=DFHRESP(NORMAL)
              THEN DO;
                 IF RESP=DFHRESP(NOTFND)
                 THEN DO;
/*    Nicht gefunden: Leermaske senden                                  */
                    CA_LAKT='N';
                    HINW2O='Einweisen eines neuen Werkzeuges';
                    BEZEIO=((30)'.');
                    ABTEIO='...';
                    ABGABO=((8)'.');
                    RUECKO=((8)'.');
                 END;
                 ELSE DO;
/*    Bei sonstigem Lesefehler wird eine Nachricht in den              */
/*    bestehenden Bildschirm eingeblendet. Dann wird zurück            */
/*    zur vorigen Transaktion verzweigt.                                */
                    HINW2O='Lesefehler bei Zugriff auf Datei';
                    CA_LAKT=' ';
                    WNUM2L=-1;
                    ZIEL=TRAN1;
                    GOTO RUECK;
                 END;
              END;
              ELSE DO;
/*    Gefunden: Daten in die Maske schreiben                            */
                 CA_LAKT='A';
                 BEZEIO=WBEZD;
                 ABTEIO=WABTD;
                 ABGABO=WABGD;
                 RUECKO=WRUED;
                 HINW2O='Einweisen zu einem bestehenden Werkzeug';
/*    In den Eingabefeldern die Punkte ergänzen                         */
                 BEZEIO=TRANSLATE(BEZEIO,'.',' ');
                 ABTEIO=TRANSLATE(ABTEIO,'.',' ');
                 ABGABO=TRANSLATE(ABGABO,'.',' ');
                 RUECKO=TRANSLATE(RUECKO,'.',' ');
              END;
```

```
                CA_TRAN=TRAN2;
                EXEC CICS SEND
                        MAP     ('MAP2')
                        MAPSET  (MAPSET)
                        FROM    (MAP2O)
                        ERASE;
                EXEC CICS RETURN
                        TRANSID  (TRAN2)
                        COMMAREA (CA_STRUK);
           END;

/*   Senden der Map und Rücksprung auf eigene Transaktion   */

RUECK: EXEC CICS SEND
                MAP     ('MAP2')
                MAPSET  (MAPSET)
                FROM    (MAP2O)
                CURSOR
                DATAONLY;
       EXEC CICS RETURN
                TRANSID  (ZIEL)
                COMMAREA (CA_STRUK);

PRUEF: PROC;

/*    Unterprogramm zum Prüfen der Eingabe                   */
/*    Wir führen an dieser Stelle nur einfachste Prüfungen   */
/*    durch. Alle diese Prüfungen sollten in einem echten    */
/*    Produktionsprogramm exakter erfolgen (z.B. Datum auf   */
/*    Gültigkeit etc.).                                      */
/*    Durch Setzen der Feldlänge auf -1 wird der Cursor      */
/*    im Fehlerfall auf das geprüfte Feld gesetzt.           */
/*    Die Prüfung erfolgt in umgekehrter Reihenfolge der     */
/*    Felder: Damit wird erreicht, daß auch bei Auftreten    */
/*    mehrerer Fehler in der Hinweiszeile der Text zu dem    */
/*    Feld steht, das auf dem Bildschirm an vorderer         */
/*    Stelle liegt.                                          */

/*    Feld Rückgabedatum: Braucht nicht gefüllt zu sein.     */
/*    Wenn es gefüllt ist, muß der Inhalt numerisch sein.    */
/*    Hier sollte eine Prüfung auf gültiges Datum            */
/*    erfolgen. Es werden zuerst alle Punkte gelöscht.       */
       RUECKI=TRANSLATE(RUECKI,' ','.');
       RUECKI=TRANSLATE(RUECKI,' ',LOW(1));
       IF RUECKI^=' '
       THEN DO;
         IF VERIFY(RUECKI,NUM)^=0
         THEN DO;
           HINW2O='Rückgabedatum nicht korrekt';
```

```
             RUECKL=-1;
             CA_FEHL='1';
           END;
        END;

/*      Feld Abgabedatum: Braucht nicht gefüllt zu sein.      */
/*      Wenn es gefüllt ist, muß der Inhalt numerisch sein.   */
/*      Hier sollte eine Prüfung auf gültiges Datum           */
/*      erfolgen. Es werden zuerst alle Punkte gelöscht.      */
        ABGABI=TRANSLATE(ABGABI,' ','.');
        ABGABI=TRANSLATE(ABGABI,' ',LOW(1));
        IF ABGABI^=' '
        THEN DO;
          IF VERIFY(ABGABI,NUM)^=0
          THEN DO;
            HINW2O='Abgabedatum nicht korrekt';
            ABGABL=-1;
            CA_FEHL='1';
          END;
        END;

/*      Feld Abteilung: Braucht nicht gefüllt zu sein.        */
/*      Nur Punkte löschen, keine Prüfung.                    */
        ABTEII=TRANSLATE(ABTEII,' ','.');

/*      Feld Bezeichnung: Darf nicht leer sein                */
        BEZEII=TRANSLATE(BEZEII,' ','.');
        IF BEZEII=' '
        ! BEZEIL=0
        THEN DO;
          HINW2O='Bezeichnung eingeben';
          BEZEIL=-1;
          CA_FEHL='1';
        END;
/*      Eingabe wieder für Ausgabe aufbereiten                */
        BEZEIO=TRANSLATE(BEZEIO,'.',' ');
        ABTEIO=TRANSLATE(ABTEIO,'.',' ');
        ABGABO=TRANSLATE(ABGABO,'.',' ');
        RUECKO=TRANSLATE(RUECKO,'.',' ');

   END; /* PRUEF */
END;
```

Kapitel 7
Programm für Listenbild

Voraussetzung ist die VSAM-Datei des Verfahrens WAUS. Die weiteren Voraussetzungen sind in der folgenden Tabelle genannt. Wenn auf dem von Ihnen benutzten System andere Namen verwendet werden müssen, brauchen Sie diese Namen pro Programm jeweils nur an einer Stelle zu ändern. Aufruf des Listenbildes: Auf der CICS-Ebene den Transaktionscode WLIS aufrufen.

Ressource	Bemerkungen
WLIS	PCT-Eintrag: Transaktionscode, ruft PROG3 auf.
PROG3	PPT-Eintrag: Programm.
LIST	PPT-Eintrag: BMS-Mapset (Listing Abschnitt 11.3).
WZEUG	FCT-Eintrag und VSAM-Datei. VSAM-Datei 80stellig, Schlüssel 8stellig.

```pli
PROG3:  PROC (CA_PTR) OPTIONS(MAIN);

/*      DCL'S                                                      */

        %INCLUDE DFHBMSCA;
        %INCLUDE DFHAID;
        %INCLUDE LIST;

        DCL     CA_PTR          PTR;

        DCL 1   CA_STRUK        BASED(CA_PTR),
              2 CA_TRAN         CHAR (4),     /* Transaktionscode  */
              2 CA_WNUM         CHAR (8),     /* Werkzeugnummer    */
              2 CA_WZUR         CHAR (8),     /* 1. W-Nummer       */
              2 CA_LAKT         CHAR (1),     /* Letzte Aktion     */
              2 CA_FEHL         CHAR (1),     /* Fehler ?          */
              2 CA_SIST         PIC '99',     /* Ist-Seite         */
              2 CA_WEIT         CHAR (1);     /* Weiterbl. möglich */
        DCL     CALENG          BIN FIXED(31) INIT(25);
        DCL     DATEI           CHAR(8) INIT('WZEUG');
        DCL     I               BIN FIXED(15) INIT(0);
        DCL     MAPSET          CHAR(8) INIT('LIST');
        DCL     RESP            BIN FIXED(31) INIT(0);
        DCL     TRAN1           CHAR(4) INIT('WLIS');
```

```pli
/*      Zugriff auf VSAM-Datei                                        */
        DCL 1 WDATEN,
            2    WNUMD        CHAR (8),      /* Werkzeugnummer        */
            2    WBEZD        CHAR (30),     /* Bezeichnung           */
            2    WABGD        CHAR (8),      /* Abgabedatum           */
            2    WRUED        CHAR (8),      /* Rückgabedatum         */
            2    WABTD        CHAR (3),      /* Abteilung             */
            2    WREST        CHAR (23);

        DCL    WKEY           CHAR(8) INIT(' ');
        DCL    WSTART         CHAR(8) INIT(' ');

/*      Anlegen der Tabelle für die Listenfelder.                     */
/*      Bei Verwendung erweiterter Attribute oder einer               */
/*      anderen Map muß die Tabelle angepaßt werden.                  */
        DCL 1 MAPTAB          BASED(ADDR(MAP1I)),
            2    FREI1        CHAR(19),
            2    TAB(12),
            3      WNUMA      CHAR(1),
            3      WNUMO      CHAR(8),
            3      FREI2      CHAR(2),
            3      WBEZA      CHAR(1),
            3      WBEZO      CHAR(30),
            3      FREI3      CHAR(2);

/*      In MAPLIM ist die Tabellengrenze vermerkt                     */
        DCL    MAPLIM         BIN FIXED(15) INIT(12);

        DCL    ADDR           BUILTIN;
        DCL    CSTG           BUILTIN;
        DCL    LOW            BUILTIN;
        DCL    STG            BUILTIN;
        DCL    SUBSTR         BUILTIN;
        DCL    TRANSLATE      BUILTIN;

/*      Gegebenenfalls CA einrichten                                  */
        IF EIBCALEN=0
        THEN DO;
           EXEC CICS GETMAIN
                     SET       (CA_PTR)
                     FLENGTH   (CALENG)
                     INITIMG   (' ')
                     NOSUSPEND;
        END;

/*      Löschen der Ausgabemap                                        */
        DCL STR_MAP BASED CHAR(32767);
        SUBSTR(ADDR(MAP1O)->STR_MAP,1,STG(MAP1O))=
                                           LOW(STG(MAP1O));
```

```
/*  Ermitteln, ob Erst- oder Folgeaufruf                         */
       IF CA_TRAN = TRAN1
       THEN DO;
/*  Folgeaufruf: Ermitteln der PF-Taste                          */
         SELECT(EIBAID);

/*  - PF11, PF12, CLEAR                                          */
           WHEN(DFHPF11,DFHPF12,DFHCLEAR) DO;

/*    Bildschirm löschen und Rückkehr zum CICS                   */
             EXEC CICS SEND
                    CONTROL
                       ERASE;
             EXEC CICS RETURN;
           END;

/*  - PA1                                                        */
           WHEN(DFHPA1) DO;
/*    Eine Seite vorblättern, wenn Folgeseite möglich            */
             IF CA_WEIT='N'
             THEN HINWO='Vorwärtsblättern nicht möglich';
             ELSE DO;
                CA_SIST=CA_SIST+1;
                CALL LESEVOR;
             END;
             GOTO RUECK;
           END;

/*  - PA2                                                        */
           WHEN(DFHPA2) DO;
/*    Eine Seite zurückblättern, wenn nicht Seite 1              */
             IF CA_SIST=1
             THEN HINWO='Zurückblättern nicht möglich';
             ELSE DO;
                CA_SIST=CA_SIST-1;
                CALL LESEZUR;
             END;
             GOTO RUECK;
           END;

/*  Andere Tasten: ungültig                                      */
           OTHER DO;
             HINWO='Falsche Taste gedrückt';
             GOTO RUECK;
           END;
         END;
       END;
```

```
/*      Erstaufruf: Aufbereiten und Senden der Map              */
        ELSE DO;
          CA_TRAN=TRAN2;
          CA_SIST=1;
          CA_WEIT=' ';
          CA_WNUM=' ';
          CALL LESEVOR;
          HINWL=-1;

          EXEC CICS SEND
                    MAP      ('MAP1')
                    MAPSET   (MAPSET)
                    FROM     (MAP1O)
                    CURSOR
                    ERASE;
          EXEC CICS RETURN
                    TRANSID  (TRAN2)
                    COMMAREA (CA_STRUK);
        END;
/*      Senden der Map und Rücksprung auf eigene Transaktion    */
RUECK:  HINWL=-1;

          EXEC CICS SEND
                    MAP      ('MAP1')
                    MAPSET   (MAPSET)
                    FROM     (MAP1O)
                    CURSOR
                    DATAONLY;

          EXEC CICS RETURN
                    TRANSID  (TRAN1)
                    COMMAREA (CA_STRUK);

LESEVOR: PROC;
/*      Unterprogramm zum Vorwärtslesen der Datei               */
          WKEY=CA_WNUM;
          WSTART=CA_WNUM;
          SEITEO=CA_SIST;

/*      Löschen des Tabellenteils der Map                       */
          WNUMO(*)=' ';
          WBEZO(*)=' ';
/*      Vorbereiten des sequentiellen Lesens                    */
          EXEC CICS STARTBR
                    DATASET  (DATEI)
                    RIDFLD   (WKEY)
                    RESP     (RESP);
          IF RESP^=DFHRESP(NORMAL)
            THEN HINWO='Dateizugriffsfehler';
```

```
           ELSE DO;
             I=0;
             RESP=0;
             DO WHILE (I<MAPLIM);
                EXEC CICS READNEXT
                          DATASET (DATEI)
                          INTO    (WDATEN)
                          RIDFLD  (WKEY)
                          GTEQ
                          RESP    (RESP);
                IF RESP=DFHRESP(NORMAL)
                THEN DO;
/*   Es werden nur Sätze berücksichtigt, deren Schlüssel     */
/*   größer als der Startwert ist.                           */
                   IF WNUMD>WSTART
                   THEN DO;
                      I=I+1;
                      IF I=MAPLIM
                      THEN CA_WNUM=WNUMD;
                      IF I=1
                      THEN CA_WZUR=WNUMD;
                      WNUMO(I)=WNUMD;
                      WBEZO(I)=WBEZD;
                   END;
                END;
                ELSE I=MAPLIM+1;
             END;
             IF RESP=DFHRESP(ENDFILE)
             THEN CA_WEIT='N';
             CALL SHOWPA;
             EXEC CICS ENDBR
                    DATASET (DATEI)
                       RESP (RESP);
           END;
        END;

LESEZUR: PROC;
/*   Unterprogramm zum Rückwärtslesen der Datei              */
        WKEY=CA_WZUR;
        WSTART=CA_WZUR;
        SEITEO=CA_SIST;

/*   Löschen des Tabellenteils der Map                       */
        WNUMO(*)=' ';
        WBEZO(*)=' ';
/*   Vorbereiten des sequentiellen Lesens                    */
        EXEC CICS STARTBR
                   DATASET  (DATEI)
                   RIDFLD   (WKEY)
                   RESP     (RESP);
```

```
            IF RESP^=DFHRESP(NORMAL)
            THEN HINWO='Dateizugriffsfehler';
            ELSE DO;
              I=MAPLIM+1;
              RESP=0;
              DO WHILE (I>0);
                 EXEC CICS READPREV
                           DATASET(DATEI)
                           INTO    (WDATEN)
                           RIDFLD  (WKEY)
                           RESP    (RESP);
                 IF RESP=DFHRESP(NORMAL)
                 THEN DO;
/*    Es werden nur Sätze berücksichtigt, deren Schlüssel      */
/*    kleiner als der Startwert ist.                           */
                    IF WNUMD<WSTART
                    THEN DO;
                      I=I-1;
                      IF I=MAPLIM
                      THEN CA_WNUM=WNUMD;
                      IF I=1
                      THEN CA_WZUR=WNUMD;
                      WNUMO(I)=WNUMD;
                      WBEZO(I)=WBEZD;
                    END;
                 END;
                 ELSE I=0;
              END;
              CA_WEIT=' ';
              CALL SHOWPA;
              EXEC CICS ENDBR
                    DATASET (DATEI)
                      RESP (RESP);
            END;
         END;

/*    Unterprogramm zur Anzeige der PA-Tasten                  */
SHOWPA: PROC;

         SEITEO=CA_SIST;
         IF RESP^=DFHRESP(NORMAL)
            &RESP^=DFHRESP(ENDFILE)
         THEN HINWO='Dateizugriffsfehler';
         ELSE DO;
            IF CA_WEIT='N'
            THEN DO;
               IF CA_SIST>1
               THEN HINWO='Zurückblättern mit PA2';
            END;
            ELSE DO;
```

```
                IF CA_SIST>1
                THEN HINWO='Vorblättern mit PA1, zurück mit PA2';
                ELSE HINWO='Vorblättern mit PA1';
           END;
        END;
     END;
  END;
```

11.2 VS COBOL II-Programme

Kapitel 4, Anwendungsbeispiel LOAD

Teile des Programms zum Laden der Tabelle CICSTB1.

```
LINKAGE SECTION.

01  CWA-BER.
      .
  05  TAB-PTR     POINTER.

PROCEDURE DIVISION.
        EXEC CICS ADDRESS
        CWA (ADDRESS OF CWA-BER)
        END-EXEC

        EXEC CICS LOAD
          PROGRAM   ('CICSTB1')
          SET       (TAB-PTR)
          HOLD
        END-EXEC
```

Teile des Programms, das über den Pointer in der CWA die Adresse des Tabellen-Programms ermittelt und seine Struktur darauf ausrichtet.

```
LINKAGE SECTION.

01  CWA-BER.
      .
  05  TAB-PTR     POINTER.

01  TABELLE.
  05  ME OCCURS 50 TIMES.
        .
PROCEDURE DIVISION .
      EXEC CICS ADDRESS
          CWA  (ADDRESS OF CWA-BER)
          END-EXEC
      SET ADDRESS OF TABELLE TO TAB-PTR

* ab jetzt kann mit TABELLE gearbeitet werden.
```

Kapitel 4
Anwendungsbeispiel Fehlerbehandlung mit HANDLE / IGNORE CONDITION

Aufgabe des Programms: Sofern in der benutzerspezifischen TS-Queue Satz Nummer 13 vorhanden ist, Daten daraus in einem TP-Bild anzeigen. Anderenfalls werden die Felder mit Grundwerten gefüllt.

Durchführen eines READQ TS auf Satz Nummer 13. Sofern es klappt, die eingetragenen Werte verwenden. Tritt der Fehler QIDERR auf, wird eine Fehlermap eingeblendet. Tritt der Fehler ITEMERR auf, so wird ein Standardwert angezeigt. Nach Durchlaufen der Befehlssequenz werden alle auftretenden CICS-Fehler wieder standardmäßig abgehandelt.

```
       IDENTIFICATION DIVISION.
       ...
       DATA DIVISION.
       WORKING-STORAGE SECTION.
       77  TSQAREA         PIC X(30).
       77  TSQITEM         PIC S9(8) COMP.
       77  TSQNAME         PIC X(8).
           ...
     * Einbinden des Mapsets
                COPY MAPT2.
           ...
       PROCEDURE DIVISION.
           ...
     * Terminal-ID als Queue-Name
           MOVE EIBTRMID TO TSQNAME
           MOVE 13 TO TSQITEM
                EXEC CICS HANDLE CONDITION
                   QIDERR   (QUID)
                   ITEMERR  (ITER)
                   END-EXEC

                EXEC CICS READQ TS
                   QUEUE   (TSQNAME)
                   INTO    (TSQAREA)
                   LENGTH  (LENGTH OF TSQAREA)
                   ITEM    (TSQITEM)
                   END-EXEC
     * Hier gehts weiter, wenn alles ok ist. Fehlerroutine
       überspringen
                GO TO ALL-OK
     * Item nicht gefunden -> Einsetzen der Standardwerte
         ITER.
```

```
            MOVE 'Standardwert' TO TSQAREA
     ALL-OK.
            .
            .
     * weitere Statements des Programms

     * Für weitere CICS-Aufrufe werden wieder alle Fehler mit der
     * Standard-Fehlerroutine abgehandelt.
                EXEC CICS HANDLE CONDITION
                    QIDERR
                    ITEMERR
                END-EXEC
     * Nun wird wieder zum selben Transaktionscode
     * zurückverzweigt, um weitere Eingaben entgegenzunehmen.
                EXEC CICS RETURN
                    TRANSID   (EIBTRNID)
                    COMMAREA  (CA)
                    LENGTH    (LENGTH OF CA)
                END-EXEC
     * Hier ist unter normalen Umständen Schluß mit dem Programm.
     * Am Ende des Programms folgen Fehlerroutinen, die im
     * Normalfall nicht durchlaufen werden.
     * Bei einem Fehler in der Queue-ID wird eine Map
     * gesendet und anschließend wieder zum laufenden
     * Transaktionscode zurückverzweigt.
      QUID.
                EXEC CICS SEND MAP ('MAP1')
                    MAPSET ('FEHLER')
                    ALARM
                    CURSOR (1770)
                    FREEKB
                END-EXEC

                EXEC CICS RETURN
                    TRANSID (EIBTRNID)
                    COMMAREA (CA)
                    LENGTH (LENGTH OF CA)
                END-EXEC

     * Hier ist endgültig Schluß mit dem Programm.
```

Kapitel 4
Anwendungsbeispiel Fehlerbehandlung mit Parameter RESP

Diese Programmteile erfüllen dieselben Funktionen wie im vorigen Beispiel, allerdings wird zur Behandlung der Ausnahmesituationen der Parameter RESP ausgewertet.

```
      IDENTIFICATION DIVISION.
         ...
      DATA DIVISION.
      WORKING-STORAGE SECTION.
      77   RESP          PIC S9(8) COMP.
      77   TSQAREA       PIC X(30).
      77   TSQITEM       PIC S9(8) COMP.
      77   TSQNAME       PIC X(8).
      ...
*  Einbinden des Mapsets
               COPY MAPT2.
      ...
      PROCEDURE DIVISION.
         ...

*  Terminal-ID als Queue-Name
         MOVE EIBTRMID TO TSQNAME
         MOVE 13 TO TSQITEM

         EXEC CICS READQ TS
                 QUEUE     (TSQNAME)
                 INTO      (TSQAREA)
                 LENGTH    (LENGTH OF TSQAREA)
                 ITEM      (TSQITEM)
                 RESP      (RESP)
                 END-EXEC
*  Hier die Abfrage des Rückgabewertes
           IF RESP NOT = DFHRESP(NORMAL)
*  Queue nicht gefunden -> Verzweigen zur Fehlerroutine ohne
Wiederkehr
             IF RESP = DFHRESP(QIDERR)
                GO TO QUID
             END-IF
*  Item nicht gefunden -> Einsetzen der Standardwerte
             IF RESP = DFHRESP(ITEMERR)
                MOVE 'Standardwert' TO TSQAREA
*  sonst allgemeine Fehlerroutine aufrufen
             ELSE
                GO TO FEHLER
             END-IF
```

```
        END-IF      .
                    .
                    .
* weitere Statements des Programms
* Nun wird wieder zum selben Transaktionscode
* zurückverzweigt, um weitere Eingaben entgegenzunehmen.
           EXEC CICS RETURN
               TRANSID   (EIBTRNID)
               COMMAREA  (CA)
               LENGTH    (LENGTH OF CA)
           END-EXEC
* Hier ist unter normalen Umständen Schluß mit dem Programm.
* Am Ende des Programms folgen Fehlerroutinen, die im
* Normalfall nicht durchlaufen werden.
* Bei einem Fehler in der Queue-ID wird eine Map
* gesendet und anschließend wieder zum laufenden
* Transaktionscode zurückverzweigt.
 QUID.
           EXEC CICS SEND MAP    ('MAP1')
               MAPSET   ('FEHLER')
               ALARM
               CURSOR   (1770)
               FREEKB
           END-EXEC

           EXEC CICS RETURN
               TRANSID   (EIBTRNID)
               COMMAREA  (CA)
               LENGTH    (LENGTH OF CA)
           END-EXEC
* An dieser Stelle folgen die Statements zur Behandlung
* von Fehlern, die das Ende der Verarbeitung erfordern.
 FEHLER.
                    .
                    .
* Standardmaßnahmen beim Auftreten technischer Fehler.
* Danach ist endgültig Schluß mit dem Programm.
```

Kapitel 5
Programm 1 für Verfahren WAUS

Voraussetzungen für das Verfahren WAUS. Wenn auf dem von Ihnen benutzten System andere Namen verwendet werden müssen, brauchen Sie diese Namen pro Programm jeweils nur an einer Stelle zu ändern, den Namen des Mapsets allerdings zweimal. Diese Tabelle gilt auch für das Programm 2 des Verfahrens (nächstes Beispiel).

Ressource	Bemerkungen
WAUS	PCT-Eintrag: Transaktionscode, ruft PROG1 auf.
WAU2	PCT-Eintrag: Transaktionscode, ruft PROG2 auf.
PROG1	PPT-Eintrag: Programm.
PROG2	PPT-Eintrag: Programm (Listing: nächstes Beispiel).
WMAP	PPT-Eintrag: BMS-Mapset (Listing Abschnitt 11.3).
WZEUG	FCT-Eintrag und VSAM-Datei. VSAM-Datei 80stellig, Schlüssel 8stellig.

```
       IDENTIFICATION DIVISION.
       PROGRAM-ID. PROG1.
       ENVIRONMENT DIVISION.
       DATA DIVISION.
       WORKING-STORAGE SECTION.
      * Allgemeine Variablen
       77   RESP           PIC S9(8) COMP VALUE +0.
       77   TRAN1          PIC X(4)       VALUE 'WAUS'.
       77   TRAN2          PIC X(4)       VALUE 'WAU2'.
       77   PROG2          PIC X(8)       VALUE 'PROG2'.
       77   MAP1           PIC X(8)       VALUE 'MAP1'.
       77   MAPSET         PIC X(8)       VALUE 'WMAP'.
       77   INITF          PIC X(1)       VALUE LOW-VALUE.
      * Einbinden des Mapsets
                  COPY WMAP.
                  COPY DFHAID.
                  COPY DFHBMSCA.
      * Datenübergabebereich / Common-Area
       LINKAGE SECTION.
       01  DFHCOMMAREA.
      * Transaktionscode
           05  CA-TRAN     PIC X(4).
      * Werkzeugnummer
           05  CA-WNUM     PIC X(8).
      * letzte Aktion
           05  CA-LAKT     PIC X.
```

```
* Fehler ?
   05  CA-FEHL      PIC X.
*
 PROCEDURE DIVISION.
* gegebenenfalls CA einrichten
      IF EIBCALEN=0 THEN
         EXEC CICS GETMAIN
              SET        (ADDRESS OF DFHCOMMAREA)
              FLENGTH    (LENGTH OF DFHCOMMAREA)
              INITIMG    (INITF)
              NOSUSPEND
              RESP       (RESP)
         END-EXEC
      END-IF

* Löschen der Ausgabemap
      MOVE LOW-VALUES TO MAP1O

* Ermitteln, ob Erst- oder Folgeaufruf
      IF CA-TRAN = TRAN1

* Folgeaufruf: Ermitteln der PF-Taste
         EVALUATE EIBAID
* - ENTER
            WHEN DFHENTER
               EXEC CICS RECEIVE
                    MAPSET  (MAPSET)
                    MAP     (MAP1)
                    INTO    (MAP1I)
                    RESP    (RESP)
               END-EXEC
               EVALUATE RESP
                  WHEN DFHRESP(NORMAL)
*     Prüfen, ob Werkzeugnummer gefüllt:
*     Es können natürlich noch wesentlich genauere
*     Prüfungen erfolgen, das liegt in den Notwendigkeiten
*     der Anwendung.
*     Durch Setzen der Feldlänge auf -1 wird der Cursor
*     auf jeden Fall auf das geprüfte Feld gesetzt.
                     IF WNUM1I = SPACE OR WNUM1L = 0
                        MOVE 'Werkzeugnummer eingeben' TO HINW1O
                        MOVE -1 TO WNUM1L
                        PERFORM RUECK THRU RUECK-EX
                     ELSE
*     Umformen der Werkzeugnummer:
*     Punkte aus der Eingabe werden übersetzt in Blanks.
*     Kleinbuchstaben werden übersetzt als Großbuchstaben
                        INSPECT WNUM1I REPLACING ALL '.' BY SPACE
                        INSPECT WNUM1I CONVERTING
                           'abcdefghijklmnopqrstuvwxyz' TO
                           'ABCDEFGHIJKLMNOPQRSTUVWXYZ'
```

```
              END-IF
           WHEN OTHER
              MOVE 'Werkzeugnummer eingeben' TO HINW1O
              MOVE -1 TO WNUM1L
              PERFORM RUECK THRU RUECK-EX
          END-EVALUATE
*     Wenn Eingabe ok, Verzweigen zur zweiten Transaktion
          MOVE SPACE TO CA-LAKT
          MOVE SPACE TO CA-FEHL
          MOVE WNUM1I TO CA-WNUM
          EXEC CICS XCTL
              PROGRAM  (PROG2)
              COMMAREA (DFHCOMMAREA)
              RESP     (RESP)
          END-EXEC
*     - PF11, PF12, CLEAR
           WHEN DFHPF11
              PERFORM PROGEND THRU PROGEND-EX
           WHEN DFHPF12
              PERFORM PROGEND THRU PROGEND-EX
           WHEN DFHCLEAR
              PERFORM PROGEND THRU PROGEND-EX
*     Andere Tasten: ungültig
           WHEN OTHER
              MOVE 'Falsche Taste gedrückt' TO HINW1O
              MOVE -1 TO WNUM1L
              PERFORM RUECK THRU RUECK-EX
        END-EVALUATE
*  Erstaufruf: Aufbereiten und Senden der Map
     ELSE
        MOVE TRAN1 TO CA-TRAN
        MOVE CA-WNUM TO WNUM1O
        INSPECT WNUM1O REPLACING ALL SPACE BY '.'
*    ggf. Erledigungsvermerk
        EVALUATE CA-LAKT
           WHEN 'A' MOVE 'Werkzeugdaten geändert' TO HINW1O
           WHEN 'N' MOVE 'Werkzeugdaten neu aufgenommen'
                                                  TO HINW1O
           WHEN 'L' MOVE 'Werkzeugdaten gelöscht' TO HINW1O
           WHEN OTHER MOVE SPACE TO HINW1O
        END-EVALUATE
        EXEC CICS SEND
              MAP     (MAP1)
              MAPSET  (MAPSET)
              FROM    (MAP1O)
              ERASE
              FREEKB
              CURSOR
              RESP    (RESP)
        END-EXEC
        EXEC CICS RETURN
```

```
                    TRANSID   (TRAN1)
                    COMMAREA  (DFHCOMMAREA)
          END-EXEC
       END-IF.
* Senden der Map und Rücksprung auf eigene Transaktion
  RUECK.
       EXEC CICS SEND
                 MAP      (MAP1)
                 MAPSET   (MAPSET)
                 FROM     (MAP1O)
                 CURSOR
                 DATAONLY
       END-EXEC
       EXEC CICS RETURN
                 TRANSID   (TRAN1)
                 COMMAREA  (DFHCOMMAREA)
       END-EXEC
   RUECK-EX.
      EXIT.
   PROGEND.
* Bildschirm löschen und Rückkehr zum CICS
      EXEC CICS SEND
                 CONTROL
                 ERASE
      END-EXEC
      EXEC CICS RETURN
      END-EXEC
   PROGEND-EX.
      EXIT.
      GOBACK.
```

Kapitel 5
Programm 2 für Verfahren WAUS

Die Voraussetzungen für das Verfahren WAUS sind in Kapitel 5 sowie zu Beginn des vorigen Programmbeispiels genannt.

```
       IDENTIFICATION DIVISION.
       PROGRAM-ID. PROG2.
       ENVIRONMENT DIVISION.
       DATA DIVISION.
       WORKING-STORAGE SECTION.
      * Allgemeine Variablen
       77  RESP          PIC S9(8) COMP VALUE +0.
       77  TRAN1         PIC X(4)       VALUE 'WAUS'.
       77  TRAN2         PIC X(4)       VALUE 'WAU2'.
       77  PROG1         PIC X(8)       VALUE 'PROG1'.
       77  PROG2         PIC X(8)       VALUE 'PROG2'.
       77  MAP2          PIC X(8)       VALUE 'MAP2'.
       77  MAPSET        PIC X(8)       VALUE 'WMAP'.
       77  INITF         PIC X(1)       VALUE LOW-VALUE.
       77  DATEI         PIC X(8)       VALUE 'WZEUG'.
       77  WKEY          PIC X(8).
       77  ZIEL          PIC X(4).
      * Werkzeugdatei
       01  WDATEN.
      *                  Werkzeugnummer
           05  WNUMD     PIC X(8).
      *                  Bezeichnung
           05  WBEZD     PIC X(30).
      *                  Abgabedatum
           05  WABGD     PIC X(8).
      *                  Rückgabedatum
           05  WRUED     PIC X(8).
      *                  Abteilung
           05  WABTD     PIC X(3).
           05  WREST     PIC X(23).
      * Einbinden des Mapsets
               COPY WMAP.
               COPY DFHAID.
               COPY DFHBMSCA.
      * Daten-Übergabebereich / Common-Area
       LINKAGE SECTION.
       01  DFHCOMMAREA.
      * Transaktionscode
           05  CA-TRAN   PIC X(4).
      * Werkzeugnummer
           05  CA-WNUM   PIC X(8).
```

```cobol
* Letzte Aktion
   05  CA-LAKT       PIC X.
* Fehler ?
   05  CA-FEHL       PIC X.

PROCEDURE DIVISION.
* Gegebenenfalls CA einrichten
      IF EIBCALEN=0 THEN
         EXEC CICS GETMAIN
              SET       (ADDRESS OF DFHCOMMAREA)
              FLENGTH   (LENGTH OF DFHCOMMAREA)
              INITIMG   (INITF)
              NOSUSPEND
              RESP      (RESP)
         END-EXEC
      END-IF
      MOVE TRAN2 TO ZIEL
*     Löschen der Ausgabemap
      MOVE LOW-VALUES TO MAP1O

*    Ermitteln, ob Erst- oder Folgeaufruf
      IF CA-TRAN = TRAN2
         MOVE SPACE TO CA-FEHL

*    Folgeaufruf: Generell Lesen der Map
*       Hier kann häufig ein MAPFAIL auftreten
*       (Bei Datenfreigabe ohne Eingabe von Daten).
      EXEC CICS RECEIVE
              MAPSET  (MAPSET)
              MAP     (MAP2)
              INTO    (MAP2I)
              RESP    (RESP)
      END-EXEC

*    Ermitteln der PF-Taste
      EVALUATE RESP ALSO EIBAID

*    - ENTER
         WHEN DFHRESP(NORMAL) ALSO DFHENTER
*        Prüfen der Eingabedaten
            PERFORM PRUEF THRU PRUEF-EX
            IF CA-FEHL NOT = '1'
               MOVE '*** Alle Eingaben richtig' TO HINW2O
               MOVE -1 TO BEZEIL
            END-IF
            PERFORM RUECK THRU RUECK-EX

*    - PF1
         WHEN DFHRESP(MAPFAIL) ALSO DFHPF1
*        Löschen nur, wenn bestehender Artikel angezeigt
```

```cobol
              IF CA-LAKT = 'N'
                MOVE 'Löschen ist nicht möglich' TO HINW2O
                MOVE -1 TO BEZEIL
                PERFORM RUECK THRU RUECK-EX
              END-IF
              MOVE CA-WNUM TO WKEY
              MOVE CA-WNUM TO WNUM2O
              EXEC CICS DELETE
                   DATASET (DATEI)
                   RIDFLD  (WKEY)
                   RESP    (RESP)
              END-EXEC
              IF RESP NOT = DFHRESP(NORMAL)
                MOVE 'Dateizugriffsfehler' TO HINW2O
                MOVE -1 TO BEZEIL
                PERFORM RUECK THRU RUECK-EX
              END-IF
              MOVE 'L' TO CA-LAKT
              EXEC CICS XCTL
                   PROGRAM  (PROG1)
                   COMMAREA (DFHCOMMAREA)
              END-EXEC
*       - PF5
           WHEN DFHRESP(NORMAL) ALSO DFHPF5
*          Prüfen der Eingabedaten
              PERFORM PRUEF THRU PRUEF-EX
              IF CA-FEHL NOT = '1'
*   Vor Aktualisieren des Satzes mit Option UPDATE lesen
                MOVE CA-WNUM TO WKEY
                IF CA-LAKT NOT = 'N'
                  EXEC CICS READ
                            DATASET (DATEI)
                            INTO    (WDATEN)
                            RIDFLD  (WKEY)
                            UPDATE
                            RESP    (RESP)
                  END-EXEC
                  IF RESP NOT = DFHRESP(NORMAL)
                    MOVE 'Dateizugriffsfehler' TO HINW2O
                    MOVE -1 TO BEZEIL
                    PERFORM RUECK THRU RUECK-EX
                  END-IF
                END-IF
*   Jetzt der Satzstruktur die eingegebenen Daten zuweisen
                MOVE CA-WNUM TO WNUMD
                MOVE BEZEII TO WBEZD
                MOVE ABTEII TO WABTD
                MOVE ABGABI TO WABGD
                MOVE RUECKI TO WRUED
```

```
              IF CA-LAKT = 'N'
*     Neuschreiben eines Satzes
              EXEC CICS WRITE
                   DATASET (DATEI)
                   FROM    (WDATEN)
                   RIDFLD  (WKEY)
                   RESP    (RESP)
              END-EXEC
           ELSE
*     Aktualisieren eines Satzes
              EXEC CICS REWRITE
                   DATASET (DATEI)
                   FROM    (WDATEN)
                   RESP    (RESP)
              END-EXEC
           END-IF

           IF RESP = DFHRESP(NORMAL)
              EXEC CICS XCTL
                   PROGRAM  (PROG1)
                   COMMAREA (DFHCOMMAREA)
              END-EXEC
           ELSE
              MOVE 'Dateizugriffsfehler' TO HINW20
              MOVE -1 TO BEZEIL
           END-IF
         END-IF

           PERFORM RUECK THRU RUECK-EX

*     - CLEAR
         WHEN ANY ALSO DFHCLEAR
           MOVE SPACE TO CA-LAKT

              EXEC CICS XCTL
                   PROGRAM  (PROG1)
                   COMMAREA (DFHCOMMAREA)
              END-EXEC

*     - PF11, PF12
         WHEN ANY ALSO DFHPF11
           MOVE BLANK TO CA-LAKT
*     Bildschirm löschen und Rückkehr zum CICS

           EXEC CICS SEND
                CONTROL
                ERASE
           END-EXEC
           EXEC CICS RETURN
           END-EXEC
```

```
              WHEN ANY ALSO DFHPF12
                 MOVE BLANK TO CA-LAKT
*       Bildschirm löschen und Rückkehr zum CICS

                 EXEC CICS SEND
                       CONTROL
                       ERASE
                 END-EXEC
                 EXEC CICS RETURN
                 END-EXEC
*       Andere Tasten: ungültig
              WHEN OTHER
                 MOVE 'Falsche Taste gedrückt' TO HINW2O
                 MOVE -1 TO BEZEIL
                 PERFORM RUECK THRU RUECK-EX
           END-EVALUATE

*       Erstaufruf: Lesen der Artikeldaten
        ELSE
           MOVE TRAN2 TO CA-TRAN
           MOVE CA-WNUM TO WKEY, WNUM2O
           EXEC CICS READ
                    DATASET (DATEI)
                    INTO    (WDATEN)
                    RIDFLD  (WKEY)
                    RESP    (RESP)
           END-EXEC
           EVALUATE RESP
              WHEN DFHRESP(NOTFND)
*       Nicht gefunden: Leermaske senden
                 MOVE 'N' TO CA-LAKT
                 MOVE 'Einweisen eines neuen Werkzeuges' TO HINW2O
                 MOVE '............................' TO BEZEIO
                 MOVE '...' TO ABTEIO
                 MOVE '........' TO ABGABO
                 MOVE '........' TO RUECKO

*       Gefunden: Daten in die Maske schreiben
              WHEN DFHRESP(NORMAL)
                 MOVE 'A' TO CA-LAKT
                 MOVE WBEZD TO BEZEIO
                 MOVE WABTD TO ABTEIO
                 MOVE WABGD TO ABGABO
                 MOVE WRUED TO RUECKO
                 MOVE 'Einweisen zu einem bestehenden Werkzeug' TO
  HINW2O
*       In den Eingabefeldern die Punkte ergänzen
                    INSPECT BEZEIO REPLACING ALL SPACE BY '.'
                    INSPECT ABTEIO REPLACING ALL SPACE BY '.'
                    INSPECT ABGABO REPLACING ALL SPACE BY '.'
                    INSPECT RUECKO REPLACING ALL SPACE BY '.'
```

```
            WHEN OTHER
*     Bei sonstigem Lesefehler wird eine Nachricht in den
*     bestehenden Bildschirm eingeblendet. Dann wird zurück
*     zur vorigen Transaktion verzweigt.
              MOVE 'Lesefehler bei Zugriff auf Datei' TO HINW2O
              MOVE SPACE TO CA-LAKT
              MOVE -1 TO WNUM2L
              MOVE TRAN1 TO ZIEL
              PERFORM RUECK THRU RUECK-EX
        END-EVALUATE

        EXEC CICS SEND
                MAP     (MAP2)
                MAPSET  (MAPSET)
                FROM    (MAP2O)
                ERASE
                FREEKB
                CURSOR
        END-EXEC
        EXEC CICS RETURN
                TRANSID  (TRAN2)
                COMMAREA (DFHCOMMAREA)
        END-EXEC
      END-IF.

*     Senden der Map und Rücksprung auf eigene Transaktion
   RUECK.
        EXEC CICS SEND
                MAP     (MAP2)
                MAPSET  (MAPSET)
                FROM    (MAP2O)
                CURSOR
                DATAONLY
        END-EXEC.
        EXEC CICS RETURN
                TRANSID  (ZIEL)
                COMMAREA (DFHCOMMAREA)
        END-EXEC.
        GOBACK.
   RUECK-EX.
        EXIT.

   PRUEF.
*       Unterprogramm zum Prüfen der Eingabe
*       Wir führen an dieser Stelle nur einfachste Prüfungen
*       durch. Alle diese Prüfungen sollten in einem echten
*       Produktionsprogramm exakter erfolgen (z.B. Datum auf
*       Gültigkeit etc.).
*       Durch Setzen der Feldlänge auf -1 wird der Cursor
*       im Fehlerfall auf das geprüfte Feld gesetzt.
```

```
*      Die Prüfung erfolgt in umgekehrter Reihenfolge der
*      Felder: Damit wird erreicht, daß auch bei Auftreten
*      mehrerer Fehler in der Hinweiszeile der Text zu dem
*      Feld steht, das auf dem Bildschirm an vorderer
*      Stelle liegt.

*      Feld Rückgabedatum: Braucht nicht gefüllt zu sein.
*      Wenn es gefüllt ist, muß der Inhalt numerisch sein.
*      Hier sollte eine Prüfung auf gültiges Datum erfolgen.
*      Es werden zuerst alle Punkte gelöscht.
   INSPECT RUECKI REPLACING ALL '.' BY SPACE
   INSPECT RUECKI REPLACING ALL LOW-VALUES BY SPACE
   IF RUECKI NOT = SPACES
     IF RUECKI NOT NUMERIC
       MOVE 'Rückgabedatum nicht korrekt' TO HINW2O
       MOVE -1 RUECKL
       MOVE '1' TO CA-FEHL
     END-IF
   END-IF
*      Feld Abgabedatum: Braucht nicht gefüllt zu sein.
*      Wenn es gefüllt ist, muß der Inhalt numerisch sein.
*      Hier sollte eine Prüfung auf gültiges Datum erfolgen.
*      Es werden zuerst alle Punkte gelöscht.
   INSPECT ABGABI REPLACING ALL '.' BY SPACE
   INSPECT ABGABI REPLACING ALL LOW-VALUES BY SPACE
   IF ABGABI NOT = SPACES
     IF ABGABI NOT NUMERIC
       MOVE 'Abgabedatum nicht korrekt' TO HINW2O
       MOVE -1 ABGABL
       MOVE '1' TO CA-FEHL
     END-IF
   END-IF
*      Feld Abteilung. Kann leer sein
*      Umsetzen der Punkte. Eine Prüfung erfolgt nicht.
   INSPECT ABTEII REPLACING ALL '.' BY SPACE
*      Feld Bezeichnung: Darf nicht leer sein
   INSPECT BEZEII REPLACING ALL '.' BY SPACE
   IF BEZEII NOT = BLANKS
   OR BEZEIL = ZERO THEN
     MOVE 'Bezeichnung eingeben' TO HINW2O
     MOVE -1 TO BEZEIL
     MOVE '1' TO CA-FEHL
   END-IF
*      In den Eingabefeldern die Punkte ergänzen
   MOVE BEZEII TO BEZEIO
   INSPECT BEZEIO REPLACING ALL SPACE BY '.'
   MOVE ABTEII TO ABTEIO
   INSPECT ABTEIO REPLACING ALL SPACE BY '.'
   MOVE ABGABI TO ABGABO
   INSPECT ABGABO REPLACING ALL SPACE BY '.'
   MOVE RUECKI TO RUECKO
```

```
       INSPECT RUECKO REPLACING ALL SPACE BY '.'
   PRUEF-EX.
       EXIT.
   PROGEND.
   * Bildschirm löschen und Rückkehr zum CICS
       EXEC CICS SEND
                 CONTROL
                   ERASE
       END-EXEC.
       EXEC CICS RETURN
       END-EXEC.
   PROGEND-EX.
       EXIT.
```

Kapitel 7
Programm für Listenbild

Voraussetzung ist die VSAM-Datei des Verfahrens WAUS. Die weiteren Voraussetzungen sind in der folgenden Tabelle genannt. Wenn auf dem von Ihnen benutzten System andere Namen verwendet werden müssen, brauchen Sie diese Namen pro Programm jeweils nur an einer Stelle zu ändern. Aufruf des Listenbildes: Auf der CICS-Ebene den Transaktionscode WLIS aufrufen.

Ressource	Bemerkungen
WLIS	PCT-Eintrag: Transaktionscode, ruft PROG3 auf.
PROG3	PPT-Eintrag: Programm.
LIST	PPT-Eintrag: BMS-Mapset (Listing Abschnitt 11.3).
WZEUG	FCT-Eintrag und VSAM-Datei. VSAM-Datei 80stellig, Schlüssel 8stellig.

```
       IDENTIFICATION DIVISION.
       PROGRAM-ID. PROG3.
       ENVIRONMENT DIVISION.
       DATA DIVISION.
       WORKING-STORAGE SECTION.
       77  DATEI          PIC X(8)         VALUE 'WZEUG'.
       77  I              PIC S9(4) COMP   VALUE 0.
       77  INITF          PIC X(1)         VALUE LOW-VALUE.
       77  MAPLIM         PIC S9(4)        VALUE 12.
       77  MAPSET         PIC X(8)         VALUE 'LIST'.
       77  RESP           PIC S9(8) COMP   VALUE 0.
       77  TRAN1          PIC X(4)         VALUE 'WLIS'.
       77  WKEY           PIC X(8)         VALUE SPACE.
       77  WSTART         PIC X(8)         VALUE SPACE.
       01  WDATEN.
      * Werkzeugnummer
           05  WNUMD      PIC X(8).
      * Bezeichnung
           05  WBEZD      PIC X(30).
      * Abgabedatum
           05  WABGD      PIC X(8).
      * Rückgabedatum
           05  WRUED      PIC X(8).
      * Abteilung
           05  WABTD      PIC X(3).
           05  WREST      PIC X(23).
      * Einbinden des Mapsets
               COPY LIST.
```

```cobol
*     Anlegen der Tabelle für die Listenfelder.
*     Bei Verwendung erweiterter Attribute ist eine Änderung
*     der Struktur erforderlich.
 01   MAPTAB            REDEFINES MAP1I.
   05   FREI1           PIC X(19).
   05 TAB OCCURS 12.
      07   WNUMA        PIC X.
      07   WNUMO        PIC X(8).
      07   FREI2        PIC X(2).
      07   WBEZA        PIC X.
      07   WBEZO        PIC X(30).
      07   FREI3        PIC X(2).

            COPY DFHBMSCA.
            COPY DFHAID.
 LINKAGE SECTION.
 01   DFHCOMMAREA.
* Transaktionscode
   05   CA-TRAN     PIC X(4).
* Werkzeugnummer
   05   CA-WNUM     PIC X(8).
* 1. Werkzeugnummer
   05   CA-WZUR     PIC X(8).
* Letzte Aktion
   05   CA-LAKT     PIC X.
* Fehler ?
   05   CA-FEHL     PIC X.
* Aktuelle Seite
   05   CA-SIST     PIC 9(2).
* Weiterblättern möglich?
   05   CA-WEIT     PIC X.

 PROCEDURE DIVISION.

*    Gegebenenfalls CA einrichten
      IF EIBCALEN = ZERO
         EXEC CICS GETMAIN
               SET      (ADDRESS OF DFHCOMMAREA)
               FLENGTH  (LENGTH OF DFHCOMMAREA)
               INITIMG  (INITF)
               NOSUSPEND
         END-EXEC
      END-IF

*    Löschen der Ausgabemap
      MOVE LOW-VALUES TO MAP1O

*    Ermitteln, ob Erst- oder Folgeaufruf
      IF CA-TRAN = TRAN1
```

```cobol
*     Folgeaufruf: Ermitteln der PF-Taste
         EVALUATE EIBAID
*      - PF11, PF12, CLEAR
             WHEN DFHPF11
                 PERFORM PROGEND THRU PROGEND-EX
             WHEN DFHPF12
                 PERFORM PROGEND THRU PROGEND-EX
             WHEN DFHCLEAR
                 PERFORM PROGEND THRU PROGEND-EX
*      - PA1
             WHEN DFHPA1

*        Eine Seite vorblättern, wenn Folgeseite möglich
             IF CA-WEIT='N'
                 MOVE 'Vorwärtsblättern nicht möglich' TO HINWO
             ELSE
                ADD 1 TO CA-SIST
                PERFORM LESEVOR THRU LESEVOR-EX
             END-IF
             PERFORM RUECK THRU RUECK-EX

*      - PA2
             WHEN DFHPA2

*        Eine Seite zurückblättern, wenn nicht Seite 1
             IF CA-SIST = 1
                 MOVE 'Zurückblättern nicht möglich' TO HINWO
             ELSE
                 SUBTRACT 1 FROM CA-SIST
                 PERFORM LESEZUR THRU LESEZUR-EX
             END-IF
             PERFORM RUECK THRU RUECK-EX

*     Andere Tasten: ungültig
             WHEN OTHER
                 MOVE 'Falsche Taste gedrückt' TO HINWO
                 PERFORM RUECK THRU RUECK-EX
         END-EVALUATE

*     Erstaufruf: Aufbereiten und Senden der Map
      ELSE
         MOVE TRAN2 TO CA-TRAN
         MOVE 1 TO CA-SIST
         MOVE SPACE TO CA-WEIT
         MOVE SPACE TO CA-WNUM
         PERFORM LESEVOR THRU LESEVOR-EX
         MOVE -1 TO HINWL
         EXEC CICS SEND
                  MAP    (MAP1)
                  MAPSET (MAPSET)
```

```
                    FROM    (MAP1O)
                    CURSOR
                    ERASE
         END-EXEC
         EXEC CICS RETURN
                    TRANSID  (TRAN1)
                    COMMAREA (DFHCOMMAREA)
         END-EXEC
     END-IF

 RUECK.
*    Senden der Map und Rücksprung auf eigene Transaktion

     MOVE -1 TO HINWL
     EXEC CICS SEND
               MAP      (MAP1)
               MAPSET   (MAPSET)
               FROM     (MAP1O)
               CURSOR
               DATAONLY
     END-EXEC.
     EXEC CICS RETURN
               TRANSID  (TRAN1)
               COMMAREA (DFHCOMMAREA)
     END-EXEC.
 RUECK-EX.
     EXIT.

 PROGEND.
*    Unterprogramm zum Beenden des Programms
*        Bildschirm löschen und Rückkehr zum CICS
          EXEC CICS SEND
                  CONTROL
                  ERASE
            END-EXEC
           EXEC CICS RETURN
           END-EXEC
 PROGEND-EX.
     EXIT.
     GOBACK.

 LESEVOR.

*    Unterprogramm zum Vorwärtslesen der Datei
     MOVE CA-WNUM TO WKEY
     MOVE CA-WNUM TO WSTART
     MOVE CA-SIST TO SEITEO

*    Löschen des Tabellenteils der Map
     MOVE ZERO TO I
```

```
        PERFORM MAPLIM TIMES
          ADD 1 TO I
          MOVE SPACE TO WNUMO(I)
          MOVE SPACE TO WBEZO(I)
        END-PERFORM
*    Vorbereiten des sequentiellen Lesens
        EXEC CICS STARTBR
                  DATASET  (DATEI)
                  RIDFLD   (WKEY)
                  GTEQ
                  RESP     (RESP)
                  END-EXEC
        IF RESP NOT = DFHRESP(NORMAL)
          MOVE 'Dateizugriffsfehler' TO HINWO
        ELSE
          MOVE ZERO TO I
          PERFORM UNTIL RESP NOT = 0 OR I >= MAPLIM

          EXEC CICS READNEXT
                    DATASET (DATEI)
                    INTO    (WDATEN)
                    RIDFLD  (WKEY)
                    RESP    (RESP)
          END-EXEC
            IF RESP = DFHRESP(NORMAL)

*    Es werden nur Sätze berücksichtigt, deren Schlüssel
*    größer als der Startwert ist.
              IF WNUMD > WSTART
                ADD 1 TO I
                IF I = 1
                   MOVE WNUMD TO CA-WZUR
                END-IF
                MOVE WNUMD TO WNUMO(I)
                MOVE WBEZD TO WBEZO(I)
              END-IF
            END-PERFORM

            IF RESP=DFHRESP(ENDFILE)
              MOVE 'N' TO CA-WEIT
            END-IF
          END-IF

          PERFORM SHOWPA THRU SHOWPA-EX
          EXEC CICS ENDBR
                    DATASET (DATEI)
                    RESP    (RESP)
                    END-EXEC
    LESEVOR-EX.
       EXIT.
```

```
    LESEZUR.
*       Unterprogramm zum Rückwärtslesen der Datei

        MOVE CA-WZUR TO WKEY
        MOVE CA-WZUR TO WSTART
        MOVE CA-SIST TO SEITEO
*       Löschen des Tabellenteils der Map
        MOVE ZERO TO I
        PERFORM MAPLIM TIMES
          ADD 1 TO I
          MOVE SPACE TO WNUMO(I)
          MOVE SPACE TO WBEZO(I)
        END-PERFORM

*       Vorbereiten des sequentiellen Lesens
        EXEC CICS STARTBR
                  DATASET  (DATEI)
                  RIDFLD   (WKEY)
                  GTEQ
                  RESP     (RESP)
        END-EXEC
        IF RESP NOT = DFHRESP(NORMAL)
          MOVE 'Dateizugriffsfehler' TO HINWO
        ELSE
          MOVE MAPLIM TO I
          PERFORM UNTIL RESP NOT = 0 OR I <1
            EXEC CICS READPREV
                      DATASET  (DATEI)
                      INTO     (WDATEN)
                      RIDFLD   (WKEY)
                      RESP     (RESP)
            END-EXEC
            IF RESP = DFHRESP(NORMAL)
*       Es werden nur Sätze berücksichtigt, deren Schlüssel
*       kleiner als der Startwert ist.
              IF WNUMD < WSTART
                IF I = MAPLIM
                  MOVE WNUMD TO CA-WNUM
                END-IF
                IF I = 1
                  MOVE WNUMD TO CA-WZUR
                END-IF
                MOVE WNUMD TO WNUMO(I)
                MOVE WBEZD TO WBEZO(I)
                SUBTRACT 1 FROM I
              END-IF
            END-IF
          END-PERFORM

          IF RESP = DFHRESP(ENDFILE)
            MOVE 'N' TO CA-WEIT
```

```
         END-IF

      PERFORM SHOWPA THRU SHOWPA-EX
      EXEC CICS ENDBR
              DATASET (DATEI)
              RESP    (RESP)
           END-EXEC
  LESEZUR-EX.
     EXIT.

  SHOWPA.
*    Unterprogramm zur Anzeige der PA-Tasten
     MOVE CA-SIST TO SEITEO

     IF RESP NOT = DFHRESP(NORMAL) AND
        RESP NOT = DFHRESP(ENDFILE)
       MOVE 'Dateizugriffsfehler' TO HINWO
     ELSE
       IF CA-WEIT = 'N'
         IF CA-SIST > 1
           MOVE 'Zurückblättern mit PA2' TO HINWO
         END-IF
       ELSE
         IF CA-SIST>1
           MOVE 'Vorblättern mit PA1, zurück mit PA2' TO HINWO
         ELSE
           MOVE 'Vorblättern mit PA1' TO HINWO
         END-IF
       END-IF
     END-IF
  SHOWPA-EX.
     EXIT.
```

11.3 BMS-Mapsets

Kapitel 4, Mapset MAPT1

```
* CFP   MAPSET MAPT1    MAP1
*
* >> Stern als Fortsetzung in Stelle 80
* Hier beginnt die Definition des Mapsets
* >> Die folgende Zeile nur verwenden, wenn das aufrufende
* >> Programm ein PL/I-Programm ist.
MAPT1   DFHMSD TYPE=DSECT,TERM=3270,                                    *
        MODE=INOUT,LANG=PLI,STORAGE=AUTO
* >> Die folgende Zeile nur verwenden, wenn das aufrufende
* >> Programm ein COBOL-Programm ist.
MAPT1   DFHMSD TYPE=DSECT,TERM=3270,                                    *
        MODE=INOUT,LANG=COBOL,STORAGE=AUTO
*
* Hier beginnt die Definition der einzelnen Map
MAP1    DFHMDI SIZE=(24,80)
*
* Ein konstanter Text wird bestimmt.
        DFHMDF POS=(01,01),LENGTH=13,                                   *
               ATTRB=ASKIP,                                             *
               INITIAL='CFP    MAPT1'
*
* Es wird ein Ausgabefeld definiert.
AUSG1   DFHMDF POS=(05,10),LENGTH=22,                                   *
               ATTRB=ASKIP
*
* Es wird ein Eingabefeld definiert. Davor konstanter Text.
        DFHMDF POS=(07,06),LENGTH=08,                                   *
               ATTRB=ASKIP,                                             *
               INITIAL='Eingabe:'
EING1   DFHMDF POS=(07,15),LENGTH=20,                                   *
               ATTRB=(UNPROT,BRT)
*
* Begrenzung des Eingabefeldes
        DFHMDF POS=(07,36),LENGTH=1,                                    *
               ATTRB=ASKIP
*
* Ausgabefeld für das Ergebnis
ERGEB   DFHMDF POS=(09,05),LENGTH=40,                                   *
               ATTRB=ASKIP
*
* Hier endet die Definition des Mapsets
*
        DFHMSD TYPE=FINAL
        END
```

Kapitel 4, Mapset MAPT2

```
* CFP   MAPSET MAPT2    MAP1 - MAP3
*
* >> Stern als Fortsetzung in Stelle 80
*
* Hier beginnt die Definition des Mapsets
* >> Die folgende Zeile nur verwenden, wenn das aufrufende
* >> Programm ein PL/I-Programm ist.
MAPT2  DFHMSD TYPE=DSECT,TERM=3270,                           *
       MODE=INOUT,LANG=PLI,STORAGE=AUTO
* >> Die folgende Zeile nur verwenden, wenn das aufrufende
* >> Programm ein COBOL-Programm ist.
MAPT2  DFHMSD TYPE=DSECT,TERM=3270,                           *
       MODE=INOUT,LANG=COBOL,STORAGE=AUTO
*
* Hier beginnt die Definition der Map MAP1
*
MAP1      DFHMDI SIZE=(24,80)
*
* Ein konstanter Text wird bestimmt.
*
          DFHMDF POS=(01,01),LENGTH=23,                       *
                 ATTRB=ASKIP,                                 *
                 INITIAL='CFP     MAPT2       MAP1'
          DFHMDF POS=(01,80),LENGTH=79,                       *
                 ATTRB=ASKIP,                                 *
                 INITIAL='————————————————————*
                 ————————————————',
          DFHMDF POS=(20,80),LENGTH=79,                       *
                 ATTRB=ASKIP,                                 *
                 INITIAL='————————————————————*
                 ————————————————',
*
* Hier beginnt die Definition der Map MAP2
*
MAP2      DFHMDI SIZE=(24,80)
*
* Ein konstanter Text wird bestimmt.
*
          DFHMDF POS=(01,20),LENGTH=4,                        *
                 ATTRB=ASKIP,                                 *
                 INITIAL='MAP2'
*
* Es wird ein Eingabefeld definiert. Davor konstanter Text.
*
          DFHMDF POS=(07,16),LENGTH=08,                       *
                 ATTRB=ASKIP,                                 *
                 INITIAL='Eingabe:'
```

```
EIN21      DFHMDF POS=(07,25),LENGTH=20,                    *
                  ATTRB=(UNPROT,BRT)
*
* Begrenzung des Eingabefeldes
*
           DFHMDF POS=(07,46),LENGTH=1,                     *
                  ATTRB=ASKIP
*
* Hier beginnt die Definition der Map MAP3
*
MAP3       DFHMDI SIZE=(24,80)
*
* Ein konstanter Text wird bestimmt.
*
           DFHMDF POS=(01,20),LENGTH=4,                     *
                  ATTRB=ASKIP,                              *
                  INITIAL='MAP3'
*
* Es werden mehrere Ausgabefelder definiert.
*
AUS31      DFHMDF POS=(07,10),LENGTH=40,                    *
                  ATTRB=ASKIP
AUS32      DFHMDF POS=(08,10),LENGTH=40,                    *
                  ATTRB=ASKIP
AUS33      DFHMDF POS=(09,10),LENGTH=40,                    *
                  ATTRB=ASKIP
AUS34      DFHMDF POS=(10,10),LENGTH=40,                    *
                  ATTRB=ASKIP
AUS35      DFHMDF POS=(11,10),LENGTH=40,                    *
                  ATTRB=ASKIP
AUS36      DFHMDF POS=(12,10),LENGTH=40,                    *
                  ATTRB=ASKIP
AUS37      DFHMDF POS=(13,10),LENGTH=40,                    *
                  ATTRB=ASKIP
*
* Es wird ein Eingabefeld definiert. Davor konstanter Text.
*
           DFHMDF POS=(23,06),LENGTH=07,                    *
                  ATTRB=ASKIP,                              *
                  INITIAL='Weiter:'
EING31     DFHMDF POS=(23,14),LENGTH=4,                     *
                  ATTRB=(UNPROT,BRT)
*
* Begrenzung des Eingabefeldes
*
           DFHMDF POS=(23,19),LENGTH=1,                     *
                  ATTRB=ASKIP
*
* Hier endet die Definition des Mapsets
*
           DFHMSD TYPE=FINAL
           END
```

Kapitel 5, Mapset WMAP

```
* CFP   MAPSET WMAP    MAP1 - MAP2
*
* >> Stern als Fortsetzung in Stelle 80
*
* >> Die folgende Zeile nur verwenden, wenn das aufrufende
* >> Programm ein PL/I-Programm ist.
WMAP    DFHMSD TYPE=DSECT,TERM=3270,                                *
        MODE=INOUT,LANG=PLI,STORAGE=AUTO
* >> Die folgende Zeile nur verwenden, wenn das aufrufende
* >> Programm ein COBOL-Programm ist.
WMAP    DFHMSD TYPE=DSECT,TERM=3270,                                *
        MODE=INOUT,LANG=COBOL,STORAGE=AUTO
*
* MAP1: Eingabe der Werkzeugnummer
MAP1    DFHMDI SIZE=(24,80)
*
        DFHMDF POS=(01,01),LENGTH=16,                               *
               ATTRB=ASKIP,                                         *
               INITIAL='WAUS      Bild 1'
        DFHMDF POS=(01,80),LENGTH=79,                               *
               ATTRB=ASKIP,                                         *
               INITIAL='———————————————————*
                       ——————————————————'
*
* Eingabefeld für Werkzeugnummer (mit Text und Begrenzung)
*
        DFHMDF POS=(05,15),LENGTH=15,                               *
               ATTRB=ASKIP,                                         *
               INITIAL='Werkzeugnummer:'
WNUM1   DFHMDF POS=(05,31),LENGTH=8,                                *
               ATTRB=(UNPROT,BRT,IC,FSET)
        DFHMDF POS=(05,40),LENGTH=1,                                *
               ATTRB=ASKIP
*
* Ausgabefeld zur Anzeige von Hinweistexten
*
HINW1   DFHMDF POS=(19,01),LENGTH=70,                               *
               ATTRB=(ASKIP,BRT)
*
* Fußbereich der Map
*
        DFHMDF POS=(20,80),LENGTH=79,                               *
               ATTRB=ASKIP,                                         *
               INITIAL='———————————————————*
                       —————————————————'
        DFHMDF POS=(22,22),LENGTH=35,                               *
               ATTRB=ASKIP,                                         *
```

```
*                    INITIAL='CLEAR / PF11 / PF12: Verfahrensende'
*
* MAP2: Eingabe der Werkzeugdaten
*
MAP2      DFHMDI SIZE=(24,80)
          DFHMDF POS=(01,01),LENGTH=16,                                    *
                 ATTRB=ASKIP,                                              *
                 INITIAL='WAUS      Bild 2'
          DFHMDF POS=(01,80),LENGTH=79,                                    *
                 ATTRB=ASKIP,                                              *
                 INITIAL='—————————————————*
                 ————————————————'
*
* Ausgabefeld für Werkzeugnummer
*
          DFHMDF POS=(05,15),LENGTH=15,                                    *
                 ATTRB=ASKIP,                                              *
                 INITIAL='Werkzeugnummer:'
WNUM2     DFHMDF POS=(05,31),LENGTH=8,                                     *
                 ATTRB=(ASKIP,BRT)
*
* Eingabefeld für die Bezeichnung
*
          DFHMDF POS=(07,15),LENGTH=15,                                    *
                 ATTRB=ASKIP,                                              *
                 INITIAL='   Bezeichnung:'
BEZEI     DFHMDF POS=(07,31),LENGTH=30,                                    *
                 ATTRB=(UNPROT,BRT,IC,FSET)
          DFHMDF POS=(07,62),LENGTH=1,                                     *
                 ATTRB=ASKIP
*
          DFHMDF POS=(10,15),LENGTH=15,                                    *
                 ATTRB=ASKIP,                                              *
                 INITIAL='Abgabe'
*
* Eingabefeld für die Abteilung
*
          DFHMDF POS=(12,15),LENGTH=15,                                    *
                 ATTRB=ASKIP,                                              *
                 INITIAL='     Abteilung:'
ABTEI     DFHMDF POS=(12,31),LENGTH=3,                                     *
                 ATTRB=(UNPROT,BRT,FSET)
          DFHMDF POS=(12,35),LENGTH=1,                                     *
                 ATTRB=ASKIP
*
* Eingabefeld für das Abgabedatum
*
          DFHMDF POS=(14,15),LENGTH=15,                                    *
                 ATTRB=ASKIP,                                              *
                 INITIAL='  abgegeben am:'
ABGAB     DFHMDF POS=(14,31),LENGTH=8,                                     *
                 ATTRB=(UNPROT,BRT,FSET)                                   ↘
```

```
                DFHMDF POS=(14,40),LENGTH=1,                    *
                       ATTRB=ASKIP
*
* Eingabefeld für das Rückgabedatum
*
                DFHMDF POS=(16,15),LENGTH=15,
*
                       ATTRB=ASKIP,                             *
                       INITIAL='  abgegeben am:'
RUECK           DFHMDF POS=(16,31),LENGTH=8,                    *
                       ATTRB=(UNPROT,BRT,FSET)
                DFHMDF POS=(16,40),LENGTH=1,                    *
                       ATTRB=ASKIP
*
* Ausgabefeld zur Anzeige von Hinweistexten
*
HINW2           DFHMDF POS=(19,01),LENGTH=70,                   *
                       ATTRB=(ASKIP,BRT)
*
* Fußbereich der Map
*
                DFHMDF POS=(20,80),LENGTH=79,                   *
                       ATTRB=ASKIP,                             *
                       INITIAL='———————————————————*
——————————————————'
                DFHMDF POS=(22,08),LENGTH=50,                   *
                       ATTRB=ASKIP,                             *
                       INITIAL='PF1: Löschen   PF5: Update    CLEAR: *
                       Eingabe W-Nr.   PF11/12: Ende'
*
* Hier endet die Definition des Mapsets
*
                DFHMSD TYPE=FINAL
                END
```

Kapitel 7, Mapset LIST

```
*  CFP   MAPSET LIST
*
*  >> Stern als Fortsetzung in Stelle 80
*
*  >> Die folgende Zeile nur verwenden, wenn das aufrufende
*  >> Programm ein PL/I-Programm ist.
LIST      DFHMSD TYPE=DSECT,TERM=3270,                          *
          MODE=INOUT,LANG=PLI,STORAGE=AUTO
*  >> Die folgende Zeile nur verwenden, wenn das aufrufende
*  >> Programm ein COBOL-Programm ist.
LIST      DFHMSD TYPE=DSECT,TERM=3270,                          *
          MODE=INOUT,LANG=COBOL,STORAGE=AUTO
*
MAP1      DFHMDI SIZE=(24,80)
*
          DFHMDF POS=(01,01),LENGTH=11,                         *
                 ATTRB=ASKIP,                                   *
                 INITIAL='CFP    LIST'
          DFHMDF POS=(01,70),LENGTH=5,                          *
                 ATTRB=ASKIP,                                   *
                 INITIAL='Seite'
SEITE     DFHMDF POS=(01,76),LENGTH=2,                          *
                 ATTRB=ASKIP
          DFHMDF POS=(01,80),LENGTH=79,                         *
                 ATTRB=ASKIP,                                   *
                 INITIAL='————————————————————————*
                 ————————————————————'
*
* Schreiben der Spaltenüberschriften
*
          DFHMDF POS=(04,10),LENGTH=40,                         *
                 ATTRB=(ASKIP,BRT),                             *
                 INITIAL='Werkzeugnummer      Bezeichnung'
*
* Die Ausgabefelder der ersten Zeile
*
WNUM01    DFHMDF POS=(06,10),LENGTH=8,                          *
                 ATTRB=ASKIP
WBEZ01    DFHMDF POS=(06,30),LENGTH=30,                         *
                 ATTRB=ASKIP
*
* Und die Ausgabefelder der folgenden Zeilen
*
WNUM02    DFHMDF POS=(07,10),LENGTH=8,                          *
                 ATTRB=ASKIP
WBEZ02    DFHMDF POS=(07,30),LENGTH=30,                         *
                 ATTRB=ASKIP
```

```
WNUM03     DFHMDF POS=(08,10),LENGTH=8,                    *
                  ATTRB=ASKIP
WBEZ03     DFHMDF POS=(08,30),LENGTH=30,                   *
                  ATTRB=ASKIP
WNUM04     DFHMDF POS=(09,10),LENGTH=8,                    *
                  ATTRB=ASKIP
WBEZ04     DFHMDF POS=(09,30),LENGTH=30,                   *
                  ATTRB=ASKIP
WNUM05     DFHMDF POS=(10,10),LENGTH=8,                    *
                  ATTRB=ASKIP
WBEZ05     DFHMDF POS=(10,30),LENGTH=30,                   *
                  ATTRB=ASKIP
WNUM06     DFHMDF POS=(11,10),LENGTH=8,                    *
                  ATTRB=ASKIP
WBEZ06     DFHMDF POS=(11,30),LENGTH=30,                   *
                  ATTRB=ASKIP
WNUM07     DFHMDF POS=(12,10),LENGTH=8,                    *
                  ATTRB=ASKIP
WBEZ07     DFHMDF POS=(12,30),LENGTH=30,                   *
                  ATTRB=ASKIP
WNUM08     DFHMDF POS=(13,10),LENGTH=8,                    *
                  ATTRB=ASKIP
WBEZ08     DFHMDF POS=(13,30),LENGTH=30,                   *
                  ATTRB=ASKIP
WNUM09     DFHMDF POS=(14,10),LENGTH=8,                    *
                  ATTRB=ASKIP
WBEZ09     DFHMDF POS=(14,30),LENGTH=30,                   *
                  ATTRB=ASKIP
WNUM10     DFHMDF POS=(15,10),LENGTH=8,                    *
                  ATTRB=ASKIP
WBEZ10     DFHMDF POS=(15,30),LENGTH=30,                   *
                  ATTRB=ASKIP
WNUM11     DFHMDF POS=(16,10),LENGTH=8,                    *
                  ATTRB=ASKIP
WBEZ11     DFHMDF POS=(16,30),LENGTH=30,                   *
                  ATTRB=ASKIP
WNUM12     DFHMDF POS=(17,10),LENGTH=8,                    *
                  ATTRB=ASKIP
WBEZ12     DFHMDF POS=(17,30),LENGTH=30,                   *
                  ATTRB=ASKIP
*
* Fußbereich der Map
*
HINW       DFHMDF POS=(19,01),LENGTH=70,                   *
                  ATTRB=(ASKIP,BRT)
           DFHMDF POS=(20,80),LENGTH=79,                   *
                  ATTRB=ASKIP,                             *
                  INITIAL='————————————————*
           ————————————',
```

```
             DFHMDF POS=(22,22),LENGTH=35,                        *
                    ATTRB=ASKIP,                                  *
                    INITIAL='CLEAR / PF11 / PF12: Verfahrensende'
*
* Hier endet die Definition des Mapsets
*
             DFHMSD TYPE=FINAL
             END
```

Anhang

A1 Tabellen

A1.1 Der Execute Interface Block

Der Execute Interface Block, abgekürzt EIB, ist ein CICS-Bereich, auf den Anwenderprogramme im Command Level zugreifen können, um bestimmte Informationen abzufragen. Dieser Bereich ist strukturiert und enthält die folgenden Felder. Für jede Task wird ein EIB angelegt. Die zum Ansprechen erforderliche Datenstruktur stellt der Vorübersetzer als COPY- beziehungsweise INCLUDE-Element zur Verfügung oder kopiert sie direkt in den Quelltext. Wir führen die Felder in der Reihenfolge auf, in der sie im EIB deklariert sind. Die Namen der für Sie besonders interessanten Felder haben wir fett gedruckt.

Feldname	Inhalt
EIBTIME	Zeitpunkt, zu dem die Task gestartet wurde (0HHMMSS).
EIBDATE	Datum, an dem die Task gestartet wurde (00YYDDD).
EIBTRNID	Transaktionscode, den die Task zur Zeit ausführt.
EIBTASKN	Tasknummer, die CICS der Task zugeteilt hat.
EIBTRMID	Symbolischer Name des Terminals.
EIBCPOSN	Enthält nach dem Einlesen von einem 3270-Terminal die Cursor-Adresse.
EIBCALEN	Länge der Communication Area, die der Anwendung mitgegeben wurde.
EIBAID	Merkmal für die zuletzt betätigte Taste (AID=Attention Identification).
EIBFN	Schlüssel für die zuletzt ausgeführte CICS-Funktion.
EIBRCODE	Returncode, mit dem CICS die zuletzt ausgeführte Funktion beendet hat.
EIBDS	Symbolischer Name der zuletzt mit File Control angesprochenen Datei.
EIBREQID	Request-Identifier, der für einen INTERVAL-Befehl von CICS vergeben wurde.
EIBRSRCE	Symbolischer Name der Ressource, die vom zuletzt ausgeführten CICS-Aufruf benutzt wurde.
EIBSYNC	Zeigt mit xFF an, daß das Anwendungsprogramm einen EXEC CICS SYNCPOINT durchführen muß.

Fortsetzung auf der nächsten Seite

Feldname	Inhalt
EIBFREE	Zeigt mit xFF an, daß das Anwendungsprogramm eine Ressource nicht länger unterstützen kann.
EIBRECV	Zeigt mit xFF an, daß das Anwendungsprogramm mittels RECEIVE weitere Daten von der Ressource empfangen kann.
EIBSEND	Zeigt mit xFF an, daß das Anwendungsprogramm weitere SENDs durchführen kann.
EIBATT	Zeigt mit xFF an, daß die bei SEND oder RECEIVE übermittelten Daten Attach-Kopfdaten enthalten.
EIBEOC	Zeigt mit xFF an, daß die bei SEND oder RECEIVE übermittelten Daten eine End-of-Chain Marke enthalten.
EIBFMH	Zeigt mit xFF an, daß die vom Benutzer erhaltenen Daten einen Function Management Header enthalten.
EIBCOMPL	Zeigt nach einem RECEIVE mit xFF an, daß die empfangenen Daten komplett sind.
EIBSIG	Zeigt mit xFF an, daß SIGNAL erhalten wurde.
EIBCONF	Zeigt mit xFF an, daß bei einer LU6.2-Conversation eine CONFIRM-Anfrage vorliegt.
EIBERR	Zeigt mit xFF an, daß bei einer LU6.2-Conversation ein Fehler aufgetreten ist.
EIBERRCD	Wenn das Feld EIBERR einen Fehler signalisiert, enthält EIBERRCD den Code des aufgetretenen Fehlers.
EIBSYNRB	Zeigt mit xFF an, daß das Anwendungsprogramm einen CICS SYNCPOINT ROLLBACK-Befehl geben sollte.
EIBNODAT	Zeigt mit xFF an, daß bei einer LU6.2-Conversation von einer Remote-Anwendung keine Daten gesendet wurden.
EIBRESP	Enthält im Fehlerfall einen Responsecode.
EIBRESP2	Enthält gegebenenfalls einen Schlüssel, der die Information in EIBRESP weiter spezifiziert.
EIBRLDBK	Zeigt an, daß Rollback ausgeführt wurde.

Der Execute Interface Block

Feld	PL/I	COBOL
EIBTIME	FIXED DEC(7)	PIC S9(7) COMP-3
EIBDATE	FIXED DEC(7)	PIC S9(7) COMP-3
EIBTRNID	CHAR(4)	PIC X(4)
EIBTASKN	FIXED DEC(7)	PIC S9(7) COMP-3
EIBTRMID	CHAR(4)	PIC X(4)
EIBCPOSN	FIXED BIN(15)	PIC S9(4) COMP
EIBCALEN	FIXED BIN(15)	PIC S9(4) COMP
EIBAID	CHAR(1)	PIC X(1)
EIBFN	CHAR(2)	PIC X(2)
EIBRCODE	CHAR(6)	PIC X(6)
EIBDS	CHAR(8)	PIC X(8)
EIBREQID	CHAR(8)	PIC X(8)
EIBRSRCE	CHAR(8)	PIC X(8)
EIBSYNC	CHAR(1)	PIC X(1)
EIBFREE	CHAR(1)	PIC X(1)
EIBRECV	CHAR(1)	PIC X(1)
EIBSEND	CHAR(1)	PIC X(1)
EIBATT	CHAR(1)	PIC X(1)
EIBEOC	CHAR(1)	PIC X(1)
EIBFMH	CHAR(1)	PIC X(1)
EIBCOMPL	CHAR(1)	PIC X(1)
EIBSIG	CHAR(1)	PIC X(1)
EIBCONF	CHAR(1)	PIC X(1)
EIBERR	CHAR(1)	PIC X(1)
EIBERRCD	CHAR(4)	PIC X(4)
EIBSYNRB	CHAR(1)	PIC X(1)
EIBNODAT	CHAR(1)	PIC X(1)
EIBRESP	FIXED BIN(31)	PIC S9(8) COMP
EIBRESP2	FIXED BIN(31)	PIC S9(8) COMP
EIBRLDBK	CHAR(1)	PIC X(1)

A1.2 CICS-Befehle

Sie finden hier eine Übersicht über die in Kapitel 4 behandelten CICS-Befehle.

EXEC CICS ...

ADDRESS	Systeminformation. Seite 132. Beschaffen der Adresse von CICS-Speicherbereichen (CWA, TWA, TCTUA).
ASKTIME	Zeitsteuerung. Seite 124. Beschaffen des aktuellen Datums und der Uhrzeit vom Betriebssystem sowie Aktualisieren der Felder EIBTIME und EIBDATE.
ASSIGN	Systeminformation. Seite 133. Beschaffen von Informationen, die sich außerhalb des Anwendungsprogramms befinden.
DELETE	Dateizugriff. Seite 98. Löschen eines Satzes in einer VSAM-Datei.
DELETEQ TD	Zwischenspeichern. Seite 122. Löschen aller Sätze einer TD QUEUE.
DELETEQ TS	Zwischenspeichern. Seite 116. Löschen aller Sätze einer TS QUEUE.
DEQ	Steuerung. Seite 141. Freigabe einer mit ENQ angeforderten Ressource.
ENDBR	Dateizugriff. Seite 108. Beenden des sequentiellen Lesens.
ENQ	Steuerung. Seite 139. Übernehmen der Exklusiv-Kontrolle über eine Ressource.
FORMATTIME	Zeitsteuerung. Seite 125. Formatieren von Datum und Uhrzeit, die mit ASKTIME ermittelt wurden.
FREEMAIN	Speichersteuerung. Seite 137. Mit GETMAIN angeforderten Speicherbereich freigeben.
GETMAIN	Speichersteuerung. Seite 135. Anfordern und Initialisieren von Speicher aus der CICS-Region.
HANDLE CONDITION	Sonstiger Befehl. Seite 146. Steuert die Behandlung von Fehlerbedingungen.
IGNORE CONDITION	Sonstiger Befehl. Seite 146. Steuert die Behandlung von Fehlerbedingungen.
LINK	Programmsteuerung. Seite 76. Dynamisches Hinzuladen eines Programms während der Ausführungszeit. Nach Beendigung des aufgerufenen Programms geht die Kontrolle an das rufende Programm zurück.
LOAD	Programmsteuerung. Seite 85. Laden eines Programms in den Speicher. Der Befehl führt im Sinne des MVS einen FETCH-Befehl aus, d.h. ein Anwendungsprogramm wird in den Hauptspeicher geladen, jedoch nicht ausgeführt.
READ	Dateizugriff. Seite 89. Lesen eines Satzes aus einer VSAM-Datei mit Schlüssel. Der Schlüssel kann ein KEY im Sinne von VSAM sein, eine Relative Satznummer (bei RRDS) oder eine RBA.
READNEXT	Dateizugriff. Seite 101. Lesen des logisch nächsten Satzes.
READPREV	Dateizugriff. Seite 104. Lesen des logisch vorhergehenden Satzes.
READQ TD	Zwischenspeichern. Seite 120. Lesen eines Satzes aus einer TD QUEUE.

Fortsetzung auf der nächsten Seite

READQ TS	Zwischenspeichern. Seite 114. Lesen eines Satzes aus einer TS QUEUE.
RECEIVE MAP	Bildschirmsteuerung. Seite 72. Einlesen der Daten, die von einer Datenstation aus an den Host-Rechner geschickt wurden und Aufbereiten der Daten mit BMS.
RELEASE	Programmsteuerung. Seite 86. Freigabe des Speichers eines mit LOAD geladenen Anwendungsprogramms.
RESETBR	Dateizugriff. Seite 106. Neu positionieren in einer Datei für sequentielles Lesen.
RETRIEVE	Zeitsteuerung. Seite 130. Mit diesem Befehl werden Daten für ein Programm verfügbar, die bei einem START-Befehl mitgegeben wurden.
RETURN	Programmsteuerung. Seite 78. Rückgabe der Kontrolle an das rufende Programm. Durch Angabe eines Transaktionscodes kann eine Folgeverarbeitung festgelegt werden.
REWRITE	Dateizugriff. Seite 93. Ändern eines Satzes.
SEND	Bildschirmsteuerung. Seite 70. Senden von Daten an einen Bildschirm.
SEND CONTROL	Bildschirmsteuerung. Seite 69. Senden von Zeichen, die den Bildschirm hardwareseitig beeinflussen (Akustikeinrichtung oder Bildschirmattribute).
SEND MAP	Bildschirmsteuerung. Seite 66. An ein Terminal werden Daten gesandt, die zuvor von BMS aufbereitet wurden.
START	Zeitsteuerung. Seite 127. Dieser Befehl startet eine Transaktion auf einem Lokalen oder Remoten System.
STARTBR	Dateizugriff. Seite 99. Positionieren in einer Datei für sequentielles Lesen.
SUSPEND	Steuerung. Seite 142. Ermöglicht CICS, eine Transaktion höherer Priorität vorzuziehen.
UNLOCK	Dateizugriff. Seite 96. Freigeben der Exklusiv-Kontrolle eines für Änderung gelesenen Satzes.
WRITE	Dateizugriff. Seite 91. Schreiben eines Satzes in eine Datei.
WRITE JOURNALNUM	Sonstiger Befehl. Seite 142. Schreiben eines Satzes in eine Journal-Datei.
WRITEQ TD	Zwischenspeichern. Seite 118. Schreiben eines Satzes in eine TD QUEUE.
WRITEQ TS	Zwischenspeichern. Seite 112. Schreiben eines Satzes in eine TS QUEUE.
XCTL	Programmsteuerung. Seite 80. Weitergabe der Kontrolle an ein anderes Anwendungsprogramm. Bei Beendigung des gerufenen Programms erfolgt jedoch kein Rücksprung in das rufende Programm.

A1.3 BMS-Makros und Bildschirmattribute

BMS-Makros

name   DFHMSD TYPE=*type*,TERM=*3270*,MODE=*mode*,LANG=*lang*,STORAGE=AUTO

> *name*: Name des Mapsets.
> *type*: TYPE=DSECT oder TYPE=MAP.
> *mode*: Aus- und Eingabe (MODE=INOUT), nur Ausgabe (MODE=OUT), nur Eingabe (MODE=IN).
> *lang*: LANG=PLI für PL/I, LANG=COBOL für COBOL.

name   DFHMDI SIZE=(*zz,ss*)

> *name*: Name der Map.
> *zz*: Anzahl der benutzen Zeilen. SIZE kann normalerweise komplett entfallen.
> *ss*: Anzahl der Stellen pro Zeile. SIZE kann normalerweise komplett entfallen.

name   DFHMDF POS=(*zz,ss*),LENGTH=*ll*,   *
             ATTRB=(*attrb*),   *
             INITIAL=*initial*

> *name*: Name des Feldes. Für Ausgabefelder, die im Anwendungsprogramm nicht angesprochen werden, kann der Name entfallen.
> *zz*: Zeile, in der das Feld steht.
> *ss*: Position innerhalb der Zeile *zz*, in der das Attribut des Feldes steht.
> *ll*: Länge des Feldes.
> *attrb*: Attribut-Kennzeichen (siehe folgende Tabelle).
> *initial*: Initalwert eines Feldes, angegeben in Hochkommata.

... Wiederholen des Makros DFHMDF für alle Felder der Map

... Wiederholen des Makros DFHMDI sowie der Felddefinitionen für alle Maps des Mapsets

... Beenden der Mapset-Defnition

         DFHMSD TYPE=FINAL
         END

Bildschirmattribute

Attribut-Kennzeichen für Feld-Definition

Attribut	Bedeutung
UNPROT	Eingabefeld. Name des Feldes in der symbolischen Ausgabemap: *feldnameA* (Attribut) und *feldnameO* (Inhalt). Name des Feldes in der symbolischen Eingabemap: *feldnameL* (Länge des Eingabewertes) und *feldnameI* (Inhalt).
PROT	Ausgabefeld. Name des Feldes in der symbolischen Ausgabemap: *feldnameA* (Attribut) und *feldnameO* (Inhalt).
ASKIP	Ausgabefeld. Cursor springt weiter zum nächsten Eingabefeld.
NORM	Normale Helligkeit.
BRT	Intensive Helligkeit.
DRK	Nicht sichtbare Darstellung.
IC	Nach dem Schreiben der Map steht der Cursor auf dem Beginn dieses Feldes.

Gebräuchliche Attributkombinationen zur Map-Definition

ATTRB=(UNPROT,NORM)	Eingabefeld, normal.
ATTRB=(UNPROT,BRT)	Eingabefeld, intensiv.
ATTRB=(UNPROT,DRK)	Eingabefeld, unsichtbar.
ATTRB=(ASKIP,NORM)	Ausgabefeld, normal.
ATTRB=(ASKIP,BRT)	Ausgabefeld, intensiv.

Gebräuchliche Konstanten für Attribute im Anwendungsprogramm

Konstante	Bedeutung
DFHBMASK	Ausgabefeld normaler Helligkeit mit Autoskip.
DFHBMASB	Ausgabefeld hell mit Autoskip.
DFHBMPRO	Ausgabefeld normaler Helligkeit ohne Autoskip.
DFHPROTN	Ausgabefeld, Anzeige unterdrückt.
DFHBMASF	Ausgabefeld, Autoskip und MDT an.
DFHBMPRF	Ausgabefeld, MDT an.
DFHBMUNP	Eingabefeld normaler Helligkeit.
DFHBMFSE	Eingabefeld normaler Helligkeit, MDT an.
DFHUNIMD	Eingabefeld hell, MDT an.

Konstanten zum Vergleich mit EIBAID

Konstante	Entspricht der Taste
DFHENTER	Datenfreigabe
DFHCLEAR	CLEAR- oder Löschtaste
DFHPA1	PA 1, 1 Seite vorblättern
DFHPA2	PA 2, 1 Seite zurückblättern
DFHPF1	PF 1
...	
DFHPF12	PF 12
...	
DFHPF24	PF 24

Anmerkung: Nach PA 1 bis 3 und nach CLEAR ist die Cursoradresse in EIBCPOSN nicht richtig vermerkt. Ferner werden keine vom Anwender eingegebenen Daten zurückgesendet.

A2 Verzeichnis der Abkürzungen

Die Liste erhebt keinen Anspruch auf Vollständigkeit.

Abkürzung	Vollständiger Begriff	
ACT	Application Control Table	
AID	Attention Identifier	
ALT	Application Load Table	
ATI	Automatic Transaction Initiation	
AUX-TRACE	Auxiliary Trace Facility	
BMS	Basic Mapping Support	
CA	Communication Area	
CEDF	CICS Execution Diagnostic Facility	
CICS	Customer Information Control System	
CMS	VM Conversational Monitor System	
COMMAREA	Communication Area (siehe auch CA)	
CSA	Common System Area	
CSPG	Terminal Page Retrieval (CICS-interne Transaktion, generiert durch BMS-Parameter)	
CTRL	Control-/Device-Characteristics Operand	BMS
CWA	Common Work Area	
DBRC	Data Base Recovery Control	
DCA	Dispatch Control Area	
DCT	Destination Control Table	
DDIR	DMB Directory	
DEQ	Dequeue Command	Task Control
DFH...	Alle mit *DFH...* beginnenden Begriffe beziehen sich auf CICS	
DFHPEP	CICS/VS Program Error Program	
DFHMDI	»Define A Map« Macro	BMS
DFHMSD	»Define A Mapset« Macro	BMS
DMB	Data Management Block	
DSA	Dynamic Storage Area	
DTB	Dynamic Transaction Backout Program	
DUPKEY	Duplicate Key Condition	File Control
DUPREC	Duplicate Record Condition	File Control
DWE	Deferred Work Element	
ECB	Event Control Block	
EIB	Execute Interface Block	

Fortsetzung auf der nächsten Seite

Abkürzung	Vollständiger Begriff	
EIP	Execute Interface Program	
EIS	Execute Interface Structure	
ENDBR	End Of Browse	
ENQ	Enqueue Command	Task Control
EOC	End Of Chain Indicator	
ERASEAUP	Erase All Unprotected Character Option	BMS
ERM	User Exit Management	
FC	File Control	
FCP	File Control Program	
FCT	File Control Table	
FIOA	File Input Output Area	
FMH	Function Management Header	
FREEKB	Free Keyboard Option	BMS
FRSET	Reset MDT To Not Modified Option	BMS
IC	Interval Control	
ICCF	Interactive Computing And Control Facility	
ICP	Interval Control Program	
INITIMG	Main Storage Initialization Value	Storage Control
INVREQ	Invalid Request Condition	File Control
IOERR	Input-/Output Error Condition	File Control
IRC	Interregion Communication	
ISC	Intersystem Communication	
ITEMERR	Item-Number Invalid Condition	File Control
JCP	Journal Control Program	
JCT	Journal Control Table	
JES	Job Entry Subsystem	
KC	Task Control	
KCP	Task Control Program	
LENGERR	Length Error Condition	File Control Temp Storage
LUW	Logical Unit Of Work	
MAPFAIL	Map Failure Condition	BMS
MCT	Monitoring Control Table	
MRO	Multiple Region Organisation	
NCP	Network Control Program	
NEP	Node Error Program	
NLT	Nucleus Load Table	
NOSTG	No Storage Condition	Storage Control

Fortsetzung auf der nächsten Seite

Verzeichnis der Abkürzungen

Abkürzung	Vollständiger Begriff	
NOTFND	Not Found Condition	File Control
		Interval Control
PC		Program Control
PCP	Program Control Program	
PCT	Program Control Table	
PDIR	PSB Directory	
PEP	Program Error Program	
PGMIDERR	Program Identification Error Condition	Program Control
PI		Post Initialization
PLT	Program List Table	
PPT	Processing Program Table	
PSB	Program Specification Block	
QIDERR	Queue Identification Error Condition	TS / TD
QZERO	Queue Empty Condition	Transient Data
READNEXT	Read Next Record Command	File Control
READPREV	Read Previous Record Command	File Control
RESETBR	Reset Start Of Browse Command	File Control
RPL	Request Parameter List	
RSD	Restart Data Set	
RU	Request / Response Unit	
SC	Storage Control	
SCP	Storage Control Program	
SD	Shutdown	
SESSBUSY	Exceptional Condition	Terminal Control
SIT	System Initialization Table	
SNA	System Network Architecture	
SNT	Signon Table	
SOS	Short On Storage Condition	
SPP	Sync Point Program	
SRT	System Recovery Table	
STARTBR	Start Of Browse Command	File Control
SYSBUSY	Exceptional Condition	Terminal Control
TBP	Transaction Backout Program	
TC	Task Control	
TCA	Task Control Area	
TCP	Terminal Control Program	
TCT	Terminal Control Table	
TCTTE	Terminal Control Table Terminal Entry	
TCTUA	Terminal Control Table User Area	

Fortsetzung auf der nächsten Seite

Abkürzung	Vollständiger Begriff
TD	Transient Data
TDP	Transient Data Program
TIOA	Terminal Input Output Area
TLT	Terminal List Table
TMP	Table Management Program
TS	Temporary Storage
TSP	Temporary Storage Program
TST	Temporary Storage Table
TWA	Transaction Work Area
VSAM	Virtual Storage Access Method
VTAM	Virtual Telecommunication Access Method
XLT	Transaction List Table

A3 Literatur-Hinweise

IBM hat zum Thema CICS eine große Menge von Literatur herausgegeben. Sofern Sie Zugang zu diesen Broschüren haben (oder sie sich per *Bookmaster* beschaffen können), sollten Sie sich bei speziellen Fragen oder bei weiterführenden Themen, die wir nicht in diesem Buch behandeln, dort weitere Informationen beschaffen. Wir nennen hier die unserer Meinung nach wichtigsten Broschüren, das heißt: Die Literatur, die Sie beim Entwickeln von Anwendungen unterstützt.

CICS General Information (englisch) IBM GC33-0155 Ein allgemeiner Überblick über CICS, seine Arbeitsweise und seine Funktionen.	Nützlich für alle Einsteiger
CICS Library Guide (englisch) IBM GC33-0356 Wegweiser durch die gesamte IBM-Literatur zum Thema CICS.	Sollte einmal im Hause vorhanden sein
CICS Messages and Codes (englisch) IBM SC33-0514 für CICS / MVS 2.1 IBM SC33-0672 für CICS / ESA 3.1 und 3.2 Diese Broschüre führt alle Systemnachrichten auf und dient im Fehlerfalle dem Operator, dem System- und dem Anwendungsprogrammierer bei der Fehlerbestimmung. Diese Broschüre und der Problem Determination Guide ergänzen sich gegenseitig.	Sollte erreichbar sein
CICS Application Programming Primer (englisch) IBM SC33-0139 für CICS / MVS 2.1 IBM SC33-0674 für CICS / ESA 3.1 und 3.2 Lehrbuch zur Anwendungsprogrammierung unter CICS, VS COBOL II-orientiert.	Recht nützlich, COBOL-orientiert
CICS Application Programmer's Reference (Command Level) (englisch) IBM SC33-0512 für CICS / MVS 2.1 IBM SC33-0676 für CICS / ESA 3.1 und 3.2 Die Referenz für die CICS-Anwendungsprogrammierung. Hierin sind alle Befehle und Optionen aufgeführt und erklärt. Ist jedoch nicht als Lerntext geeignet. Bezieht sich auf Assembler, COBOL und PL/I. Für schnelles Nachschlagen ist die Programmer's Reference Summary oft besser geeignet. Diese Broschüre enthält auch Beschreibungen der CICS-Transaktionen CEBR, CECI und CEDF.	Sollte an jedem Arbeitsplatz erreichbar sein

Sollte jeder ständig zur Hand haben	**CICS User's Handbook** (englisch) IBM GX33-6061 für CICS / MVS 2.1 IBM GX33-6076 für CICS / ESA 3.1 und 3.2 Für die tägliche Arbeit einfach unabdingbar ist diese kleine Broschüre mit Listen der wichtigsten Befehle, Optionen, Attribute und Fehlercodes.
Zum Pflegen der System-Tabellen	**CICS Resource Definition (Online)** (englisch) IBM SC33-0508 für CICS / MVS 2.1 IBM SC33-0666 für CICS / ESA 3.1 und 3.2 Anweisung, wie die zur Verfügung stehenden Ressourcen online im CICS definiert werden. Beschreibt auch die Transaktion CEDA.
Sollte im Hause vorhanden sein	**CICS Problem Determination Guide** (englisch) IBM SC33-0516 für CICS / MVS 2.1 IBM SC33-0678 für CICS ESA 3.1 und 3.2 Nützlich bei der Fehlersuche von der System- wie auch von der Anwendungsseite her.

Register

Symbole

%INCLUDE	58
3270	59, 241
Fehler	168
Steuerzeichen	167

A

ABEND	234
Abkürzung	311
Ablaufsteuerung	30
ABSTIME	124, 125
ACT	311
Adresse	132
Adreßraum	14, 23
AID	311
Akzeptanz	152, 241
ALARM	66, 69, 183
Alarmton	193
ALT	311
Antwortzeit	241
Anwendungsprogramm	41, 241
Anforderungen	34
ANY	135
APPLID	134
area	55
argument	54
ASKIP	175
ATI	205, 311
Attribut	169, 242
BMS-Felddefinition	175
Verwendung	191
Zuweisung im Programm	181
Auftragsformulierung	150
Auftragsverarbeitung	225
Ausnahmebedingung	63
Automatic Task Initiation siehe ATI	
AUTOSKIP	175
AUX-TRACE	311
AUXILIARY	112

B

Basic Mapping Support siehe BMS	
begrenzer	54
BELOW	135
Benutzeroberfläche	48
Berechtigung	153, 215, 216, 220, 225
Bestandsführung	242
Betragsfeld	194
Betriebsart	13
Betriebssicherheit	30
Betriebssystem	242
Bildaufbauzeit	18
Bildgestaltung	210
Bildschirm	
Entwurf	155
Farbe	192
löschen	193
Steuerung	63
Bildwechsel	220
Blättern	196, 222
BMS	63, 167, 180, 311
Feldinhalt verändern	180
Funktionsstufen	170
Konstantendefinition	181
Löschen Ausgabebereich	180
Map-Struktur	178
Mapset	49, 50
physische Map	178
Speicherplatz für Map	178
BRT	175

C

CA	34, 59, 77, 78, 81, 164, 209, 215, 223, 238, 303, 311
CALL	58
CECI	160, 231
CEDF	231, 233, 311
hexadezimal	236
CEMT	51
CICS	27
Anwendungsprogramm	29, 34
Befehl	54, 60, 63
Befehlsparameter	63
Befehlsübersetzung	57, 58
Command Format	54
Komponenten	29, 35
Kontrollbereich	29, 33
Literatur	315
Steuerprogramm	29
Systemnachrichten	315
Tabelle	29, 32
Überblick	315
CLEAR	170, 221, 223, 232
CMS	311

COBOL-Feldnamen	164	Maschinendatum	125
COLOR	134	Trennzeichen	126
COMMAREA	76, 78, 80, 132, 311	DAYCOUNT	125
		DAYOFMONTH	125
Common System Area siehe CSA		DAYOFWEEK	125
Common Work Area siehe CWA		DB2	198, 203
Communication Area siehe CA		DBD	198
Compiler	227	DBRC	311
CONFIRM	304	DCA	311
COPY	59, 303	DCT	44, 311
CSA	35, 36, 132, 311	DDIR	198, 311
CSPG	311	DDMMYY	125
CTRL	311	Debugger	231
Cursor	59, 72, 168, 182, 189, 193, 209, 223, 224, 303	Default	54, 242
		DEQ	311
		Destination Control Table siehe DCT	
CURSOR	66, 69, 175, 182, 183	DFH...	311
		DFHAID	188
CWA	34, 132, 311	DFHBMASB	181
CWALENG	134	DFHBMASF	181
		DFHBMASK	181
D		DFHBMFSE	181
Darstellungsmöglichkeiten	169	DFHBMPRF	181
DATA	137	DFHBMPRO	181
DATAONLY	66, 182, 183	DFHBMSCA	181
DATASET	89, 91, 93, 96, 98, 99, 101, 104, 106, 108	DFHBMUNP	181
		DFHCLEAR	188
		DFHENTER	188
DATE	125	DFHINTRA	205
DATEFORM	125	DFHMDF	174
Datei	89, 195, 303	DFHMDI	174, 311
Belastungsgrad	50	DFHMSD	173, 311
Deadlock-Situation	197	DFHPAx	188
Disposition	50	DFHPEP	311
Konzeption	208	DFHPFx	188
Name	50	DFHPROTN	181
öffnen	219	DFHUNIMD	181
Sperren eines Satzes	196	Dialog	21
Suchbegriff	195	Dialogverarbeitung	16
Update	196	Aktualität	17
Verarbeitung	50	Anforderungen	13, 24
Volumen	225	Teilhaberbetrieb	17
VSAM	41	Teilnehmerbetrieb	16
wahlfrei	195	Voraussetzungen	18
Datenaustausch	30	DISABLED	90, 92, 93, 96, 98, 100, 102, 104, 107, 108
Dateneingabe	221		
Datenfreigabe	170, 221, 233		
Datenkatalog	155	DL/I	202
Datenübertragung	170	DMB	311
DATESEP	125	Dokumentation	151
Datum	125	DRK	175

DSA	311	EIBTASKN	59, 303, 305
DSIDERR	90, 92, 93, 96, 98, 100, 102, 104, 107, 108	EIBTIME	124, 303, 305
		EIBTRMID	303, 305
		EIBTRNID	59, 128, 303, 305
DTB	311	Eingabeprüfung	193
Dump	237	Reihenfolge	193
Dump Management	31	EIP	36, 37, 312
DUPKEY	90, 102, 104, 146, 311	EIS	312
		ENDBR	312
DUPREC	92, 94, 311	ENDDATA	130
DWE	311	ENQ	312
Dynamic Storage Area siehe DSA		ENQBUSY	139
dynamischer Bereich	28	ENTRY	85
		EOC	312

E

		EQUAL	89, 99, 106
EBCDIC	243	ERASE	66, 69, 183
ECB	311	ERASEUP	66, 69, 183, 312
Editor	50, 51	ERM	312
EIB	33, 36, 57, 58, 59, 63, 132, 235, 303, 311	ERROR	146
		ESDS	199
		EXEC CICS...	54
EIBAID	59, 188, 303, 305	ADDRESS	62, 132
EIBATT	304, 305	ASKTIME	61, 124
EIBCALEN	59, 77, 78, 81, 303, 305	ASSIGN	62, 133
		DELETE	61, 98
EIBCOMPL	304, 305	DELETEQ TD	61, 122
EIBCONF	304, 305	DELETEQ TS	61, 111, 116
EIBCPOSN	59, 72, 189, 303, 305	DEQ	62, 140
		ENDBR	61, 108
EIBDATE	124, 303, 305	ENQ	62, 139
EIBDS	90, 92, 94, 96, 98, 100, 102, 105, 107, 108, 303, 305	FORMATTIME	61, 124, 125
		FREEMAIN	62, 137
		GETMAIN	35, 62, 135, 137
EIBEOC	304, 305	HANDLE CONDITION	62, 146
EIBERR	63, 304, 305	IGNORE CONDITION	62, 146
EIBERRCD	63, 304, 305	INTERVAL	303
EIBFMH	304, 305	JOURNAL	62, 142
EIBFN	63, 303, 305	LINK	50, 60, 75, 76, 238
EIBFREE	304, 305	LOAD	60, 85
EIBNODAT	304, 305	READ	61, 89, 200, 201
EIBRCODE	63, 303, 305	READNEXT	61, 101
EIBRECV	304, 305	READPREV	61, 104
EIBREQID	303, 305	READQ TD	61, 120
EIBRESP	147, 304, 305	READQ TS	61, 114
EIBRESP2	304, 305	RECEIVE	304
EIBRLDBK	304	RECEIVE MAP	60, 72, 170, 187
EIBRSRCE	303, 305	RELEASE	60, 86
EIBSEND	304, 305	RESETBR	61, 106
EIBSIG	304, 305	RETRIEVE	61, 123, 130
EIBSYNC	303, 305	RETURN	47, 60, 75, 78, 127, 237
EIBSYNRB	304, 305		

RETURN TRANSID	75, 78, 123, 224, 230	Inhalt	169
		Name	174, 176
REWRITE	61, 93	File Control Table siehe FCT	
SEND	60, 167, 168, 304	File Input Output Area siehe FIOA	
SEND CONTROL	60, 69, 170	File Management	31
SEND MAP	60, 66, 160, 170, 175, 182, 183	FIOA	42, 43, 312
		FLENGTH	85, 135
SEND TEXT	70, 171	FMH	312
START	61, 123, 127	Fortsetzung	
STARTBR	61, 99	Assembler	174
SUSPEND	62, 142	Initialwert	177
SYNCPOINT	47, 303, 304	FREEKB	66, 69, 183, 312
UNLOCK	61, 96	FROM	66, 70, 72, 91, 93, 112, 118, 127, 142, 183, 187
WRITE	61, 91		
WRITEQ TD	61, 118		
WRITEQ TS	61, 112	FRSET	66, 69, 183, 312
XCTL	50, 60, 75, 80	Full function BMS	171
EXEC DLI...	202	function	54
DELETE	203	Funktion	303
GET NEXT	202	Funktionskern	214, 222, 223
GET NEXT IN PARENT	202	Funktionstaste	221, 222, 243
GET UNIQUE	202, 203	**G**	
INSERT	202		
REPLACE	203	GENERIC	89, 98, 99, 106
SCHEDULE	203	Grobkonzept	151, 153
TERM	47	GTEQ	89, 99, 106
TERMINATE	203	**H**	
EXEC SQL...	204		
Execute Interface Block siehe EIB		Handlerbild	48
Execute Interface Program siehe EIP		Hardcopy	229, 243
Extended Attribute	169	hhmmss	56
Extra Partitioned TD	204	Hierarchiestufe	75
		Hilfefunktion	209, 222
F		HILIGHT	134
Farbe	169	HOLD	85
FC	312	**I**	
FCP	42, 312		
FCT	42, 50, 198, 312	IC	168, 175, 182, 312
Fehler	215, 227, 233	ICCF	312
Abbruch	224	ICP	312
Behandlung	145	ILLOGIC	94
erwartet	145	IMS	198, 243
Hinweis	224	INCLUDE	59, 303
Meldung	223	Initialwert	176
nicht erwartet	145	INITIMG	135, 312
Fehlerbedingung	146	INPUTMSG	76, 80
Fehlerdiagnose	30	INPUTMSGLEN	76, 80
Fehlernachricht	193	Interpunktion	54
Fehlersuche	316	INTERVAL	127
Feinkonzept	151, 158	INTO	72, 89, 101, 104, 114, 120, 130, 187
Feld	169		

Intra Partitioned TD	204, 205	Local-Anschluß	17, 18
INVREQ	76, 78, 81, 90, 94, 96, 98, 100, 102, 104, 107, 108, 119, 120, 122, 134, 137, 148, 312	Logical Unit of Work siehe LUW	
		logische Fehler	227, 228
		LU-Typ	244
		LUW	46, 312

M

IO	243	MAIN	112
IOERR	90, 92, 100, 102, 104, 107, 112, 114, 119, 120, 128, 130, 143, 312	Map	238
		kombinieren	184
		numerischer Wert	180
		senden	160
IRC	312	symbolische Eingabem.	188
ISC	312	MAPFAIL	72, 146, 188, 312
ITEM	112, 114	MAPONLY	66, 183
ITEMERR	112, 114, 312	Mapset	
		Name	68, 173

J

		Quelltext	51
JCP	312	Speicherbedarf	186
JCT	312	MAPSET	66, 72, 183, 187
JES	312	Maskengenerator	160
JIDERR	143	MCT	312
Job	243	MDT	188
Journal-Datei	237	Minimum function BMS	170
JTYPEID	142	MMDDYY	125
		Modified Data Tag siehe MDT	

K

		Monitor	16, 18, 23, 27, 244
Kannfeld	191	MONTHOFYEAR	125
KC	312	Move-Modus	35
KCP	39, 312	MRO	312
KEYLENGTH	89, 98, 99, 106	Multiprogramming	13, 14
Kommentar in Assembler	172		
Konstante	243		
KSDS	199		

N

		name	56

L

		NCP	312
label	56	NEP	312
Ladeadresse von Programmen	32	NETNAME	134
Längenfeld	182, 188	NEXT	114
Leerzeichen	55	NLT	312
LENGERR	90, 102, 104, 114, 119, 120, 130, 136, 143, 146, 312	NOJBUFSP	143
		NORM	175
		NOSPACE	92, 112, 119
LENGTH	66, 70, 72, 76, 78, 80, 85, 101, 104, 112, 114, 118, 120, 127, 130, 135, 139, 140, 142, 183, 187 186, 190, 196, 210	NOSTG	136, 312
		NOSUSPEND	112, 120, 135, 139, 142
		NOTAUTH	76, 78, 81, 90, 92, 94, 96, 98, 100, 102, 104, 107, 108, 112, 114, 116, 119, 120, 122, 128, 130, 143
Listenbild			
Sortierkriterium	190		
Literatur	315		
Local	244		

NOTFND	90, 98, 100, 102, 104, 107, 130, 146, 313	PL/I	53, 55
		Quelltext	50
		resident	49
NOTOPEN	90, 92, 94, 96, 98, 100, 102, 104, 107, 108, 119, 120, 143	Sprache	49, 173
		VS COBOL II	53, 55
		Programmieren	49
Nucleus	28, 35	auf Ihrem System	52
numerische Felder	194	BMS	51
NUMITEMS	112, 114	PL/I	50
		Voraussetzungen	49
		VS COBOL II	50

O

OPID	134	Programmsteuerung	75
option	54	PROT	175
		PSB	198, 313
		Pseudodialog	21, 22
		Vorteile	22

P

PA-Taste	170, 222		
Partition	27, 244		

Q

PC	313	QBUSY	120
PCP	313	QIDERR	112, 114, 116, 119, 120, 122, 313
PCT	39, 40, 49, 128, 313		
		Queue	111
PDIR	198, 313	QUEUE	112, 114, 116, 118, 120, 122
PEP	313		
PF-Taste	48, 170, 209, 216, 222, 223, 233, 234, 235	QZERO	120, 313

R

PF-Tasten	193	RA	168
Pflichtfeld	191	RBA	89, 98, 99, 101, 104, 106
PFXLENG	142		
PGMIDERR	76, 81, 85, 87, 313	READNEXT	313
physische Map	173	READPREV	313
PI	313	Realisierung	160
PL/I	162, 227	Recovery	197, 203, 244
Feldnamen	164	Reentrancy	244
PLT	313	reentrant	25
Pointer	230, 244	Region	27, 28, 245
pointer-ref	56	Remote-Anschluß	18
pointer-value	56	RESETBR	313
PPT	41, 49, 171, 313	RESOURCE	139, 140
PREFIX	142	RESP	63, 147
Processing Program Table siehe PPT		Response-Code	147
PROGRAM	76, 80, 85, 86	Ressource	303, 304
Program Control Table siehe PCT		vorbereiten	158
Program Management	31	Returncode	227, 303
Program-Attention-Taste siehe PA-Taste		REWRITE	112
Program-Function-Taste siehe PF-Taste		RIDFLD	89, 91, 98, 99, 101, 104, 106
Programm	40, 41		
Befehl	53	RPL	313
Logik	53	RRDS	199
Name	49, 215	RRN	89, 98, 99, 101,
neueste Version	51		

	104, 106	Systemanalyse	149, 165
RSD	313	Systembelastung	226
RU	313	Systemerfordernisse	225
		Systemstörung	45
S		Systemstruktur	209
SAA	194		
SBA	168	**T**	
SC	313	Tabelle	230, 238
Schulung	226	Task	303
SCP	313	Task Control Area siehe TCA	
SCRNHT	134	Task Management	31
SD	313	Taste	59, 303
Seitenzahl	216	Interrupt	170, 188
Semikolon	54, 55	TBP	313
SESSBUSY	313	TC	313
Session	18, 19	TCA	36, 40, 41, 313
SET	72, 85, 89, 101,	TCP	38, 313
	104, 114, 120, 130,	TCT	37, 38, 313
	135, 187	TCTTE	39, 313
SF	168	TCTUA	34, 132, 313
SHARED	135	TCTUALENG	134
SIGNAL	304	TD	204, 314
SIT	126, 171, 313	TD-Queue	118
SNA	313	TDP	44, 314
SNT	313	Temporary Storage Management	31
SOS	313	Temporary Storage siehe TS	
Speicher	44	TERMID	127
anfordern	135	TERMIDERR	128
Bereich	234	Terminal	38, 41, 303
Steuerung	135	Terminal Control Table siehe TCT	
Sperren eines Satzes	89	Terminal Control Table Terminal Entry siehe	
SPP	313		TCTTE
SRT	313	Terminal Control Table User Area siehe	
Standard	221		TCTUA
Standard function BMS	171	Terminal Input Output Area siehe TIOA	
Stapelverarbeitung	13, 15	Terminal Management	31
Bedeutung	15	Terminalunabhängigkeit	22, 23
STARTBR	313	Time Management	31
STARTCODE	134	TIME	125, 127
STARTIO	142	TIMESEP	125
Stop-Feld	175, 177	TIOA	39, 41, 43, 314
Stopbedingung	233, 234	TLT	314
Storage Management	31	TMP	314
Struktur	213	TP-Verfahren beenden	222, 223, 224
symbolische Map	173	Transaction Work Area siehe TWA	
Synchronisation	46	Transaktion	16, 19
Syntaxfehler	227	Aufruf	47
SYSBUSY	313	Auswahlbild	48
SYSID	134	Berechtigung	47, 48
System Initialization Table siehe SIT		Code	19, 38, 47, 48, 49,
System-Information	132		205, 216, 225, 303

echte T.	20	**Z**		
TRANSID	78, 127	Zeichen	169	
TRANSIDERR	128	Zeichenkette	238	
Transient Data Management	31	Zeit		
Transient Data siehe TD		Aufbereitung	126	
Triggerlevel	205	Steuerung	123	
TS	235, 314	Zuweisungsfehler	228	
TS-Queue	237	Zwischenspeichern	110	
AUXILIARY	111			
Lebensdauer	111			
MAIN	111			
RECOVERABLE	111			
TSP	44, 314			
TST	314			
TWA	34, 49, 132, 314			
TWALENG	134			

U

Umwandlungsprozedur	50, 51
UNDERLINE	188, 191
UNPROT	175
UPDATE	89
Update	222, 229
USERID	134

V

value	55
Verfahrenssteuerung	230
Vorübersetzer	53, 57, 227
VSAM	197, 198, 246, 314
Blättern	199
VTAM	38, 314

W

WAIT	142
Warnung	58, 227
Wechsel Verfahren	222, 223
WRITE JOURNALNUM	142

X

XLT	314

Y

YEAR	125
YYDDD	125
YYDDMM	125
YYMMDD	125

If you have any concerns about our products,
you can contact us on
ProductSafety@springernature.com

In case Publisher is established outside the EU,
the EU authorized representative is:
**Springer Nature Customer Service Center GmbH
Europaplatz 3, 69115 Heidelberg, Germany**

Printed by Libri Plureos GmbH
in Hamburg, Germany